동양사상과 탈현대의 여가

한국학연구 총서 15

동양사상과 탈현대의 여가

홍승표 외

계명대학교출판부

서 문

이 책은 동아시아의 전통 여가 사상과 여가 생활에 대한 고찰을 통해서 탈현대적 여가의 의미와 여가 생활의 모델을 모색하고자 하는 의도에서 쓰여졌다. 이 작업은 필자들에게 새로운 학문의 처녀지를 개척한다는 데서 오는 가슴 설렘을 느끼게 하였다. 또한 이 글을 써나가면서 현재의 척박한 삶과 황폐화된 문명 너머로 미래의 아름다운 삶과 문명이 다가오는 모습을 볼 수 있었다.

인공지능을 이용한 자동화 기술이 보편화되면서, 노동으로부터 해방된 여가 시간이 빠른 속도로 증가하고 있다. 전통 사회에서는 소수의 유한계급만이 많은 여가 시간을 향유할 수 있었다. 하지만 현 문명은 대중들이 많은 여가 시간을 향유할 수 있는 새로운 시대로 진입하고 있다.

이에 따라서, '여가 시간을 어떻게 사용할 것인가?' 하는 문제가 우리들의 삶과 문명 모두에게 점점 더 중요한 일이 되어가고 있다. 증가하는 여가를 지혜롭게 사용한다면, 인간의 삶과 문명의 수준이 수직적으로 상승한 새로운 미래가 열리게 될 것이다. 그러나 증가하는 여가를 어리석게 사용한다면, 인간의 삶과 문명은 파탄에 직면하게 될 것이다.

그렇다면, 현재 인류는 증가하는 여가 시간을 어떻게 사용하고 있는가? 현대인의 여가 생활은 자본주의적 문화소비 형태에 크게 의존하고 있으면서, 아직 대부분 시간 죽이기, 시간 때우기 식의 수준에 머물러 있다. 그리하여 여가가 참된 자기실현을 위한 창조적 시간으로 활용되기보다는 자기로부터의 도피 또는 자기 파괴 활동으로 이어지는 경우가 빈번하다.

여가 시간의 창조적인 활용을 위해서, 현재는 새로운 여가관을 절실히 필요로 한다. 과거 근대의 여명기에 새로운 노동관이 출현하여 근대 문명의 형성을 주도하였듯이, 현재는 새로운 여가관을 창출하여 탈근대의 새로운 문명을 이루어나가야만 한다. 바로 이런 시대적 요청에 부응하기 위해서, 필자들은 동아시아의 전통적인 여가에 대한 사상과 여가 생활을 돌아보게 되었다.

동아시아의 전통적인 여가 사상과 여가 생활에는 미래의 새로운 여가관을 구성하는 데 도움이 될 수 있는 값진 요소가 내재하여 있다. 단적으로 말해서, 동아시아의 여가 사상에서 탈현대적 함의를 풍부하게 내재하고 있는 것은 수행修行과 낙도樂道로서의 여가관이다. 필자들은 과거의 광맥 속에서 미래의 새로운 여가관을 발굴하고 제련하는 광부가 되기로 하였다.

이 책의 목적은 동아시아의 전통적인 여가 사상과 여가 생활에서 미래의 창조적인 여가 보내기를 위한 새로운 해답을 추구하는 것이다. 1장은 서론에 해당하는 부분으로, 사회 변동과 여가 시간의 증가, 여가에 대한 기존의 사회학적 연구, 동아시아의 여가 사상과 여가 생활에 대한 탐구의 현재적 의미를 다루었다. 2장과 3장에서는 유교의 여가 사상과 유림들의 여가 생활을 탐구하였다. 4장과 5장에서는 장자莊子의 여가 사상을 중심으로 도가道家의 여가 사상과 여가 생활의 현대적 함의를 다루었다. 6장에서는 불교적인 여가 사상과 여가 생활을 서술하고, 그 현재적 의미가 무엇인가를 탐구하였다. 마지막 장인 7장은 이 책의 결론에 해당하는 부분이다. 노동과 소비가 중심을 차지하고 있는 현대적인 삶의 양식으로부터, 수행修行과 낙도樂道가 중심이 되는 새로운 삶의 양식으로의 전환이 이루어져야 함을 이 책의 결론으로 제시하고 있다. 각 장의 구성을 조금 더 상세하게 살펴보자면 다음과 같다.

이 책의 서론에 해당하는 1장에서는 「현대 사회와 여가」라는 주제를 다루었다. 주 5일 근무제의 확산을 통한 비노동시간의 증가, 문화영역의 양적・질적 확충, 개인적 자유의 증대 등과 같은 사회적 변화 속에서, 산업 사회의 핵심 가치관이었던 '노동' 대신에 '여가'에 대한 사회적 관심의 증대를 다루었다. 여가에 대한 가치관의 시대적 변화를 요약하고, 현재 한국에서의 정보화 진척이 여가 활동과 어떤 관련성을 갖고 있는가에 대한 사회학적 분석을 수행하였다. 또한 대중적인 여가 시간의 증대가 어떤 기술적 변동과 관련하여 일어나는 것인지를 서술하고, 여가에 대한 기존의 사회학적 연구들의 성과와 한계점을 서술하였다.

이런 작업을 기반으로 해서, 1장에서는 동아시아의 전통적인 여가사상과 여가 생활에 대한 연구의 필요성을 제기하였다. 현대 여가 생활 문제의 근원이 근대적 인간관이기 때문에, 새로운 여가관을 모색하기 위해서는 '참된 자기'를 내재하고 있는 존재로서의 인간이라고 하는 새로운 인간관적 기초가 필요하였다. 유가 · 도가 · 불가라고 하는 동아시아의 여가 사상과 여가 생활에 대한 논의를 이 책에서 하게 된 계기도, 바로 이들 사상들이 새로운 인간관적 기초를 갖고 있었기 때문이었다.

2장에서는 「배움(學)과 즐거움(樂)」이라는 주제를 갖고서, 유가 사상의 관점에서 창조적인 여가 생활의 의미를 찾아보았다. 이 글에서는 특히 송대宋代 유가儒家들이 자신들의 학문적 과제로 삼았던 '즐거움(樂)'의 의미에 대한 구명 작업을 통해서 유가적인 여가 사상을 발굴하고자 하였다.

송대에 '즐거움'이 중요한 학문적 테마로 부상하였던 것은 '즐거움'이라는 말이 함축하고 있는 의미의 다양성에 기인한다. 공자孔子와 그의 두 제자, 안연顔淵과 증점曾點의 '즐거움'이 하안何晏이나 황간皇侃의 주석을 거치면서 변용되어 가는 과정을 추적하는 한편, 도가道家들에 의해 윤색된 유가적 개념의 순수성을 회복하고자 했던 주자朱子가 '즐거움'을 새롭게 해석하여 가는 과정을 중점적으로 분석하였다. 하안 등 도가 계열의 주석가들은 『논어論語』에 등장하는 '즐거움'을 '낙도樂道'로 해석하는 한편, '즐거움'보다는 '도道'를 강조했다. 그러나 주자는 '즐거움'의 의미를 새롭게 해석하여 '낙도'를 '낙학樂學', '낙인樂仁'으로 발전시키는 한편, '즐거움'보다는 그 '즐거움'에 이르기 위한 '배움'을 강조하였다.

또한 이런 작업을 기반으로 하여, 여가라는 개념 자체가 근대라는 시대와 결부되어 있는 것이 아닌가 하는 의문을 제기하였다. 현대를 사는 우리는 '여가'와 '일'을 구분하고 각각에서 삶의 의미를 발견하고자 한다. 그러나 송대 유가에게 있어서 '일'과 '쉼'은 모두가 '배움'의 장이었다. 그들은 '배움'을 통해 두 개의 분리된 장을 통합하였고, 끊임없는 자기 성찰을 통해 어떤 상황에서도 즐거워 할 수 있는 자신을 만들어 갔다. 우리에게도 '여가'와 '일'은 구분해야 할 두 개의 분리된 장이 아니다. '여가'는 자기 성찰을 위한 또 하나의 장이며, 진정한 '여가'는 자기 성찰을 통해서만 얻을 수 있기 때문이다. 이것이 '여가'의 의미에 대한 이 글의 대안적 해답이다.

3장에서는 『퇴계의 여가 생활』을 중심으로 하여, 유자의 여가 생활에 대한 심층적인 고찰을 통해서 미래의 새로운 여가 생활에 대한 아이디어들을 발굴하고자 하였다. 퇴계를 비롯한 선인들의 여가 생활의 전형적인 형태로는 학문을 강론함(講學)을 비롯하여 뜻을 구함(求志), 글씨를 익힘(習書), 시 읊기(吟詩), 한가함을 사랑함(愛閒), 고요함을 기름(養靜), 향을 태움(焚香), 약을 먹음(服藥), 거문고 뜯기(彈琴), 투호놀이(投壺), 꽃구경(賞花), 고기 낚시(釣魚), 책을 볕에 쪼임(曬冊), 손님 맞기(對客), 고사리를 삶음(煮蕨), 술 마시기(飮酒), 달구경(玩月), 서늘한 바람 쏘이기(納凉), 나물밭 가꾸기(治圃), 소나무 심기(種松) 등이다.

퇴계는 위와 같은 한거閑居를 통해 심기를 편안히 가지고 한가롭고 유쾌한 마음을 가져 조존성찰操存省察의 마음공부를 이룰 것을 당부하고 있다. 결국 그에게서 한거는 마음공부와 자연스레 연결되면서 일과 한거, 노동과 놀이가 분리되지 않은 채 한 덩어리가 된다. 그의 한거를 단순히 마음공부의 연속으로 보는 것은 일면만을 보는 것일 수 있다. 그는 한거를 통해 몸과 마음을 풀 것을 말하였으며, 그러한 가운데 그것은 저절로 바르게 되고 넓어져 공부 또한 저절로 이루어지게 된다는 말이다. 그의 이러한 생각을 오늘날 그대로 이끌어 올 수는 없지만, 오늘날과 같이 일과 여가가 나눠져 일은 일대로 질곡으로 변해가고 여가는 여가대로 내 삶을 소모, 소비시켜나가는 상황에서, 둘 모두가 참으로 귀중한 내 삶의 영역이고 시간들이라는 것을 다시 생각하게끔 하는 데 기여할 수 있다.

4장에서는 『장자莊子』를 중심으로 하여, 여유로운 여가 사상을 살펴보았다. 활동 중심의 서구적 여가관이 번져간 결과, 여가란 원래 한가로이 하는 것이지만 현대 사회에서 여가는 갈수록 바빠지고 있다. 이 글은 숨 가쁘게 해대는 여가를 잠깐 멈추고 세상을 바라보는 수준을 높임으로써 '마음의 여가'를 돌이키자는 것이다. 그리고 여유로운 여가의 모델을 『장자』의 「소요유逍遙遊」에서 찾고 있다.

장자의 관점에서 본다면, 창조적인 여가 생활의 전제는 '진정한 자유'

이다. 우리들을 얽어매고 있는 수많은 욕심으로부터 벗어났을 때, 우리는 한가로움을 얻게 되며, 여유로운 여가를 즐길 수 있다는 것이다. 오늘날 여가 시간이 증가하고 있지만 여유로움은 줄어들고 있는 근본적인 이유는 현대인들은 자신의 욕심을 충족시키는 활동으로 여가 시간을 소비하기 때문이다. 이런 맥락에서, 장자의 여가 사상은 탈현대의 창조적인 여가의 의미를 구성하는데 커다란 도움을 줄 수 있다.

5장에서는 「장자의 소요유와 현대의 웰빙」을 검토하였다. 여가 시간의 증가와 더불어, 웰빙의 바람이 거세게 불고 있다. 그러나 현대의 웰빙은 많은 경우 소비지향적이고 상품화되어 있다. 대중매체와 기업의 주도에 의해서 웰빙 트렌드가 형성되고 있다. 그러므로 현대의 웰빙은 욕망 충족을 위한 소비 활동으로서의 여가 생활이란 범주를 벗어나지 못하고 있다.

『장자』 「소요유」를 보면, 진정한 웰빙의 새로운 차원을 찾아볼 수 있다. 첫째, 욕망을 충족시키는 활동으로서의 웰빙이 아니라, 부와 명예, 권력 등과 같은 욕망에 대한 집착을 벗어나서 소요하는 활동으로서의 웰빙관을 찾아볼 수 있다. 둘째, 외적인 성취를 지향하고 획득한 것을 즐기는 삶의 양식이 아니라, 내적인 자기발전을 지향하고 '참된 자기'의 자연을 즐기는 삶의 양식으로서의 웰빙관을 찾아볼 수 있다. 셋째, 욕망 충족을 위한 소비 활동으로서의 여가가 아니라, 낙도樂道하는 삶으로서의 여가라고 하는 새로운 웰빙관을 찾아볼 수 있다.

장자의 웰빙관은 현대 사회를 살아가는 우리들에게 진정한 웰빙에 대한 새로운 관점을 제공해 주고 있다. '늘어나는 여가 시간을 어떻게 보내야 할 것인가?'라고 하는 현대적인 문제에 대해서, 장자는 창조적인 여가 보내기에 대한 새롭고 의미있는 해답을 제시하고 있는 것이다.

6장에서는 「여가의 불교적 의미」를 다루었다. 늘어나는 여가 시간에도 불구하고 여가 문화의 단조로움, 여가의 상품화로 인한 계층 간 갈등 및 소비주의의 확산, 여가의 향락화 등 부정적 여가 문화의 극복이 중요한 사회적 과제로 부상하고 있다. 6장에서는 불교의 여가 사상 및 여가 문화를 살펴보고, 이것이 새로운 여가관의 형성에 기여할 수 있는 측면을 찾아보고자 하였다.

여가 개념의 형성은 근대적 노동이 출현하는 시기와 맞물려 있다. 그런데 불교는 근대사회의 출현 이전에 완성된 종교이므로 현대적인 의미에서의 여가 개념을 불교 교리에서 찾아볼 수는 없었다. 다만 불교의 노동관과 수행관에 대한 검토 속에서 수행을 통해 열반을 얻는 것이 바로 불교의 여가관임을 유추해 볼 수 있었다.

불교의 다양한 수행들과 불교문화는 현대 여가 문화의 부정적인 면들을 극복하는데 유용할 것으로 판단한다. 건강지향, 시간소비 중심, 정보 활용, 체험 및 자아실현 등 미래의 여가 활동에서 요구되는 특성들을 불교 여가관이 고루 갖추고 있다는 점에서, 향후 새로운 여가관의 형성에 불교 여가관의 기여할 수 있는 점이 크다고 본다.

마지막 장인 7장은 이 책의 결론에 해당하는 부분이다. 7장에서는 「수행과 낙도로서의 여가」를 다루었다. '노동으로부터 해방된 시간들을 어떻게 사용할 것인가?' 하는 현대적인 문제에 대해서, 수행과 낙도로서의 여가 시간의 사용을 제안하였다. 수행과 낙도로서의 여가 생활이란 '참된 자기'를 갖고 있는 존재로서의 새로운 인간관에 바탕하고 있다. 앞 장들에서 논의한 유가 · 도가 · 불가의 여가 사상들은 모두 '참된 자기'를 내재하고 있는 인간이란 관점에 근거하고 있으며, 그러므로 이들 모두에게 있어서 바람직한 여가 생활이란 수행과 낙도로서의 시간 보내기로 요약될 수 있다.

현대의 여가 생활이 자신과 세계에 대해서 부정적인 영향을 미치는 것은 '욕망 추구자'로서의 인간이라고 하는 근대적 인간관에 그 근본적인 원인이 있다. '참된 자기'를 갖고 있는 존재라고 하는 새로운 인간관에 바탕할 때, 잘 산다는 것은 '참된 자기'를 깨닫고, 즐기는 것을 의미한다. 수행이란 '참된 자기'를 깨닫기 위한 노력이며, 낙도란 '참된 자기'의 자연을 즐기는 것이다. 그러므로 새로운 인간관의 관점에서 볼 때, 수행과 낙도는 시간을 가장 창조적으로 사용하는 방안이 된다. 수행과 낙도로 시간을 보내게 될 때, 개인적으로는 인간답고 행복한 삶이 가능하며, 생태계와 조화를 이루는 아름다운 문명에 이를 수 있게 될 것이다.

이 책 속에 담겨 있는 내용들은 필자들이 나름대로 땀을 흘리면서 일구어낸 결실들이다. 이 책에서의 작업들은 새로운 여가관에 대한 최종 결론이라기보다는 새로운 여가관의 창출을 위한 힘찬 시작으로 평가되었으면 한다. 필자 일동은 이 작업을 출발점으로 삼아, 앞으로 각자 서로 힘을 합하여, 그리고 뜻을 함께 하는 학자들과 연대하여 새로운 여가관의 확립을 위한 줄기찬 노력을 계속해 나갈 것이다. 새로운 여가관을 모색하는 이 작업이야말로 현 단계의 인류 문명에서 가장 중요한 작업이라고 우리들은 생각하고 있기 때문이다.

이 책이 나오기까지 많은 분들이 도움을 주셨다. 많은 도움과 격려를 아끼지 않은 계명대학교 한국학연구원 민현기 원장님과 이윤갑 부장님께 깊이 감사드린다. 이 책의 출판을 쾌히 허락해주신 이영찬 출판부장님과 출판까지 바쁜 일정을 맞추느라 많은 수고를 해주신 출판부 관계자들께도 깊이 감사드린다. 특히, 이 책의 기획에서부터 출판에 이르기까지 연락과 편집을 비롯해서 온갖 수고를 도맡아 주신 이현지 교수님께 깊은 감사의 마음을 표한다.

2006년 2월

필자를 대표하여

홍 승 표

차 례

제1장 현대 사회와 여가

신 종 화

1. 여가란 무엇인가

"당신의 여가 생활은 어떻습니까?", "여가 시간을 잘 즐기고 계십니까?", "여가 생활을 하고 싶은데, 어떤 것이 좋은지 모르겠어요.", "여가요? 아직 남 이야기랍니다." 등등의 질문과 대답을 주고받는 경우가 언제부터인가 우리 주변에서 심심치 않게 들린다. 열심히 일하는 것을 사회와 가정에 대한 책임의식으로 받아들였던 시대가 아직 끝나지 않은 것 같은데, 일하는 것보다 놀고 즐기는 것을, 아니면 적어도 일하는 것만큼 즐기는 것에 대한 한국 사회의 관심이 커져가고 있다. 1997년의 외환시장의 요동으로부터 발생한 이른바 IMF 위기의 여파로 아직도 많은 경제활동 영역에서 구조조정으로 인한 해고가 발생하고 실업자가 쏟아져 나오는데 말이다. 세계화된 신자유주의적 경제정책의 수용 때문에 비정규직 노동자들이 증가하여 고용불안정이 심화되고 있는데도 우리 사회 일각에서, 아니 많은 한국인들이 여가에 대해서 이야기를 하고 있다. 극심한 불황 속에서 소비심리가 얼어붙었다고 하는데도 왜, 여가에 대해서 한국 사람들은 관심을 가지고 있을까?

성실, 근면의 구호 아래서 열심히 헌신하며 성장주의적 경제정책을 지지했던 한국인들이 왜, 1990년대부터 조금씩, 조금씩 일과 노동에 대한 관심으로부터 여가에 대한 관심으로 이동하고 있는지에 대해서 이 글은 간략하나마 사회학적 설명을 내놓으려고 한다. 한국 사회가 현재 마주하고 있는 거대한 사회변동의 흐름 속에서 여가에 대한 관심이 점차로 커져가는 것은 어떻게 보면, 눈살 찌푸리며 거부할 것이 아니라, 당연히 받아들여야 하는 것일는지 모른다. 이 글은 '시대가 변했다!'라는 인식과 주장보다는 '시대가 이렇게 변해가는구나'라는 우리 시대의 변화의 모습을 그려보고자 한다. 이것을 통해서 여가에 대한 관심의 증가와 '올바른 여가관의 정립'이 21세기 한국의 사회, 경제, 문화 활동의 발전을 위해서 필요한 것임을 주장하려고 한다. 왜냐하면, 여가는 먹고, 마시고, 노는 문제만이 아니라 '어떻게' 먹고, 마시고, 놀며, 또 이런 것들에 '어떤 의미'를 부여할 것인가와 사람이 삶을 살아가는 인생관의 문제와 결부되어 있기 때문이다. 이런 이유에서, 여가 문화에 대한 사회과학적, 철학적, 윤리적 설명과 해석은 동, 서양을 막론하고 꼭 필요한 학문적 작업이 될 것이다.

여가에 대한 사회과학적 이해의 출발은 '여가는 현대적인 주제인가? 아니면, 인류 역사 이래 계속된 관심사인가?'라는 질문에 대한 대답방식으로부터 자극을 받을 수 있다. 흔히 노동을 주된 삶의 방식으로 택하지 않았던, 경제력과 권력, 그리고 지식을 독점했던 집단과 계급들은 노동을 하는 계급들로부터 의, 식, 주에 필요한 물자를 공급받아가면서, 자신들에게 주어진 시간을 교육과 문화 활동, 향락과 소비를 위해서 사용하였다. 이렇듯 노동으로부터 자유로울 수 있었던 계급들의 비非노동적 시간의 씀씀이를 설명하는 데 '여가'라는 개념이 동원되었던 것이다. 이러한 관점에서 보면, 여가 문화에 대한 관심은 현대인들의, 현 시대의 독점적인 사회현상은 아니다. 그럼에도 불구하고, 여가를 바라보는 관점, 여가에 관한 사회적 노력, 여가 수준의 범위 등에서 보면, 여가는 참으로 현대적인 주제이다.

한국 사회에서 1990년대 이후 겪었던 많은 사회변동 속에서 여가 문화에 대한 관심이 증대했던 것처럼, 우리가 2005년 현재 즐길 수 있는 여가 활동의 범위가 10여 년 전에는 상상할 수 없을 만큼 많아진 것처럼, 지역과 중앙의 공공기관에서 문화행사를 기획을 하고, 주민과 국민들에게 그것을 제공하고자 하는 노력이 갑작스레 증가한 것처럼, 여가에 대한 시대적 특징은 분명 존재한다. 더군다나, 현재의 한국 사회에서 풀어나가야 하는 여가 관련 주제들은 사실, 우리 시대'만'의 유일한 시대상황을 반영하지 않는가? 물론, 여기서 유일하다는 말의 의미는 시, 공간적 배경과 사람들이 겪는 시대적 관심사들이, 그리고 사람들에게 주어진 사회적 자원들이 항상 역사적으로는 구별되고 제한되어 있다는 인식에 기반하고 있다. 특히, 여가가 현대적인 까닭은 경제활동의 자본주의와 산업화가 확산된 이후 문화영역이 점점 경제이익의 실현공간이 되어가기 때문이다. 대규모의 집단화된 노동환경의 조성, 대중화된 생산과 소비 구조, 인간 욕망의 상업화, 국가와 민족 중심의 문화단위의 설정 등이 바로 현대성의 발현 속에서 발생하는 현상과 문제들인데, 우리가 여가라는 주제를 설명하고 해석하는 과정은 곧 이러한 현대성의 제도적, 현상적 내용을 배경에 이미 깔고 있다는 측면에서 여가는 대단히 현대적인 주제인 셈이다.

2. 현대 사회는 어떻게 변화하고 있는가

1) 현대 여가관의 특징은 어떠한가

봉건적 경제관계의 소멸과 이것의 자본주의적 생산관계로의 대체 과정은 곧, 봉건적 경제인식으로부터의 탈피와 새로운 자본주의적 경제인식의 형성과 확산 과정이기도 하였다. 일과 놀이가 작업과 생활 속에서 제대로 분리되지 않았던 농업중심의 경제활동과 가내 수공업, 소규모의 도시 상업에서 '노동의 조직화'가 발생하였다. 보다 계획화된 노동조건의 형성은 노동과 여가의 혼재를 인정하지 않고, 노동시간 안에서 여가와 놀이적 휴식을 점차로 축소시켰다. 이 과정에서 노동시간와 비非노동시간이 구별되어왔으며, 여가는 노동 이후, 혹은 이전에 남는 잔여시간에 대한 활용으로 이해되어졌다. 이러한 노동과 여가의 시간적 구분은 곧, 여가의 의미가 노동을 위한 '역할과 기능'으로 축소되어 받아들여지기 시작했다. 흔히 여가를 휴식으로 생각하는 많은 사람들에게는 바로 그 '휴식'의 의미가 앞으로 해야 할 일을 위한 것이거나, 아니면 이미 한 일에 대한 보상 차원으로 이해되는 것처럼 말이다. 이러한 여가의 역할과 기능을 강조하는 관점은 개인뿐만 아니라 경제조직, 공동체, 국가 등의 집단적 단위에서도 강력한 영향력을 행사한다. 그러나 자본주의를 가능하게 했던 경제윤리를 들여다보면, 그 안에는 기존의 봉건사회에서는 드러나지 않았던 특징이 발견된다.

인격적 예속과 강압적 수단에 의한 집단적 통제에 의해서 진행되었던 이전 사회에서의 노동환경은 노동의 주체들에게, 그 노동의 의미를 생존과 현 생활 유지와 기초적 삶의 진척을 위해서만 해석하게 하였다. 그러나 천주교와 개신교의 분리 이후 17-19세기 동안, 개신교의 영향이 확산되어갔던 지역에서 등장한 '금욕적 노동관'은 노동을 통한 종교적 자아의 실현이 가능함을 강조하였다. '소명의식'의 설파를 통해서, 경제활동 안에서의 금욕적 자세와 규율성이 부각되었으며, 이러한 경제윤리는 '시간'에 대한 엄격한 계획성을 적극적으로 수용하였다(베버, 1996). 단지 계급적인 차원에서의 노동자들에게만 강조된 것이 아니라, 사회 각 영역의 노동과 일의 주체들 모두에게 계획적인 시간관리와 집중화된 노동이 요구되었다. 근대적 경제의식 안에는 유한有閑계급의 비능률적 시간소비가 종교적인 교리의 도움을 통해서 크게 배척되어왔던 것이다.

이러한 금욕주의적 노동 중심의 세계관의 등장은 곧 여가의 지위를 노동의 보조적인 기능으로 축소시켰다. 하지만 이와 동시에 여가 활동의 효과를 크게 부각시킬 수 있는 제도적 방안들이 등장한다. 여가 주체의 동질화 현상이 발생한다. 18-19세기의 유럽과 미국의 역사는 전통적인 계급관이 무너지고, 자본주의와 민족국가관에 기초한 계급적, 국민적 정체성이 형성되는 시기이다. 자본과 노동의 적대적 대립과 갈등을 통해서 노동계급들의 집단적 정체성이 확산되어 갔으며, 정치적 민주주의를 둘러싼 변혁 속에서의 '시민'정신, 그리고 국가간 대립과 전쟁의 경험을 통해서 '국민'의식이 성장하였다. 이러한 근대적인 '집단적 정체성'의 형성과 확산은 곧 이들이 집단적으로 '여가 주체'로서 등장할 수 있는 계기를 제공하였다. 이른바 토지와 공동체에 귀속적인 전통적인 의미에서의 '집단적 여가 단위'가, 경제활동의 변화를 통해서 사회적 이동이 커짐에 따라 새로운 거주지에서의 집단적 여가 단위를 구성하게 되었다. 그리고, 노동환경의 대규모 조직화를 통해서 경제조직이 또한 여가조직의 단위가 되었다. 아울러, 민족주의 의식의 확산을 통한 국민통합을 목적으로 하는, 국가차원에서의 문화행사의 조직은 '국민'을 여가 주체 단위로 고려하게 되었다. 이러한 새로운 여가 주체의 출현과 여가조직의 대형화는 곧 여가의 '공공성'을 정책적으로 고려하게 하였다. 아울러, 집단적 여가 소비가 발생하는 계기가 되면서, 여가 영역의 '시장화'를 초래하였다.

2) 삶의 구조는 어떻게 변화하고 있는가

자본주의의 발전을 비판적으로 분석했던 칼 마르크스는 19세기의 과다한 노동시간의 문제에 대해서 지적을 한다. 노동의 대가로서 노동자들의 임금으로 돌아가지 않고 자본의 축적과정에 편입되는 '잉여노동시간'에서의 노동활동을 분석하면서, 노동자에게 있어서 하루 24시간이 노동과 노동을 위한 생계유지로서만 채워졌던 상황을 묘사한다(칼 마르크스, 2004). 한편, 급격한 경제 근대화를 추구하던 1970년대 한국에서는 이러한 과다한 노동시간의 문제가 전태일의 사망과정을 통해서 노동자의 비인간적 삶의 한 단면으로 크게 부각되었다. 이처럼 높은 노동시간을 강요했던 한국에서의 노동환경도 2000년을 지나면서 '주 5일제 근무'를 수용해야 한다는 사회적인 분위기가 무르익게 되었고, 2005년 현재 많은 기업과 관공서에서 이것을 적용하고 있다.

장기적인 사회변동의 측면에서 보면, 산업 사회에서의 노동시간의 단축이라는 제도적 장치의 마련은 노동자로 하여금 그들의 삶에 주어진 시간이 단지 노동과 노동의 재생산을 위한 직접적인 필요시간 – 의, 식, 주 해결과 가족의 유지 – 뿐만 아니라 '자기개발'을 위해서 사용되어 왔다. 가장 기초적인 전 국민적인 초등교육으로부터, 고등교육에 이르는 지식의 체계적인 습득화를 위한 시간의 씀씀이가 도입되었고, 휴식을 의미하는 토·일요일과 특별 기념일의 활용가능성이 크게 부각되고 있다. 비록 후기 산업 사회의 많은 제도적 특징들처럼 노동활동에의 간접적인 기여를 목적으로 부각된 다양한 사회활동들이 아직도 노동자들의 시간 소비의 관심사이지만, 그 시간의 활동의 재량은 점차 현대인들의 개인적인 선택으로 넘어오고 있다.[1)]

서구 사회과학의 진보사관은 '현대 사회'를 '전근대 사회'와 구별 짓는 과학적 설명방식 속에서 현대인의 자유로운 삶의 선택 가능성의 증대를 '시대적인 특징'으로 부각시켜왔으며, 다양한 문화적 욕구를 충족시켜주는 노력들의 '대중화'를 사회적으로 제시하여왔다. 한때, 극소수의 상류계층들만 향유할 수 있었던 삶의 방식과 취미 활동들의 대중화가 이루어져 왔으며, 현대의 대중문화는 음악과 미술 분야를 비롯하여 일상생활의 주된 관심거리가 되고 있다.[2)] 좁게는 취미, 넓게는 여가 활동이라

1) 국가에 의해서 제공되는 사회복지의 범위가 점차로 확산되고, 안정되고 있는 한편, '노동유연성'의 도입은 실업에 대한 심리적 불안감을 사회적으로 확산시키고 있는 실정이다.

일컬을 수 있는 삶의 방식들에는, '산업화'로 특징지어지는 경제근대화의 부분적 완성과 민주주의의 정착화 과정 위에서만 가능했던 것들이 많았던 것은 사실이다. 한국의 빠른 경제근대화과정에서 강요되었던 생산과 경제활동의 도구로서의 '조직화된 문화'에 대한 강조에서, 정치적 민주화의 정착화를 통한 문화적 선택권의 개인으로의 이전화 과정이 드러나기 때문이다. 그럼에도 불구하고, 개인 여가 선택권의 실질적인 자유의 확장에 대한 부정적인 해석도 가능하다. 그것은 여가 문화 분야가 자본의 논리와 산업적, 경제적인 이해관계에 의해서 크게 영향을 받고 있기 때문이다. 무엇보다도, 경제적 불평등의 지속은 노동계급과 대다수의 '보통사람'들에게 여가를 위한 재원의 부족을 피부로 느끼게 하고 있다(로제크, 2000; 로젝, 2002).

한편, 현대 사회의 주요한 특징 중의 하나라고 할 수 있는 민족과 국민정체성의 강조는 한 사회의 구성원들에게 '문화적 동질감'을 심어주어야 하는 정책적 노력을 필요로 했는데, 이 과제는 국가와 사회 단위의 문화와 역사에 대한 관심을 증대시키는 작업을 통해서 이루어져왔다. 민족주의의 영향과 국민정체성의 강조는 여가 활동의 소재거리에 민족국가와 그 구성원들의 역사적 배경과 형성과정, 그리고 앞으로의 미래에 대한 관심을 등장하게 하였다. 박물관 방문, 역사 기행, 전통 예절 습득 및 예

2) 프레드릭 제임슨이 설명하고자 했던 포스트모더니즘의 특징 중의 하나가 문화의 탈고급화와 대중화라고 할 수 있다. 비록 모더니즘과 포스트모더니즘/ 모더니티와 포스트모더니티에 대한 논쟁적 흐름 속에서는 그의 이론적 논의를 모두 수용할 필요는 없을지라도, 그가 후기자본주의의 생산과 소비적 특징으로 부각시키고자 했던 문화적 요인들은 현대 사회의 주된 특징의 하나로서 받아들여질 수 있다(Jameson, 1991).

술 체험, 고전 읽기뿐만 아니라, 스포츠에서의 국가간 경기에 대한 관심까지 이러한 국가 중심적 여가관의 영향은 크다. 과거의 재발견, 혹은 재구성이라 일컬을 수 있는 역사인식 작업은 단순히 현대 사회의 출현을 과거와의 질적 단절로서만 설명하는 것이 아니었다. 연속, 혹은 변형과정으로서의 문명적 흐름에 대한 관심, 민족의 형성과 이를 통한 국가와 완성이라는 거대담론 뿐만 아니라, 한 사회의 의 · 식 · 주 문화의 지속과 변화과정은 장기적인 역사인식의 필요성을 제기하여 왔다. 이 과정은 산업 사회의 발전을 통해서 드러났던 분업활동 속에서의 노동과 여가의 긴장관계를 산업화 이전의 전근대 사회에서의 노동·여가 환경과 비교하고자 하는 학술적 관심을 증대시켜왔다.

여가학의 주된 연구방향들 중에서 두 개를 우선 살펴보자. 첫째, 여가사회학은 주로 여가의 존재론적 지위에 대해서 관심을 보여왔다. 자본주의적 계급관계의 지속 속에서 여가환경에서의 불평등의 재생산을 지적하는 비판 여가학이나, 현대 사회의 탈계급적 대중 여가 환경의 조성을 강조하는 강단여가학이나, 그리고 새로운 정치, 문화 지역 공동체의 정체성과 관련된 여가 문화학 등은 여가의 존재론적 특성과 그 변화 요인들을 주된 연구관심으로 삼고 있다. 둘째, 생산주의적 측면에서의 여가관의 지속이다. 많은 여가학자들이 노동 중심의 세계로부터 여가 중심의 사회변동을 지적하고 학문적 관심을 표명해왔음에 불구하고, 기존의 생산주의적 노동관의 영향력 아래에서, 여가 문화의 효율적 활용과 여가 활동 결과의 노동에의 기여 효과를 분석한다. 이러한 생산주의적 여가 연구 관점은 인간 욕망의 자기 해소 과정으로서의 소비적 여가에 대해서 의미 있는 연구를 내놓기 어렵다. 단순한 수동적 소비가 아니라 적극적인 의미에서의 소비의 가능성, 삶의 억압적 구조로부터의 일시적 일탈 등에 담겨 있는 인간들의 욕망 표현과 해소 등은 윤리적인 측면과 심리적인 요인에 대한 새로운 검토를 필요로 하기 때문이다.

3) 정보 사회 도래의 의미는 무엇인가

산업 사회의 발전경향 속에서 정보화와 경제활동의 관계를 파악했던 제레미 리프킨(1996)은 기술의 고도화과정 안에서 인간의 생산활동 영역을 기계가 대체해왔다고 주장한다. 노동집약적인 산업분야와 노동조직이 강화되어 자본과 기업에 강한 반작용을 강할 수 있는 영역에서는 인적 구성의 비율이 점차로 축소시키려고 생산성 향상을 추구하였고, 이러한 결과들 때문에 점차로 노동자의 숫자가 개별 산업에서 감소하고 있다고 설명한다. 기술의 혁신과 새로운 경제활동의 방식에 의한 추가적인 고용창출이 진행됨에도 불구하고, 이러한 인간 노동의 새로운 산업분야로의 이동보다는 전체적인 측면에서 보면 노동력의 수요는 감소한다는 것이다.

산업활동에서의 노동의 의미 축소와 장기적으로 인간 노동력의 감소의 과정은 정보화수준이 향상되면서 더욱 두드러진다. 개인용 컴퓨터의 보급은 문서의 생산과 관리과정에 들어가는 시간과 노동력을 감소시켰다. 아울러, 개인용 컴퓨터 혹은 단말기들을 연결시키는 네트웍기능의 발전은 자료의 보관과 활용방식에 큰 변화를 일으켰다. 무엇보다도 자료 접근과 활용의 편리성이 크게 증가되었다. 저장 혹은 보관된 자료의 접근에 걸리는 시간들이 많이 단축되면서, 새로운 지식과 기술의 생산에 필요한 시간의 회전주기가 빨라졌다. 정보화과정의 가속화는 산업활동 종사자들에게 끊임없는 재교육의 필요성과 변화되는 상황에 대한 적응성을 요구하였으며, 이런 정보화 습득과정에 적응하지 못하는 많은 노동자들이 작업환경으로부터 멀어지게 되었다. 이른바 IT(Information Technology, 정보기술) 산업분야가 크게 성장하여, 많은 새로운 직업군들이 발생되기도 하였다. 정보기술 분야의 활성화는 새로운 산업혁신의 흐름으로 노동조직을 변화시켜왔다.

기업내부에서 활용되는 Intranet과 기업외부를 연결시키는 인터넷(Internet)의 결합은 노동활동의 공간적, 시간적 제약을 극복하려는 노력으로부터 발전하였다. 하지만, 사회의 각 조직들로부터 생산되고, 또 제공되는 수많은 지식과 정보들은 개별 작업단위안의 생산활동의 광범위한 자원으로 직, 간접적으로 활용되었다. 다시 말하면, 노동활동의 공간과 시간이 단지 확산되고 유연화된 것에 그치지 않고, 경제조직과 다른 사회조직들 사이의 광범위한 지적 연결망이 형성되었다는 것이다. 이러한 지적 연결망에는 정부조직들의 행정적 정보, 언론 및 방송매체들의 포괄적인 기사거리들, 시민사회단체들의 활동내용 및 그 방향성, 그리고 관련 산업분야의 기업 정보 등이 포함된다.

익명성이 보장되었던 온라인의 인간관계와 의견표현방식은 기존의 사회관계에서 보기 어려웠던 과감한 위계질서 파괴, 적극적이며 거침없는 의사표현을 가능하게 했다. 공론장(the public sphere)으로서의 사이버공간은 기존의 여론형성매체와 방식들의 대안으로서 관심을 받기도 했고, 그 영향력을 발휘하기도 하였다. 1990년대 말 이후의 한국의 정치지형의 변화에는 이러한 대안적 매체들의 영향이 무척 커져왔다는 사실은

'온라인'의 내용들이 단지 보조적인 기능만 하는 것이 아니라, 때론 주요한 공적 토론장으로서 흐름을 주도하기도 한다는 것을 보여준다.

1990년대와 2000년대 초반의 사회학적 문화연구와 조직론의 관심사들의 하나가 온라인 모임의 특성이었다는 사실은 흥미롭다. 경제 및 정치 활동뿐만 아니라, 한국 사회의 구성원들의 일상적인 관심들을 보다 구체적으로 드러낼 수 있는 문화정보들이 광범위하게 정보망을 통해서 확산되면서 문화영역 또한 그 규모가 커지고 있다. 빠른 경제적 근대화의 근간이 되었던 과잉 노동시간에 의해서 위축되고 협소화되었던 문화 활동의 제한이 점차적으로 완화되어져 왔다. 짧게는 하루 일과를 마치고, 집과 가정에 돌아와서 취할 수 있는 일상적 문화놀이들의 종류가 '온라인 문화 활동'에 의해서 양적으로 늘어났다. 개인적인 관심사들을 공유할 수 있는 동호회 활동의 안정적 정보교류의 공간으로서 '사이버 공간' 활용이 늘어나게 되었다. 안정적인 사무실 확보와 상근 간사들의 연락 노력 등을 필요로 했던 문화 활동의 상당수가 그러한 정보유통과 소식 교환 등을 사이버공간에서 해결할 수 있게 되었다는 점이다. 온라인에서의 여가 문화 활동이 부족한 일상의 얼굴을 맞댄 활동의 보조적인 수단만인 것은 아니었다. 상당수의 온라인 여가 활동 모임은 인간관계의 지속성과 보다 활발한 유대관계를 위해서 활동모임을 오프라인까지 확대시켜왔다. 예를 들어, 문화예술에 대한 관심은 행사참여 형태로, 자연에 대한 관심은 탐방과 기행 형식으로, 의 · 식 · 주 문화에 대한 흥미는 체험과 관람의 방식으로 구체화되었다. 하물며, 온라인 게임에 대한 관심도 집단적 E-스포츠에 대한 흥미로 확산되어 대규모의 오프라인 행사로 발전하기도 하였다.

온라인을 통한 행위주체들의 자유로운 조직 결성은 여가의 의미와 성격 또한 변화시켜왔다. 흔히 노동의 연장선 위에서 바라보던 여가 시간의 활용을 뛰어넘어, 일과 여가의 구분이 없어진 자기 관심사의 실현과 자기 개발이라는 취지로 통합되어가는 현상이 드러나기도 한다. 특정의 전문가 집단에서 등장하는 이러한 일과 여가의 통합은 곧 일과 여가의 시공간적 구분이라는 근대초기의 경제활동관과 대립한다. 2005년 현재, 수많은 컴퓨터관련 전문가들이 자신들의 인터넷 커뮤니티를 조직하여 자신들의 기술적 관심사를 토론하고, 새로운 기술과 프로그램을 개발하는 것을 단순히 그들 업무의 연장으로 볼 수 없기 때문이다. 업무에 포함되지 않는 그들의 기술적 관심사를 구현하고자 하는 노력은 또한 '소명의식'의 발현이나 민족주의의 표현으로 보기도 어렵다. 자신들의 즐거움과 만족 그 자체로부터 기술연구의 동기를 찾는 많은 프로그래머들은 개인적 성취감의 뒷면에 어떤 대의명분을 두지 않기도 한다(리누스 토발즈 외, 2002). 놀라운 것은 이러한 개인들이 조직화되어 발휘하는 사회적 영향력이 정보화의 진척에 엄청난 기여를 하고, 때론 위협이 되기도 한다는 것이다. 정보화 사회에서의 원격의사소통(telecommunications) 방식의 대중적 확산은 산업 사회에서 대중매체를 독점하고 여론을 주도했던 소수에게 집중된 권력과 사회적 영향력을 분산시키는데 기여를 하고 있는 셈이다. 예를 들어서, 1990년대 후반이후 한국에서 '네티즌(Netizen)들'의 조직화된 여론 형성과 정치, 경제적 쟁점들의 결정에 끼친 영향은 1980년대의 조직화된 사회운동과는 또 다른 의미로 해석될 수 있다.

3. 한국 사회는 어떻게 변화하고 있는가

'작업장' 내부의 노동환경의 변화는 전산화, 혹은 정보화로 특징지을 수 있다. 사무직 직원의 상당수에게 지급된 개인용 컴퓨터는 기존의 업무 환경의 능률 향상이라는 기초적 요구를 충족시켜왔을 뿐만 아니라, 업무 환경 자체가 전산화와 정보화 속에서 변화되어가고 있기 때문이다. 예를 들어, 인터넷 특히 인트라넷에 대한 외부 접속 가능성의 확대는 업무처리를 위한 시 · 공간적 제한성을 점차로 극복할 수 있게 하고, 이동통신을 통한 의사소통의 편리성의 증가는 신속한 업무협조를 이룰 수 있게 한다. 노동 및 작업 환경의 네트워크화라는 이러한 노동환경의 시 · 공간적 변화는, 다른 한편으로는 업무를 뛰어넘는 개인적인 친밀도를 쉽게 유지하고, 보다 높일 계기도 마련할 수 있게 하며, 때로는 업무활동 시간을 개개인의 사생활을 위한 정보 수집과 일상적 생활들을 먼 거리에서 처리할 수 있게 해주고 있다.[3)]

전산·정보화는 업무 적응의 편리성을 증진시켜서 수많은 피고용인의 교체를 가능하게 해왔다. 1997년 금융영역에서 시작된 외환위기를 통해서 일파만파로 번져간 'IMF 경제위기'를 지나면서, 한국의 경제활동에 다가온 변화들 중의 하나는 고용안정성의 축소와 실업률의 증가인데, 이 현상의 이면에는 '단순 기술' 업종에 대한 업무적응의 편리성을 증가시

3) 컴퓨터 바이러스의 유포 경로로서 인식되어, 많은 기업과 관공서에서 사용금지를 시키고, 관련 포트(port)를 폐쇄시켰던 인터넷 메신저 프로그램, 그리고 일상적인 삶의 기록을 통해서 친밀도를 높여주는 인터넷 '미니홈피, 블로그' 싸이트들에 대한 접속 제한 등은 업무 시간의 사유화(privatization) 경향에 대한 조직에서의 대응방식을 보여준다.

킨 정보화과정이 있다. 많은 유휴노동자들의 확보와 인건비 감소를 위한 전산화는 시간제 고용환경의 문제를 부각시켜왔다. 상당수의 노동자들이 노동권익을 강하게 확보하기 어려운 계약직에 머무르고 있으며, 시간제 고용제는 전반적으로 저임금 노동자를 많이 양산하고 있다. 시간제 고용관계 속에서 머무르는 노동자들이 생계와 일상적 욕구를 충족하기 위해서 두 가지 이상의 일을 하는 경우도 발생하고 있고, 단순 업무종사자들의 절대적 노동시간이 그리 크게 줄어가고 있지 않다. 다른 한편으로는, 고임금의 압축노동을 하는 계층의 숫자도 점차로 증가하면서, 이들의 문화적 성향과 저임금 노동자들의 문화적 환경이 서로 대립하기도 한다. 흔히 이러한 저임금 노동환경의 양산과 고임금 관리 및 사업환경의 조성을 '중산층의 몰락'이라는 표현을 통해서 한국 사회의 경제적 양극화 현상을 지적하기도 한다.

한편, 제도적으로 정착되어가는 주5일제 근무환경의 확산은 개개인들의 욕구 충족을 위한 소비 시간이 늘어감을 의미한다. 늘어가는 소비 시간이 여가 활동과 결합되면서, 많은 문화꺼리들을 손쉽게 접할 수 있는 사회환경을 만들어가고 있다. '주말과 국가적 공휴일에 무엇을 할 것인가?'에 대한 고민거리는 한쪽으로는 문화적 소비계층의 증가를 가져왔으며, 다른 한쪽으로는 문화 산업의 확대를 야기하고 있다. '문화 콘텐츠(Cultural Contents)'의 증가는 온라인의 정보 서비스 업체들의 주된 관심사가 되어왔으며, 새롭게 변화하는 문화적 관심꺼리들을 계속 추가하고, 기성세대의 문화적 안정성을 보다 섬세하게 만들어가고 있다. 이러한 과정은 단지 '시장'지향적 기업활동에서만 진행되는 것은 아니다. 한국이 '국제 관광' 속에서 다른 국가들과 경쟁하듯이, 한국의 많은 지방 자치단체들은 자치단체 구성원들의 만족도를 높이고, 재정적 확보와 그 지역에서의 경제활동을 증진시키기 위해서, 많은 문화적 투자를 아끼지 않고 있다. 이러한 공공부문에서의 문화콘텐츠의 증가는 교육과 여가, 문화적 소비와 맞물리면서 현대 한국인들의 다양한 관심사를 점차로 충족시키고 있으며, 나아가 새로운 욕구를 촉발시키고 있다.

기존의 활자매체와 공중파매체, 그리고 온라인매체는 문화적인 여가꺼리들을 소개하고 추천하며, 또 여론화시키고 있다. 전 국민적 관심사를 끌 수 있는 소재로부터, 남녀노소 등의 특정 세대와 일부 계층을 겨냥한 꺼리들, 폐쇄된 혹은 응집력이 강한 열광층을 위한 소재들이 다양하게 전파되어가고 있다. 적극적인 여가 활동을 원하는 사람들은 이 과정에서 보다 손쉽게 먼 거리에서, 안정적인 정보를 얻고, 자신의 욕구를 실천하고 만족도를 높여가고 있다. 이렇듯 소재와 방법의 접근성의 증가와 여가활동을 위한 인적인 친밀성의 증대는 사람들로 하여금 문화와 여가를 적극적인 시각으로 바라보게 하고 있다.

정보·전산화, 경제시스템의 변화, 정치적 민주화 과정 속에서 진행되는 한국 사회의 경향적 특징들 중의 하나는 사회적인 차원에서 '지난 시절'에 대한 반성적 고찰의 태도이다. 조직화된 빠른 경제근대화로부터 새로운 성장모델의 추구과정, 군사독재와 분단의 이념대립으로부터의 민주와 화해로의 이동, 단순한 세대의 변화와 교체가 아닌, 문화적 취향의 차이와 삶의 가치관의 갈등까지를 수반하고 있는 것이 현재 한국의 상황이다. 과거에 대한 회고적이고, 때론 비판적인 태도는 현재의 사회적 변화가 급격한 변동의 한가운데 있음에도 불구하고, 새로운 대안들이 제안적인 수준을 넘어 실질적인 영향력을 가지고 그 힘을 발휘하지 못하고 있기 때문이기도 하다. 이러한 기존의 질서와 의사소통방식과 새로운 대안들 사이의 긴장과 대립은 2005년 현재 한국인들의 심리적 불안감을 높이고 있다. 불확실성의 만연과 사회의 경향적 흐름에 대한 '동의 및 수용' 혹은 '거부' 과정은 보다 장기적인 역사적 흐름 속에서 답변을 찾으려는 노력을 수반한다.

현재 진행 중인 한국 사회의 특징적 현상은 현대 한국인들의 새로운 태도가 드러나고 있다는 점이다. 그것은 문화적 교양과 개인적 삶의 완성도에 대한 일종의 신선한 관심의 변화라고 할 수 있다. 급격한 근대화 과정 속에서 한국 사회의 구성원들은 서구적 대안의 제도적 정착을 위한 지식중심의 교양 습득에 집중했었다. '긴장된 진지함'이라고 불려질 수 있는 배움에 대한 열망은 점차로 즐김 속에서 만족과 성취감을 높이는 교양에 대한 열망의 확대로 이어진다. 논리적 판단과 합리적이며 이성적인 태도에 쏠렸던 지식의 관심은 체험과 감성적 만족도를 높이는 문화적 지식과 교양의 습득을 포함한다. 예를 들어, 교육 분야에서 초·중·고등학생들의 음악, 미술과 체육, 문화 분야에 대한 관심은 무척이나 증대했다. 물론 개발 독재 시대를 경험했던 학부모들의 열성적, 그리고 경쟁적 교육방식의 표현임에도 불구하고, 그들이 자녀들의 교육에서 문화적 교양의 습득에 쏟은 관심은 현재 청소년들과 젊은 세대들의 새로운 문화적 감각으로 여가분야에서 외화되고 있다.

아울러 빠른 사회적 성취를 위해서 희생되었던 몸에 대한 관심이 증가하고 있다. 엄청난 에너지를 소비해야만 했던 사회활동은 억압적 사회분위기에서는 긴장의 연속과 집단속에서의 즉흥적 유희 속에서 풀어질 수 있었으나, 개인들의 선택적 자유가 국가적, 조직적 대안보다 관심을 끌고 있는 현 시점에서 개인들은 자신들이 겪는 삶의 긴장과 스트레스의 해소에 대한 부담을 떠안게 되었다. 이 과정은 흔히 '개인적 영역'이라 일컬어지는 의·식·주 분야로부터 '건강성'을 확보하고자하는 노력으로부터 시작되었다. '웰빙(Well-Being)'이라는 선진국적 문화경향성이 한국 사회에서 인기를 끄는 이유들 중의 하나는 바로 한국이 지난 몇 세대동안 겪었던 그 긴장된 사회관계가 더 이상 관습처럼 유지될 수 없기 때문이기도 하다. 물론, 문화산업에서 몸에 대한 관심을 상업주의적으로 증폭시키고 있는 상황에서, 상당히 왜곡되고 있음은 부정할 수 없다.

경제활동과 정치활동, 그리고 문화 활동 영역에 등장하고, 영향력을 발휘하고 있는 새로운 주체들은 바로 앞선 세대들의 방식을 좇아갈 수 없는 정신적 갈등을 느끼고 있으며, 기존의 영향력 있는 주체들은 새로운 주체들의 활동방식에 만족을 하지 못하고 있는 실정이다. 예를 들어, 개발독재시대의 조직우선의 희생적 경제활동, 반북반공의 일방적 정치이념의 수용, 그리고 가부장적 권위질서 아래에서의 가족관 등을 둘러싼 세대적 갈등은 이러한 가치지향을 수용하고 실천했던 기존의 사회구성원들과 이것들을 거부하는 새로운 주체들 간의 갈등을 발생시키고 있다. 하지만, 방식과 표현, 소재의 차이가 크게 드러나는 가치관의 충돌에도 불구하고, 그들이 함께 공유할 수 있는 정서적 공감대는 점진적으로 형성되어 가고 있다. 국가와 기업의 성장이 곧 안정적 고용을 의미하지 않는다는 냉혹한 경제상황의 인정, 긴장적인 남북관계와 이데올로기적 갈등이 소모적인 정치논쟁이라는 인식 확산, 가족 및 사회윤리의 급격한 변화 속에서 새로운 세대의 가치 지향과 기성세대의 윤리관을 접목시켜야 한다는 현실적인 필요성에 대한 인식이 확산되고 있기 때문이다.

정리하자면, 현재 한국에서 진행되는 정보화의 특징은 대단히 한국적인 양상을 보이고 있다. 경제 영역에서의 세계화, 표준화, 실업, 고용불안정과 관련하여, 정치 영역에서의 민주주의의 제도화와 관련하여, 사회 영역에서의 세대문제, 가족문제, 노령화와 관련하여 사회의 정보화가 진척되고 있기 때문이다. 사회적 환경의 온라인에서의 데이터베이스화(Data-basification)를 통한 정보화의 진척이 단순히 기존의 사회적 생산물들을 저장하는데 있는 것이 아니라, 만들어지고 있는 사회적 합의의 방향의 결과에 따라 다르게 구축될 수 있다는 점에서, 또, 정보화의 활용이 사회적 합의의 방향에 강력한 영향을 준다는 점에서 한국의 사회변동은 중첩적이며 대단히 불확실하다.

4. 여가에 대한 전통적 시각의 필요성

한국 사회에서의 정보화의 진척에 따른 여러 영역에서의 변화는 우선 빠른 속도로 변화하는 삶의 환경이 가져다주는 새로운 가능성에 대한 관심을 불러일으켰다. 여가 문화의 측면에서 보면, 우선 다양한 취미와 관심거리들이 제공되면서 그것들에 대한 참여와 소비의 욕구를 불러일으켰다. 이러한 개인적 혹은 집단적인 차원에서의 여가 소재의 증가는 사회의 정보화혁신의 바탕위에서 여가정보를 획득하고, 보다 실천적인 체험을 가능하게 하는 사회적 여건의 확산과 더불어서 한국인들로 하여금 보다 쉽고, 적극적으로 여가 활동을 만들어갈 수 있는 환경을 제공하고 있다. 아울러 경제활동과 정치에 집중되었던 한국 사회 구성원들의 관심이 점차로 그들의 일상적 삶의 수준을 높이려는 방향으로 이동하면서 여가를 중심으로 하는 문화적 활동영역이 크게 증가되었다.

그럼에도 불구하고 개인들의 여가 선택의 자율성은 그리 자유롭게 확보되고 있지 않은 실정이다. 개인들, 혹은 그들이 속해있는 집단들의 여가 선택의 자유로움은, 그들에게 전달되어지는 여가정보의 공급자들의 상업적 의도에 의해서 크게 영향을 받고 있기 때문이다. 서비스 산업과 문화산업 영역의 확산은 경제활동의 '새로운' 영역으로서 여가 문화를 바라보는 상업적 시각을 확산시켰다. 일차적인 호기심 유발 과정으로부터 최종적인 소비과정까지, 개인들에게 전달되는 많은 여가정보들은 경제주체들의 경제적 의도로부터 시작되는 상황이 연출되고 있다. 이러한 경제영역의 일부분으로서의 여가 문화에 대한 이해는 한국 사회의 구성원들을 '여가의 소비자'로서 자리매김하게 한다. 특히, 급속도로 진척되었던 한국의 경제 근대화과정에서 드러났던 서구문화에 대한 지나칠 정도의 호기심과 동경은 문화산업의 단위에서 역시 그 힘을 발휘하고 있다. 경제적 영역에서 전개되었던 서구화와 합리화, 그리고 정치영역에서 전개되고 있는 민주주의화와 더불어, 문화영역에서는 서구문화 중심적 여가 활동이 강력한 영향력을 행사하고 있는 셈이다.

여가산업과 큰 관련을 맺고 있는 국민적 관심의 흐름은 보다 즉흥적이고, 보다 시각적인 유희들 중심으로 전개되는 것 또한 사실이다. 경제활동, 사회활동 안에서의 긴장된 몸과 마음의 피로를 쉬운 방식으로 '해소'하는 영역으로서의 여가 활동은 아직까지 개인들에게 노동과 경제활동 중심의 삶의 태도를 유지하게 한다. 이것은 곧 '오늘의 여가는 내일의 힘든 노동의 심리적, 육체적 부담을 달래주는 기능적 장치'라는 협소한 여가관에 기초하고 있다. 안타깝게도, 여가 생활 그 자체도 사회적 경쟁심의 한 영역으로 드러나기도 한다. 과잉화된 교육열과 자기계발에 대한 욕심이 한국 사회에서 만연한 경쟁의식에서 비롯된 것이기도 한 것처럼, 여가에 대한 관심과 여가 활동의 소비도 문화영역에서 사회적 흐름에 뒤떨어지지 않고, 때론 앞선 여가소비에 대한 자랑을 동반한 잠재적 경쟁의식의 반영이기도 하다. 이것은 문화 영역 전반에 걸쳐 확산되는 사회변화에 동조해야 한다는 심리적 부담을 드러내기도 한다.

이렇듯 여가 활동의 사회적 확산이 가져다주는 것은 개인의 선택적 자유의 증가와 삶의 질의 향상만 있는 것은 아니다. 다른 한편으로는 사회적 차원에서 유지되고 있는 한국 사회의 집단적 긴장관계가 변형되어 유지되거나, 혹은 보다 문화적인 영역으로 확산되고 있는 것이다. 후자는 또한, 이익추구를 목적으로 하는 경제활동의 연장선 위에서 여가 문화의 흐름을 대중적 소비에 초점에 맞추는 방식과 결합되면서 문제를 발생시키고 있다. 다른 말로 정리하자면, 개인적인 차원에서 자율성과 억압성이 긴장관계를 유지하고 있는 셈이다.

한국의 여가 문화의 변천사에 대한 시기별 변화의 특징들에 대한 연구를 통해서 최석호(2005)는 1992년 우루과이 라운드 협상 타결이후 서비스 시장의 개방이후 지적 재산권에 대한 강화이후 한국의 여가 문화가 '시장적 여가'의 시기로 이동하였다고 주장한다. 1970년대의 개발독재시기의 '강제된 여가'시기로부터, 1980년대의 세계에서의 한국의 위상강화와 형식민주주의의 제도적 실행에 기반한 '민주적 여가'시기를 거쳐, 1990년대 이후는 세계화의 편입과정을 통해서 여가시장의 확산이 이루어졌다. 그럼에도 불구하고, 경제인구의 소득구조가 양극화되고, 실업율이 증가되면서, 여가 시간을 활용할 경제적 수준의 격차가 벌어졌다는 것이다. 주5일제 근무환경, 다시 말하면 주 2일의 여가환경이 조성되었음에도, 실업에 대한 부담과 사회의 전반적 경기침체는 많은 한국인들로 하여금 적극적인 여가 생활을 즐기기보다는 여전히 대중적 방송매체의 시청과 단순 관람 및 감상에 치우쳐있는 상황이다(여가학연구, 2권1호).

한편으로, 정보화의 진척과 여가 문화에 대한 관심의 증대, 그리고 체험적 여가 활동이 증가하는 한국 사회의 2005년 현재의 모습에는 한가지 흥미로운 점이 발견되고 있다. 빠른 경제근대화와 억압적이며 패배적인 정치환경 속에서 잊혀져왔던, 전통문화에 대한 관심이 증가하고 있다는 것이다. 20세기의 한국의 파란만장한 변화과정 속에서 쉽게 잊혀지고, 내버려졌던 전통사회의 삶의 방식에 대한 재해석이 크게 늘어가고 있는 상황이다. 이 과정은 정치, 경제 근대화를 위해서 서구 사회의 발전 경험을 따라가야만 했던 상황을 거치면서, 한국적 실천을 통해서 초기의 일방적 수용에 대한 비판적 태도를 견지하게 되었기 때문이며, 보다 객관적인 태도로 한국의 역사와 전통사회에서의 삶의 방식을 바라볼 수 있게 되었기 때문이다. 전통 사상과 종교에 대한 관심, 전통사회에서의 일상적 유희문화에 대한 체험, 이러한 전통사회에서의 시사점을 찾는 과정이 현재의 한국의 여가 경향성을 비판할 수 있는 시각을 제공함은 물론이다.

5. 동양사상과 여가학은 왜 결합해야 하는가

현대 사회와 여가에 관한 연구작업들은 주로 여가 문화 주체의 존재론적 특성과 한계, 그리고 새롭게 조성되는 환경에 대해서 관심을 가져왔다. 자본주의적 경제관계에서의 노동자들의 여가 문화의 제한성에 대한 비판, 남녀 불평등에 기인하는 여성들의 여가 활동 부족에 대한 분석 등이 예가 될 것이다(로젝, 2002). 다른 한편으로는, 현대성의 특성으로서의 공간적 제한성의 탈피와 대중적 이동성의 확대를 논하는 관광 분석 담론(왕, 2004; 맥켄넬, 1994)과 여가관과 활동에 대한 시대적 변천과정에 대한 소개(파커, 1995)가 연구대상이 되어왔다. 이러한 사회과학적 연구 성과들의 바탕 위에 발전하고 있는 한국의 여가 연구는, 안타깝게도 문명적 단절이 발생한 20세기 이후의 한국의 상황을 연구 대상으로 한다. 구한말의 개항시기 이전의 전통사회에서의 여가 활동에 대한 분석이 공동체적 놀이와 유희문화의 소재와 방식에 대한 소개 및 양반 계급의 문화적 소양에 대한 관심 등에 제한되어 있다. 다른 한편으로는, 출현하는 정보화 사회에서의 여가분석의 내용도 여가 소재의 다변화와 여가 시간의 활용에 대한 연구 이상으로 풍부하게 그려지지 못하고 있는 실정이다. 아울러 근대적 단절과 빠른 사회변동에 초점을 맞추다 보니, 전통 사상들이 내포하는 여가관에 대한 연구가 상당히 부족하다. 전통 사상의 '여가'에 대한 연구작업은 여가 주체를 둘러싼 환경의 변화를 이해하고, 앞으로의 방향성을 제시하기 위한 이론적, 규범적 제안을 위해서 특히 필요한 부분이다.

여가는 한국과 동양 (전통)사상의 주제인가? 동양과 한국의 전통 사상에서의 여가에 대한 논의시도는 다음과 같은 지점들에서 여가사회학과 연관을 맺게 된다. 첫째, 여가 연구를 위한 전통 사상의 다시읽기는 기존의 고전읽기와는 구별되는 것이다. 노동과 근면성, 금욕적 자기 수련 중심의 읽기가 즐거움과 학문정진의 환경과 삶에 대한 관찰, 그리고 풍류에 대한 관심으로 그 방향을 바꾼다는 점이다. 이러한 관심은 문헌에 대한 치밀한 독해를 다시 요구하는데, 이것을 통해서 고전에 대한 보다 균형 잡힌 시각을 확보할 수 있다. 아울러, 이 과정에서 서구에서의 노동과 여가의 이분법적 사고에 대한 근본적인 문제의식까지 그 가능성이 열려 있다. 노동관과 여가관을 둘러싼 인식론적 입장들과 규범적 제언들의 차원에서 전통 사상은 서구의 사상들과의 해석적 긴장관계를 발생시킬 수 있다. 현대 사회에서의 현대인들의 여가 활동에 대한 환경적, 상황적 분석이 서구의 여가사회학적 틀 속에서 적절히 제시되기도 하지만, 미래 지향적 가치와 규범에 관련된 논의에서는 동양사상이 과거와 현재의 인간의 자기발견 과정을 장기적으로 연결시켜줄 수 있다. 다시 말하면, 여가사회학의 사상적 기원들과 마주선다는 것이다.

둘째, 한국과 동양사상에 대한 다시 읽기는, 적어도 여가분야에 있어서는, 구체적인 정책적 대안을 제시해야 한다. 여가분야는 문화영역에서 공공기관과 민간 산업의 결합과정에서 사회구성원들에게 구체적으로 다가서는 경우가 많은데, 전통 사상이 새로운 여가 문화 행사와 기획들에 필요한 자원으로서 적극적으로 활용되어야 한다는 뜻이다. 현재 한국의 여가 문화는 권위적 조직문화를 벗어나는 자유로운 활동과 선택의 점진적 확산을 '정보화의 영향과 포스트모던 문화 경향'이라는 틀 속에서 해석하려는 넓은 의미의 문화변동을 강조한다. 세계화의 진척과 전통적 인간관계의 합리적, 그리고 탈현대적 인간관계로의 대체로 이해되는 한국의 문화영역의 변화를 동양사상은 독자적인 방식으로 접근해야한다는 당위론 이상으로 실천적인 설득력을 가져야 하는데. 문화영역에서 진행되는 각 지역 차원에서의 전통의 재발견은, 다시 손아귀에 쥐어지는 과거의 유산이라는 의미뿐만 아니라 원초적인 차원에서의 삶의 방향성 모색을 현재 진행되는 문화변동 속에서 부각시켜야 하는데, 이러한 노력은 전통 사상에 담겨있는 역사적인 의미에서의 '과거성과 추상성'을 현재와 미래를 위한 '급진성과 구체성'으로 다시 복원해야 한다. 다시 말하면, 기존의 여가학이 담당해온 정책적 담론에 참여해야 한다는 뜻이다.[4)]

여가사회학과 전통 사상의 결합은 이러한 긴장관계 속에서 그 방향성을 설정할 수 있다. 예를 들어서, 여가를 둘러싼 서구의 사상과 윤리적 태도들과 동양사상에서의 여가관을 비교하려는 사상적 비교 논의가 필요하다. 여가를 둘러싼 사상적 비교는 궁극적으로는 세계관들에 대한 분석적 통찰을 요구함은 물론이다. 다른 한편으로는, 노동 중심의 세계적 질서의 확산 속에서 발생한 사회적 불평등의 문제와 소외를 전통 사상의 해석적 지평 안에서 설명가능하다면, '인간론'에 대한 이론적 틀 속에서 전통 사상은 기존의 여가사회학 내부의 비판적 전통과 함께 설 수 있을 것이다. 사실, '인간론'은 동양사상의 주된 관심분야가 아니었던가? 다시 말하면, 동양사상을 이론적 자원으로 활용하여 현대 사회의 여가문제들을 구체적으로 설명해야 한다는 것이다. 이 지점에서 전통 사상은 비판적 여가이론과 함께 위치하게 된다.

---

4) 여가정책 제안서 및 계획서에서 일반적으로 제시되는 특정 정책과 행사기획의 필요성과 효과에 대한 논의작업 안에서 동양사상적 입장을 적극 알릴 필요가 있다. '한국의 전통문화와 사상'에 대한 강조라는 일반론적 강조, 혹은 현실적 삶의 방식에 대한 구체적인 입장이 될 수도 있을 것이다.

참고문헌

닝 왕, 이진형·최석호 옮김, 『관광과 근대성』, 일신사, 2004
딘 맥켄넬, 오상훈 옮김, 『관광객』, 일신사, 1994
막스 베버, 『프로테스탄트 윤리와 자본주의 정신』, 문예출판사, 1996
스탠리 파커, 이연택·민창기 옮김, 『현대 사회와 여가』, 일신사, 1995
리누스 토발즈 외, 신현승 옮김, 『해커: 디지털 시대의 장인들』, 세종서적, 2002
에릭 홉스봄 외, 『노동의 세기』, 임지현 옮김, 삼인, 2000
오순환, 『한국의 여가 문화』, 일신사, 2004
제레미 리프킨, 이영호 옮김, 『노동의 종말』, 민음사, 1996
최석호, 『한국 사회와 한국여가: 근대적 대중여가의 형성과 문명화』, 한국학술정보, 2005
칼 마르크스, 김수행 옮김, 『자본론 1-상』, 비봉출판사, 2004
크리스 로제크, 김문겸 옮김, 『자본주의와 여가이론』, 일신사, 2000
크리스 로젝, 최석호·이진형 옮김, 『포스트모더니즘과 여가』, 일신사, 2002
탈코트 파슨스, 윤원근 옮김, 『현대 사회들의 체계』, 새물결, 1999
프랭크 웹스터, 조동기 옮김, 『정보사회이론』, 나남출판, 1997
Cross, Gary, *A Social History of Leisure Since* 1960, Oxford, Venture Publishing, 1990
Fredric Jameson, *Postmodernism, or, The Cultural Logic of Late Capitalism, London,* Verso, 1991
Koshar, Rudy, (ed.) *Histories of Leisure*, *Oxford:* Berg, 2002

제2장 유가의 여가관: 배움(學)과 즐거움(樂)

이 승 연

1. 무엇을 즐거워해야 하는가

일찍이 일본의 저명한 중국사상사가 시마다 켄지(島田虔次)는 송학宋學의 두드러진 특징 가운데 하나로 '즐거움(樂)'의 재발견[1)]을 들었다. 송학만이 아니라 『역』의 '천天을 즐기며 명命을 안다'(계사전)를 비롯하여 『논어』의 '회는 그 즐거움을 바꾸지 않았다'('옹야편'), 『맹자』의 '자신을 되돌아보아 성실하면 이보다 더 큰 즐거움이 없다'('진심장'상) 등, 유교를 포함하여 중국 사상은 '즐거움'을 중시했다.[2)] 공자도 말하지 않았던

---

1) 『朱子學と陽明學』 참조. 이 책에서 저자는 "중국사상에는 기독교에 보이는 '고뇌의 찬미'는 존재하지 않는다"라고 하여 서양과 구분되는 특징으로 '즐거움'을 들었다. 인도사상이 차안의 삶을 '苦'로 보고 이 '苦'의 차안을 벗어나 피안으로 가고자 했던 것도 한 예라 할 수 있을 것이다.

2) 도교의 道士들은 말할 필요도 없거니와 심산 유곡에 은거하는 禪僧의 삶 또한 '樂道' 내지는 세속을 초탈한 '즐거움'의 경지로 이해하였으니 '즐거움'은 중국사

가, '아는 것은 좋아하는 것보다 못하고, 좋아하는 것은 즐기는 것보다 못하다'고. 그러나 '즐거움'이 새로운 테마로 부활하였던 것은 역시 송대였다. 주자(朱熹, 1030-1200)가 그의 이단적 요소를 감지하면서도 '육선생화상찬六先生畵像讚'을 지어 현창했던 소옹邵雍(邵康節, 1011-1077)은 자신의 거처를 '안락와安樂窩'라 불렀고 스스로를 안락선생이라 칭했는가 하면 '희락음喜樂吟'을 지어 자신의 '즐거움'을 예찬했다[3]. 뿐만 아니라 주자가 존경해 마지않았던 정호程顥(程明道, 1032-1085), 정이程頤(程伊川, 1033-1107)) 형제는 "예전에 주무숙周茂叔(周敦頤, 호는 濂溪 1017-1073)에게 배울 때, 언제나 중니 안자가 즐거워한 그 즐거움이 무엇인지를 물었다."[4]고 '즐거움'에 얽힌 일화를 자주 술회했고, 마침내 "나는 재차 무숙을 뵌 후, 음풍농월吟風弄月하며 돌아왔는데 (공자께서) 나는 증점(이 말한 '즐거움')과 생각이 같다고 했던 뜻을 알 것 같았다."[5]고 하여 그 '즐거움'의 체득을 공언하였다.

송대는 '즐거움'이 인간의 품격을 드러내는 한 지표로 통용되었는가 하면, 이상적인 삶의 전형이 되기도 했고, 또 인간이 도달해야 할 궁극적인 경지로 설정되기도 했다. 24세의 주자가 현의 학생들에게 다음과 같은 질문을 던졌던 것은 그러한 시대적 사조와 무관하지 않을 것이다. 아래 "거친 밥에 물 마시고 팔 굽혀 베개 삼으니 즐거움은 그 가운데 있다[6]"는 『논어』「술이편」의 한 구절이다.

상 전제를 포괄하는 일관된 문제라 해도 과언은 아닐 것이다.

3) 그 외에도 '歡喜吟', '樂樂吟' 등 '즐거움'을 노래한 시는 많다.

4) 『河南程氏遺書』, 권2상, "昔受學於周茂叔, 每令尋顔子仲尼樂處, 所樂何事."

5) 『河南程氏遺書』, 권3, "某自再見茂叔後, 吟風弄月以歸, 有吾與點也之意."

'거친 밥에 물 마시고 팔 굽혀 베개 삼으니 즐거움은 그 가운데 있다', (여기서 공자가) 즐거워 한 것은 무엇인가?[7]

이 때 주자가 학생들에게 어떤 대답을 기대했는지는 알 수 없지만, 그 역시 공자의 '즐거움'을 자신의 삶의 지표로, 또 자신이 도달해야 할 궁극적인 경지로 받아들였던 것이리라. 아니, 어쩌면 그랬기 때문에 주자는 자신의 이 절실한 물음을 자신을 대신해 학생들에게 던진 것인지도 모른다.

주자는 남송 건염建炎 4년, 이민족에게 나라의 반을 빼앗긴 국보간난의 시기에 전란 속에서 태어났다. 그의 아버지 주송朱松은 젊은 나이에 세상을 떠났지만 열렬한 민족주의자였다. 더구나 그의 유년시절의 스승, 호적계胡籍溪, 유백수劉白水, 유병산劉屛山은 죽을 때까지 중원회복의 꿈을 버리지 않았던 주전론자였다. 주자의 사상 속에 면면히 흐르는 중화주의나 민족주의는 그가 살았던 시대의 소산이다. 그는 송대의 사대부들이 그러했듯이 사대부로서의 사회적 책임을 통감했고, 그 사회적 책임을 자신의 삶 속에 승화시켜 갔다. 그의 이단 배척이 그들의 '탈세속적' 가치나 삶의 태도에 집중되었던 것도 어쩌면 그의 삶의 한 단면을 말해 주는 것인지도 모른다.

24세의 주자가 현의 학생들에게 던진 질문, '즐거움'의 의미에 관한 물음은 위기의 시대를 살아야만 했던 주자 자신의 삶의 자세와 관계되는

---

6) 『논어』, 「술이편」, "飯疏食飮水曲肱而枕之, 樂亦在其中矣. 不義而富且貴, 於我如浮雲."

7) 『朱熹集』, 권74, 雜著, "飮水曲肱而枕之, 樂亦在其中矣, 所樂者, 抑又何謂耶?"

가장 본질적인 물음이기도 했다. 무엇을 즐거워 할 것인가 – 그것은 곧 어떻게 살 것인가 하는 물음이기도 하기 때문이다. 이 글은 주자라고 하는 송대의 한 위대한 사상가가 스스로 '즐거움'의 의미를 탐문하고 발견해가는 과정을 추적한 것이다. 우리는 그가 발견한 '즐거움'을 통해 유가적 삶의 한 전형, 그들이 추구한 이상과 그 이상이 투영된 삶의 모습과 만나게 될 것이다. 동시에 그것은 '여가'의 진정한 의미를 탐색하는 본서의 주제에 비추어 일종의 대안적 해답을 제공해 줄 것이라 생각한다.

2. '즐거움'의 원형을 찾아서

최근 일본에서 『즐거움을 노래한 도연명(たのしみを詠う陶淵明)』이라는 책이 출판되었다. 이 책은 도연명의 시에 등장하는 '낙천樂天'이라는 말의 용례를 분석하여 그 의미를 밝힌 것이다. 5세기 무렵을 살았던 한 시인의 이야기가 송학에서의 '즐거움'을 테마로 한 이 글과 무슨 상관이 있느냐고 독자들은 의아하게 여길지도 모른다. 그러나 내게는 '낙천'을 세 가지 유형, 즉 '운명을 한탄하는 것 - 비관적 감정', '운명에 맡기는 것 - 비관하지도 근심하지도 않는 것', '운명을 즐기는 것 - 낙천적 감정'으로 구분하고, 도연명을 기점으로 하여 비로소 '낙천'이 실질적으로 '운명을 즐기는' '낙천'의 의미로 사용되었다고 한 저자의 주장은 나름대로 의미가 있었다. 송학에서 '즐거움'이 커다란 테마로 등장할 수 있었던 것은 '즐거움'이라는 말이 지니고 있는 의미의 다양성이나 함축성과 무관하지 않을 것이다. 중국 사상사에는 도저히 '낙천'할 수 없는 삶을 낙천적

으로 살았던 사람들이 무수히 존재하며, 또 그만큼 그들의 '낙천'하는 삶의 모습도 다양했다. 그들 가운데 어떤 이는 세속과의 인연을 끊고 깊은 산 속으로 들어가 독선獨善하는 삶의 방식을 택했는가 하면, 또 어떤 이는 일체의 도덕적 속박을 비웃으며 인간적인 욕망에 자신을 내맡기기도 했다. 송대 유가들이야말로 그처럼 다양하게 사용되어 온 '즐거움'의 의미를 유가적으로 재해석함으로써 보다 고양된 유가적 삶의 모습, 유가적 삶의 한 전형을 만들어내고자 했던 것이 아닐까? 적어도 염계와 이정, 그리고 주자는 그러했다고 생각한다. 물론 그 때 그들이 자신의 입론의 근거로 삼았던 것은 공자의 '즐거움'이었다. 이미 언급했듯이 그 논의의 시발점은 염계가 이정 형제에게 던진 물음이었던 것이다.

그럼, 여기서 다시 한번 더 '즐거움'과 관련된 이정二程의 일화를 되새겨 보기로 하자. 명도는 자신들이 염계에게서 수학했을 때, 염계는 자신들로 하여금 공자와 안연의 '즐거움'이 무엇인지를 거듭 생각하게 했고 마침내 그는 그 '즐거움'을 자각하게 되었다고 말하였다. 그런데 여기서 주의해야 할 점은 그 때 그가 느낀 즐거움이 공자와 안연의 '즐거움'은 아니었다는 사실이다. 분명히 염계가 이정에게 물었던 것은 공자와 안연의 '즐거움'이었다. 그러나 명도가 스스로 깨달았다고 한 그 '즐거움'은 공자와 증점의 '즐거움'이었던 것이다.

공자와 안연, 그리고 증점. 그들은 『논어』에 등장하는 '즐거워하는' 사람들이다. 그러나 그렇다고 하더라도 그들이 느낀 '즐거움'은 과연 동일한 '즐거움'이었을까? 바로 이 물음이야말로 송대에 촉발된 '즐거움'을 둘러싼 논쟁의 시발점이었던 것이다. 송대의 '즐거움'에 관한 논의를 검토하기에 앞서 송대 유가들이 자신의 입론의 근거로 삼았던 『논어』 속의

'즐거움'을 살펴보기로 하자.

먼저 공자의 '즐거움'을 살펴 본 다음, 그와 '즐거움'을 공유했던 두 명의 제자, 안연과 증점의 '즐거움'을 보기로 하겠다. 단 미리 말해 둔다면 주자는 안연과 증점의 '즐거움'을 구분했다. 아니 구분함으로써 주자는 진정한 '즐거움'의 의미를 발견했다. 그렇다면 안연과 증점의 '즐거움'을 구분하는 것은 '즐거움'의 해석에 어떤 의미를 부여하는가? 다음에 그 해답을 모색하여 보기로 한다.

1) 공자는 무엇을 즐거워했는가

지금 내 책상 위에는 『論語の思想史』라는 책이 놓여있다. 이 책이 『논어』의 해석을 둘러싸고 전개된 사상사적 의의를 얼마나 심도 있게 다루고 있는지는 알 수 없지만, 어쨌든 이 책에는 양웅揚雄의 『법언法言』과 『논어』를 비교한 글을 선두로 하여, 하안何晏의 『논어집해論語集解』(이하 『집해』라 약칭), 왕필王弼의 『논어석의論語釋義』, 그리고 주자의 『논어집주論語集注』를 거쳐 일본 오규 소라이(荻生徂徠)의 『논어징論語徵』에 이르기까지 『논어』에 관한 다양한 주석서와 주석가의 사상이 소개되어 있다.[8] 공자의 '즐거움'을 논의하는 자리에서 내가 이런 이야기를 꺼내는 이유는 『논어』에 관한 한 매우 다양한 해석이 존재하고 또 가능하다는 것을 미리 밝혀두기 위해서이다. 말할 것도 없이 『논어』에 대해 매우 다양한 해석이 존재한다는 것은 지금 우리가 주목하고 있는 '즐거움'

8) 참고로 덧붙여 두자면 이 책에는 '이퇴계 『퇴계전서』와 『논어』-조선주자학의 일단'이라는 제목으로 조선 주자학자들의 『논어』 해석도 소개되고 있다.

에 대해서도 매우 다양한 해석이 가능하다는 것을 의미한다.

일반적으로 동아시아 세계에 통용되었던 가장 기본적인 『논어』주석서는 주자의 『논어집주』(이하 『집주』로 약칭)이다. 『집주』는 경전의 새로운 해석이 다양한 각도에서 모색되었던 송대의 유가적 전통을 계승하여 경전 해석에 일대 혁신을 도모했다. 『집주』가 등장하기 이전까지 『논어』 주석서의 가장 기본적인 텍스트는 『집주』보다 100년 앞서 완성된 형병刑昺의 『논어주소論語注疏』[9](이하 『주소』로 약칭)였다.[10] 논의의 전개를 통해 밝혀지겠지만 『주소』는 청담淸談사상의 리더였던 하안의 『집해』[11]와 유·불·도의 통합을 기도했던 황간皇侃의 『논어집해의소論語集解義疏』[12](이하 『의소』라 약칭)를 기본 텍스트로 삼았기에 도가적

---

9) 『주소』는 송나라 진종 4(1000)년에 완성되었다.

10) 『주소』라기보다 『주소』가 저본으로 삼았던 하안의 『집해』나 황간의 『의소』라고 하는 것이 옳을지도 모른다.

11) 『집해』의 편자, 하안(190-249)은 '청담의 조祖'라 일컬어지며 도가적 사변가로서도 유명하다. 그는 무無를 근원적 원리, 또는 현상을 뒷받침해 주는 본체로 파악하고 그것을 '도道'라 보았다. 보통 사상사에서는 무無를 중시하는 일파라는 의미에서 왕필과 함께 그를 '귀무파貴無派'라 부른다. 그는 『집해』 외에도 『도덕론』 또는 『道德二論』 『효경주』 및 『역』과 관련된 다수의 저서를 남겼다고 한다. 그의 편찬인 『집해』는 그의 단독 저서라기보다 정충鄭沖 손옹孫邕 조희曹羲 순기荀顗, 다섯 명의 협동으로 제가의 『논어』 주훈注訓을 모아서 편찬한 것이다. 따라서 『집해』가 순수하게 하안의 설에 근거한 것이라 보기는 어렵다. 그러나 그럼에도 『집해』는 하안의 주해註解의 영향을 받아 도가로서 유가를 해석하는'도가적 특성'이 강한 『논어』 주석서라는 것이 일반적인 평이다(『論語の思想史』 「何晏『論語集解』-魏晋の時代精神」 참고).

12) 황간은 남조 양梁의 학자로 그의 전기는 『양서』 권48, 『남사南史』 권71에 수록되어 있다. 삼례(『주례』, 『의례』, 『예기』)와 『효경』, 『논어』에 정통하였고, 그 가운데 『예기강소禮記講疏』 50권을 저술하여 조정에 헌정한 것으로 특히 유명하다. 그의 『의소』는 진대 하안의 『논어집해』를 저본으로 하는 한편 당시의 유명

색채를 강하게 띠고 있는 점이 특징이다. 그런 의미에서 『집주』의 '일대 혁신'이란 기존의 『논어』 주석서에서 이단적 요소를 제거하여 유가의 순수성을 확보한 것이라 할 수 있을 지도 모른다. 그리고 또 그것이 본 장에서 『주소』를 기본 텍스트로 선택한 이유이기도 하다. 『집주』와 대립되는 『주소』의 주석을 통해 우리는 주자가 '즐거움'의 의미를 반문하면서 거기로부터 무엇을 이끌어내고자 했는지를 알게 될 것이다.

그럼, 주석서에 관한 설명은 이 정도에 그치기로 하고 본격적인 『논어』 읽기를 시작하도록 하겠다.

『논어』에서 공자가 자신의 '즐거움'에 관해 언급한 대표적인 구절은 「학이편學而篇」 첫 장과 「술이편述而篇」의 두 구절이다. 이 가운데 「학이편」 첫 장은 예로부터 『논어』의 사상적 정수가 응축되어 있는 것으로 평가되었으며 시대를 넘어 회자되어 왔다. 먼저 그 전문을 보기로 한다.

> 배우고 때로 익히니 기쁘지 아니한가? 벗이 있어 멀리서 찾아오니 또한 즐겁지 아니한가? 남이 나를 알아주지 않아도 화내지 않으니 또한 군자가 아닌가?[13]

이 첫 장은 독자에 따라 조금씩 그 의미를 달리 해석하기도 하지만 대략적인 의미는 다음과 같이 정리될 수 있을 것이다. 우선 첫 구절은

한 『논어』 주석가들의 설을 모으고 거기에 자신의 설을 덧붙여 편찬한 것이다. 그 결과 황간의 『의소』는 한대의 정현, 마융, 포감의 주는 말할 것도 없고 그것을 종합한 『집해』조차 미치지 못할 만큼 방대한 주석서로 완성되었다(같은 책, 「皇侃『論語集解義疏』-六朝疏學の展開」 참고).

13) "學而時習之, 不亦說乎. 有朋而自遠訪來, 不亦樂乎. 人不知不溫, 不亦君子乎."

근면하게 '배우고(學)'와 '익히는(習) 일'의 기쁨을 노래한 것, 둘째 구의 '멀리서 찾아온 벗'이란 '배움'을 함께 하는 벗이며, 더군다나 여기서 '멀리'란 공간적인 거리를 의미한다기보다 쉽게 얻을 수 없는 귀한 벗임을 의미하며, 따라서 둘째 구는 벗과 함께 강학하는 즐거움을 노래한 것, 셋째 구는 세상에는 그런 자신을 이해해 주는 사람이 거의 없지만, 그럼에도 '화내지 않는 것'은 '배우고 때로 익히는 일'이 자신에게 주는 '즐거움' 때문이라는 것이다. 이렇게 보면 '학이편' 첫 장은 시종일관 '배움'의 '즐거움'에 관해 말하고 있는 것이 된다. 그러나 『주소』는 이 첫 장이 강조하는 '배움'의 중요성을 인정하면서도 '즐거움'에 관해서는 약간 다른 해석을 덧붙이고 있다.14)

공자는 '배움'이 주는 '즐거움'이나 중요성에 관해서는 거듭 강조했지만, 그러나 자신이 배우고자 한 그 '배움'의 내용이 무엇인지를 밝힌 적은 없다. 그러나 『주소』는 먼저 '배움'의 내용을 시詩, 서書, 예禮, 악樂으로 명시한다. 그리고 이 시, 서, 예, 악을 배우는 데 가장 중요한 것은 '때'라고 한다. 『주소』는 '배움'의 '기쁨'보다 '때'의 중요성을 강조함으로써 첫 장의 전체적인 의미를 '배움'의 시기를 강조하는 '권학문勸學文'으로 해석한 것이다. 그 뿐만이 아니다. 『주소』는 '기쁨'을 내재적인 것, '즐거움'을 외재적인 것으로 정의하여 '즐거움'을 '기쁨'보다 하위 개념으로 파악하는 한편, 가장 상위의 정신적 경계境界를 '남이 나를 알아주지 않아도 화내지 않는 것'에 둔다. 물론 『주소』는 공자가 '남이 나를 알아주

---

14) 『주소』의 주석은 인용된 주석가에 따라 설명방식이 달라지기도 하지만 본 장은 『주소』의 각 주석을 포괄적으로 『주소』로 기재한다. 주석가를 구분할 만큼 세부적인 논의는 필요하다고 생각하지 않기 때문이다.

지 않아도 화내지 않았던 것'은 이미 '선왕의 도'를 체득했기 때문이라 한다. 그러나 거기에는 자신의 이상을 구현하기 위해 천하를 주류하던 공자의 모습은 그다지 부각되지 않는다. 오히려 거기서 떠올릴 수 있는 것은 자족과 은일을 추구하는 도가적 성인상이 아닌가? 『주소』가 '배움'의 '기쁨'이나 '즐거움'에 그다지 주목하지 않는 것도 '즐거움'이나 '기쁨'을 평범한 인간의 세속적인 감정으로 치부하면서 그러한 세속적인 감정을 초탈하여 존재하는 도가적 성인상을 추구했기 때문인지도 모른다. 『주소』의 이러한 특성은 「술이편」의 두 개의 '즐거움'을 해석하는 과정에서 더욱 분명해진다.

먼저 「술이편」의 첫 번째 '즐거움'이다.

공자 일행이 초나라 땅인 부함으로 갔을 때의 일이다. 이 때 자로는 부함의 장관인 섭공을 접견했다. 이 자리에서 섭공은 자로에게 공자의 인품에 관해 물었는데 갑작스런 질문에 당황한 자로는 대답하지 못했다. 어설픈 대답이 오히려 공자에게 누가 될지도 모른다고 생각했던 것이다. 그러나 이 말을 전해들은 공자는 이렇게 말했다.

> 자네는 이렇게 말했어야 했네. 그 사람됨은 발분하면 먹는 것을 잊어버리고 즐거워 함에 근심을 잊어버리며 마침내 늙어가는 것조차 알지 못한다고.[15)]

우선 여기서 문제가 되는 것은 공자가 무엇에 발분했고 또 무엇을 즐거워했는가 하는 점이다. 『집주』가 그 대상을 일관되게 '학문'으로 파악

15) 『논어』, 「술이편」, "其爲人也, 發憤忘食, 樂而忘憂, 不知老之將至云爾."

하고 있는 반면, 『주소』는 '發憤嗜學而忘食, 樂道而忘憂(발분하여 학문을 즐김에 먹는 것을 잊고 도를 즐김에 근심을 잊는다)'라 하여 '배움(學)'과 '도道'를 구분하는 한편, '즐거움'의 대상을 '도'로 규정한다. '학이편' 첫 장의 의미를 '권학'으로 파악하였던 『주소』는 이제 '학'과 더불어 '도'를 말하고 또 그 '도'를 '배움'의 우위에 둔 것이다. 공자의 학문하는 '즐거움'을 '낙도樂道'로 해석하는 『주소』의 이러한 입장은 다음 구절의 해석에서 더욱 명확해진다. 다음은 「술이편」에 등장하는 두 번째 '즐거움'이다.

> 거친 밥을 먹고 물마시고 팔 굽혀 베개 삼아도 즐거움은 그 가운데 있다. 의롭지 못한 부귀는 내게는 뜬 구름과 같으니라.

주자가 학생들에게 시험문제로 제출했던 바로 그 '즐거움'이다. 주자는 『집주』에서 "성인의 마음은 천리天理와 혼연일체를 이루므로 비록 극도의 곤경에 처하더라도 '즐거움'이 없을 때가 없다. 의롭지 않은 부귀는 뜬구름과 같아서 그 마음을 움직이지 못 한다"고 하여 천리와 혼연일체된 성인의 '즐거움'을 칭송함과 더불어 '불의에 흔들리지 않는 성인의 마음'을 강조한다. 그러나 『주소』는 먼저 공안국의 소를 인용하여 이 구절에 '거친 음식이란 나물 반찬을 말하며 … 공자는 이것을 즐거움으로 삼았다'라는 주석을 붙이고, 다시 '이 장은 공자가 도를 즐기고 불의를 천하게 여겼다는 사실을 기술한 것이다'라고 주해한다. 역시 『주소』는 공자의 삶을 '낙도'하는 삶, 공자의 '즐거움'의 대상을 '도'로 규정한 것이다. 왜 『주소』는 '배움', 즉 '학學'을 '도'로 치환시킨 것일까? 또 그

때의 '도'란 구체적으로 무엇을 말하는 것일까?

『주소』는 「학이편」 첫 장에서 학문하는 '기쁨'과 '즐거움'을 인간의 범속한 감정으로 간주하면서 '선왕의 도'를 체득한 자의 자족自足하는 삶의 모습을 그려냈다. 또 동시에 「술이편」에 등장하는 두 개의 '즐거움'을 '낙도'로 재해석하여 탈세속적 성인의 이미지를 한층 더 부각시켰다. 거기로부터 우리가 얻어낼 수 있는 것은 자족하며 은일적 삶을 추구하는 도가적 성인상이다. 그것이 도가의 입장에서 유가를 해석하고자 하였던 하안, 황간 등이 그려내고자 한 공자상이었던 것이다. 그 때 공자는 유가적 가치와 도가적 가치를 포섭한, 아니 불교적 가치마저도 포섭하는 성인으로 재탄생될지도 모른다. 그러나 거기에는 광자狂者들의 조롱을 감내하면서도 자신의 정치적 이상을 버리지 않았던 현실 위의 공자는 존재하지 않는 것이 아닌가?

2) 안연과 증점의 '즐거움'

공자를 도가적 성인상으로 윤색한 『주소』는 안연과 증점의 '즐거움'에 관해서도 『집주』와는 구분되는 주해를 한다. 특히 증점의 '즐거움'을 해석하는 과정에서 이 차이는 더욱 단명하게 드러나지만 여기서는 먼저 안연의 '즐거움'을 살펴보기로 하자.

선불교나 도교도의 '신선가학론神仙可學論'에 힘입어 송유宋儒들이 '성인가학론聖人可學論'을 제창하기까지 세속의 평범한 유자들에게 공자는 추앙의 대상일 뿐, 자신이 도달할 수 있는 목표는 아니었다. 그들이 도달하고자 했던 목표는 공자라기보다 오히려 안연이었던 것이다.

그의 죽음 앞에서 공자가 '하늘이 나를 버렸다'고 탄식했던 만큼 공자가 그의 인간됨을 칭송하는 구절은 『논어』 곳곳에 산견한다. 지금 우리가 보고자 하는 안연의 '즐거움'도 그 가운데 하나지만 그에 앞서 아성亞聖 안연상顔淵像의 성립과 관련된 유명한 일절을 보기로 하겠다. 이 또한 안연의 '즐거움'과 무관하지 않기 때문이다. 이 구절에 관해서는 『집주』와 『주소』의 해석이 구분되므로 여기서는 편의상 『주소』의 주해를 따르기로 한다.

> 공자가 말하기를 회는 성도聖道를 바랬기에 항상 쌀궤가 비어도 태연하였다. 자공은 천명을 기다리지 않고 재산을 불렸는데 그의 추측은 항상 적중했다.16)

여기서 문제가 되는 것은 '서庶=바라다'와 '공空=비다'의 해석이다. 먼저 '서庶'. 『주소』는 '바라다'로 해석하는 반면, 『집주』는 '가깝다'로 해석한다. 『주소』가 성도를 바라면서도 거기에 이르지 못한 인간의 한계를 강조하고자 했다면, 『집주』는 안연이 성도에 가까웠다는 사실을 강조함으로써 그들의 '성인가학론'을 입증하고자 했던 것이 아닐까? 그것은 두 번째 '공空'의 해석에서 분명해진다. 『주소』의 하안 주注는 "공은 허중虛中과 같다. 성인이 선한 도로서 배우기를 좋아하는 제자들을 가르쳤지만 도를 깨닫지는 못했던 것은 그 마음에 저해하는 것이 있었기 때문이다. (성도에 이르기를) 원하여 항상 마음을 비울 수 있었던 사람은 안회뿐이었다. 그러므로 도를 깨달음에 멀지 않았던 것이다. 마음을 비우지 못

16) 『논어』, 「선진편」, "子曰, 回也庶其乎, 屢空. 賜不受命, 而貨殖焉, 億則屢中."

하면 도를 알 수 없다"라고 하여 본문의 '공궤'를 물질적인 것으로 해석하면서도 다시 '허심'이라고 하는 심적 상태로 그 의미를 전환시키고 있다. '공'이야말로 성도를 체득할 수 있는 바탕이라고 생각했기 때문일 것이다. 하지만 『주소』의 그러한 해석이야말로 그의 도가적 특성을 단적으로 드러낸 것이라 할 수 있을 것이다. 그렇기 때문에 주자는 "마음을 비운다고 하는 것은 성인이 일상적으로 사용한 말이 아니다. 더군다나 이따끔 (마음을) 비웠다고 한다면 그 간단함을 이길 수 없다. 이것은 본래 하안이 노장의 말을 조술한 것이다"라고 비판하였던 것이다.[17] 『주소』의 이러한 입장은 안연의 '즐거움'을 둘러싼 「옹야편」의 유명한 일절,

> 참으로 어질구나, 회는. 한 그릇 밥과 한 쪽박 물을 마시며 누추한 곳에 사는 것을 사람들은 견디지 못하거늘 회는 그 즐거움을 바꾸지 않으니 참으로 어질구나, 회는.[18]

의 해석에서도 미묘한 차이를 드러낸다.

가난과 역경, 경멸과 비난을 감수하면서 안연은 자신의 '즐거움'을 잃지 않았다. 주자의 말을 빌린다면 '도에 가까웠기에 그런 가난과 역경을 감내할 수 있었던 것'이다. 공자가 안연을 칭송한 것은 그가 단순히 즐거워했기 때문이 아니라, 그럼에도 '즐거움'을 잃지 않았기 때문이었을 것이다. 염계가 이정에게 '공자와 안연의 즐거움'을 되풀이하여 자각하게

---

17) 『주희집』, 권50, "若曰心空, 則聖人平日之言無若此者. 且數數而空, 亦不勝其間斷矣. 此本何晏祖述老莊之言, 諸先生蓋失不之正耳."

18) 『논어』, 「옹야편」, "子曰, 賢哉回也. 一簞食, 一瓢飮. 在陋巷, 人不堪其憂, 回也不改其樂, 賢哉回也."

했던 이유 또한 그 때문이었을 것이다. 그러나 『집주』의 주자는 이정의 이 일화를 인용하면서도 "정자는 그 즐거움이 무엇인지를 물었지만 자신이 던진 물음에 대답하지는 않았다. 그것은 각자가 체득해야 할 것이다"라고 하여 그 '즐거움'의 의미를 밝히기를 유보했다. 그 '즐거움'이란 말로 표현할 수 없는, 또 해서는 안 되는 체득의 대상, 인간이 스스로 도달해야 할 일종의 경지라고 생각했던 것이리라.

『주소』 역시 "안연은 도를 즐겼으므로 비록 거친 음식을 먹고 누추한 곳에 기거하였지만 그 즐거움을 바꾸지 않았던 것이다"라는 공안국의 주注를 인용한 다음 "회가 거처한 곳은 누추한 곳으로 보통 사람들이 보면 근심스럽기 그지없지만 오직 회만은 낙도의 뜻을 바꾸지 않고 가난함을 고난으로 여기지 않았다"라고 하였다. 안연에 대한 해석은 『집주』의 입장과 거의 차이가 없다. 그러나 『주소』가 안연의 '즐거움'을 일관되게 '낙도樂道'로 해석하고 있다는 점에는 유의해야 할 것이다. 주자가 '즐거움'을 스스로 체득해야 할 일종의 '경지'로 보고 '배움'의 대상으로 파악한 반면, 『주소』는 어디까지나 '도'를 강조하고 있기 때문이다. 앞에서 말했듯이 도가에게 '즐거움'이라고 하는 범속한 인간의 감정은 초탈해야 할 대상일 뿐, 도달해야 할 최상의 경계는 아니었던 것이다.

이러한 『주소』와 『집주』의 미묘한 차이는 증점의 '즐거움'에 관한 해석에서 더욱 확연해진다. '즐거움'을 둘러싼 「술이편」의 두 번째 일화이다.

어느 이른 봄날, 제자인 자로 증석 염유 공서화에게 둘러싸여 있던 공자는 제자들에게 만약 자신들에게 위정爲政의 기회가 주어진다면 무엇을 할 것인지 각자의 포부를 말해보게 했다. 이 때 공자는 69세, 자로 60세, 그리고 증점은 50세 전후였고 염유가 40세 전후 공서화가 30세

전후였다. 먼저 자로는 '나라가 대국 사이에 끼여 전란이 계속되고 기근이 들어 일대 위기에 몰려 있다하더라도 내가 나라를 다스리면 3년 이내에 다시 부강하게 될 것'이라 호언했고, 염구는 '사방 70리 정도의 조그마한 나라를 내가 다스린다면 3년 이내에 의식이 풍족해지고 예악을 알게 될 것'이라 했으며, 공서화는 '종묘 제사를 주관하고 제후가 회동할 때 검고 단정한 예복을 입고 예관을 쓰며 군주의 예식을 돕는 소상小相이 되고 싶다'고 했다. 그러나 한 곁에서 비파를 뜯고 있던 증점은 조용히 비파를 놓고 이렇게 말했다. 여기서 유명한 증점의 일절 '늦은 봄, 봄옷이 되거든 어른 5, 6명과 아이 6, 7명을 이끌고 기수에 가서 목욕을 하고 무우舞雩로 소풍을 갔다가 시를 읊으며 돌아오리라'[19]가 등장한다. 공자는 증점의 말을 기다리기라도 한 듯 탄식하며 '나는 증점과 생각이 같다'고 했다.[20] 이것이 바로 위에서 명도가 무숙을 만나고 돌아오는 길에 느꼈다고 한 바로 그 증점의 '즐거움'이다. 이 자리에 안연과 자공은 없었다. 만약 안회가 있었더라면 안연 또한 증점과 같은 대답을 했을지도 모른다.

먼저 『주소』의 주석을 보자. 『주소』는 이 구절을 이렇게 해석한다, "증점은 '선왕의 도'를 노래하며 부자夫子의 문에 귀의했다. 부자가 크게 탄식한 것은 그의 낙도樂道를 들었기 때문이다. 또 나는 증점과 뜻이 같다고 한 것은 오직 그만이 때를 알아 정치를 구하지 않았고 몸을 깨끗이 하고 덕을 닦으며 낙도를 노래했기 때문이다"라고. '배움'의 기쁨과 강학

19) 『논어』, 「선진편」, "莫春者, 春服旣成, 冠者五六人, 童子六七人, 浴乎沂, 風乎舞雩, 詠而歸."

20) 『논어』, 「선진편」, "夫子喟然歎曰, 吾與點也."

의 '즐거움'을 노래한 「학이편」 첫 장을 권학과 은일의 예찬으로 해석한 『주소』는 증점의 일화를 은일을 예찬하는 또 하나의 증거로 삼았던 것이다. 그러나 과연 공자는 은일적 삶을 지향했을까? 물론 주자는 '아니다'라고 대답한다. '증점'의 즐거움에 관해서는 장을 바꾸어 더욱 상세하게 논의하겠지만, 위정의 뜻을 버리고 일신의 고결함을 추구하는 자는 이미 유자가 아니기 때문이다. 앞에서도 언급했듯이 송대에서 '즐거움'을 둘러싼 논쟁이 촉발되었던 것은 증점의 '즐거움'에 관한 해석 때문이었다. 송대 유자는 그 어느 시대의 유자보다 현실 지향적이었다. 북송기 유자들은 누구나가 다 사회 개혁가였으며 심지어 단 한번도 관직에 부임한 적이 없었던 소강절조차 구법당의 고문 역할을 하며 북송 정치계를 이끌었다. 어떤 의미에서는 그것이 유자인 것이다.

그렇다면 증점의 '즐거움'은 '즐거움'이 아니란 말인가? 물론 그럴 수는 없다. 공자조차 탄식하며 "나는 증점과 생각이 같다"고 말하지 않았던가? 그럼, 여기서 다시 한번 더 앞에서 던진 질문을 되풀이하여 보기로 하자. 공자와 안연 그리고 증점, 그들이 느낀 '즐거움'은 과연 동일한 '즐거움'인가? 이제 이정과 주자의 대답을 직접 들어보기로 한다.

3. 성인聖人이 되는 길

서두에서 언급한 바 있는 시마다 켄지는 중국 사상의 특징 가운데 하나로 '낙도樂道'를 들고, 낙도의 선구적인 형태는 안연의 '안빈낙도安貧樂道'라 할 수 있지만, 그 성격이 분명해진 것은 도교적인 의식을 통과하면서부터라고 했다. 그러나 과연 유가적 '낙도' 사상이 도교적 영향을 받아 그 성격이 분명해졌다고 할 수 있을까? 송대 유가들이 '즐거움'의 문제에 주목한 것은 이처럼 도가적으로 윤색된 '즐거움'으로부터 유가적 순수성을 되찾기 위해서가 아니었을까? 적어도 주자는 그랬을 것이다. 주자가 '낙도'를 새롭게 해석하여 자신의 사상 속에 융합해 가는 과정은 다음 장에서 논의하기로 하고, 본 장에서는 그 초기적 형태, 명도와 이천의 '즐거움'에 관한 논의를 보기로 하겠다.

1) 안연의 '즐거움'과 증점의 '즐거움'은 무엇이 다른가

먼저 증점의 '즐거움'을 자각했다고 공언했던 명도의 말을 보기로 하자.

> 거친 음식과 표주박 물, 누추한 잠자리는 실로 즐길만한 일이 아니다. 안자는 불행하게 그런 어려움을 만났지만 보통 사람들이 곤경으로 여길 일로 자신의 즐거움을 바꾸지 않았을 뿐이다. 그 즐거움은 분명히 거친 음식과 표주박 물, 누추한 잠자리가 아닌 다른 어떤 것이었을 것이다.… 증석이 말한 포부는 그가 마음으로 원했던 것으로 즐길만한 것이었다.[21)]

명도는 이름은 호, 흔히 명도 선생이라 불린다. '백성을 보기를 상처 입은 사람을 보듯이 하라'라는 말을 좌우명으로 삼아 항상 자신을 반성했다고 하는 명도는 한 때 왕안석과 더불어 신법당의 주역으로서 개혁을 주도하기도 했고, 또 훗날 구법당으로 변신하여 신법당의 견제 세력이

21) 『朱熹集』, 권31, 書, 答敬夫孟子說疑義. "蓋簞瓢陋巷實非可樂之事, 顔子不幸遭之, 而能不以人之所憂改其樂耳. 若其所樂, 則固在夫簞瓢陋巷之外也…若夫曾晳言志, 乃其中心之所願而可樂之事也."

되기도 했다. 그러나 왕안석 자신도 인정했듯이 명도는 단순한 안티를 위한 안티는 아니었으며 신법당과 구법당이 격돌한 일대 정치적 파란 속에서도 중도를 잃지 않았던 너그럽고 온화한 인물이었다. 명도를 만나 한 달 간 가르침을 받았던 문인 주광정朱光庭은 명도와 함께 보낸 한달을 '봄 바람을 맞으며 앉아 있기를 한달'이라 표현했고 또 그런 명도를 사람들은 그와 함께 하면 '일단一團의 화기和氣'가 느껴진다고 표현하기도 했다. 송대 유자들은 그런 명도를 염계와 더불어 하나의 이상적 인격의 전형으로 삼았으며 그들이 보여준 경지를 또 하나의 '즐거움'의 경지로 보았다.

그러나 명도가 안연과 증점의 '즐거움'을 구분했다는 것은 그가 또 하나의 '즐거움'을 생각하고 있었다는 의미리라. 명도는 안연과 증점의 차이를 안연은 보통 사람이라면 즐거워할 수 없는 상황에서 즐거워했던 반면, 증점은 자신이 원하는 일을 즐긴 것이라 했다. 그리고 그렇기 때문에 안연은 즐거워할 수 없는 일을 즐거워했다기보다 오히려 다른 어떤 '즐거움'이 별도로 존재했기에 그 어려움을 잊을 수 있었던 것이라 했다. 어떤 다른 '즐거움', 그것은 분명히 '배움'이었을 것이다. 염계가 증점의 '즐거움'이 아니라 안연의 '즐거움'을 강조했던 것 또한 그 때문이었을 것이다. 염계에게 '배움'의 목표는 그 자신이 밝히고 있는 것처럼 바로 안연의 '즐거움'을 체득하는 것이었다. 그리고 형 명도의 말에 크게 공감했던 이천 또한 그가 도달하고자 했던 경지는 안연이 도달했던 '즐거움'의 경지였다. 그와 관련된 이천의 말을 들어보기로 하자.

안자는 거친 음식을 먹고 표주박 물을 마시며 누추한 곳에 기거했지만 그 즐거움을 바꾸지 않았다. 거친 음식과 표주박 물, 누추한 잠자리가 어찌 즐기기에 충분하겠는가? 아마도 별도로 즐기는 바가 있어 그 괴로움을 견뎌냈을 것이다.[22)]

이천은 이름은 이頤, 형 명도와 함께 이정이라 불린다. 명도가 모순이나 갈등보다는 사랑과 온화함을 중시하고 한층 높은 경지에서 모든 것을 포용할 수 있는 도道를 추구했던 것에 반해, 이천은 사회적 모순이나 갈등에 더 민감했으며 이상적인 기준을 세워 거기에 자신과 사회를 맞추고자 했다. 주지주의, 엄격주의로 대변되는 그의 학문적 특성은 자주 거의 기질적 특성과 관련지어 논의되기도 했는데 명말의 유념태劉念台는 그의 『인보류기人譜類記』에서 두 사람의 기질을 구분하기 위해 다음과 같은 일화를 소개하고 있다.

두 사람은 어느 날 한 모임에서 술을 마시고 있었는데 기녀가 두 사람에게 술을 권했다. 그러자 이천은 기녀를 보며 크게 화를 내고 그 자리를 떠났다. 그러나 명도는 다른 손님과 더불어 즐겁게 술을 마셨다. 다음날 아침 명도가 이천의 서재로 갔더니 이천은 화를 내며 어제 일을 말했다. 명도는 웃으며 "그 때 그 자리에는 기녀가 있었지만 내 마음 속에는 기녀가 없었다. 오늘 서재에는 기녀가 없지만 네 마음 속에는 기녀가 있지 않느냐".

명도가 '내 마음 속에는 원래 기녀가 없었다'라고 한 것은 그가 늘 말했던 '조화의 생의'를 가지고 기녀를 접하고자 하는 마음이 그에게 있

---

22) 『河南程氏外書』, 권8, "顔子簞瓢陋巷不改樂, 簞瓢陋巷何足樂, 蓋別有所樂以勝之耳."

었기 때문이리라. 염계는 평소 마당의 잡초를 뽑지 못하게 했는데 그 이유를 "자가 의사와 같다"고 대답했다고 한다. 그러나 『인보류기』에는 이 이야기를 명도의 일화로 바꾸고 '조화의 생의'를 보고자 하였다고 풀이한 것이다(오카다 타케히꼬, 1974).

이 이야기는 조선에 이르러 남명이나 퇴계의 일화로 전환되기도 하는데 그 만큼 신뢰성이 떨어진다고도 할 수 있겠지만, 그러나 명도와 이천의 기질을 가장 잘 표현한 것이라 평가되기도 한다. 그런 의미에서 이천이 안연과 증점의 '즐거움'을 구분한 것은 자연스러운 귀결일 것이다.

그런데 여기서 또 하나의 물음이 제기될 수 있다. 안연으로 하여금 현실적 고난을 '즐겁게' 받아들이게 한 그 별도의 '즐거움'이란 무엇인가? 앞에서 나는 '배움'이었을 것이라고 했다. 그러나 그 '배움'이란 또 어떤 것인가? 이 물음에 대답하기 위해서는 이천의 다음 발언에 주목할 필요가 있다.

> '즐거움이 이보다 더 큰 것은 없다(樂莫大焉)', '즐거움 또한 그 가운데 있다(樂亦在其中)', '그 즐거움을 바꾸지 않았다(不改其樂)'에서는 반드시 그 즐거워하는 바가 무엇인지를 알아야 한다.[23]

이천이 새롭게 부가한 '즐거움'에 관한 일절, '만물이 모두 내게 갖추어져 있으니 몸에 되돌아보아 성실하면 즐거움이 이보다 더 클 수 없고, 서를 힘써서 행하면 인을 구함이 이보다 더 가까울 수 없다[24]'는 『맹자』

23) 『河南程氏遺書』, 권5, "樂莫大焉, 樂亦在其中, 不改其樂須知所樂者何事."

24) 『맹자』, 「진심장 상」, "孟子曰, 萬物皆備於我矣. 反身而誠, 樂莫大焉. 强恕而行, 求仁莫近焉."

「진심장」의 한 구절이다. 전 장에서 언급했듯이 『주소』는 공자가 배우고자 한 '배움'의 내용을 시, 서, 예, 악으로 규정했다. 그러나 '즐거움' 자체를 일종의 '배움'의 대상으로 보았던 송대 유가에게 과연 그 '배움'의 내용이 시, 서, 예, 악으로 한정될 수 있을까? 물론 그럴 수는 없을 것이다. 그렇다면 송유에게 '배움'의 내용은 무엇이었을까?

앞에서 말한 것처럼, 송유들은 '성인가학론'을 주장했다. 그들에게 '배움'의 목표는 성인이 되는 것이었다. 따라서 성인이 되기 위한 노력, 그 전부가 그들에게는 '배움'이었다. 어떻게 성인이 될 것인가? 『맹자』「진심장」의 일절은 그래서 중요한 의미를 지닌다. 만물이 모두 내게 갖추어져 있다는 것, 그것은 성인이 되기 위한 방도가 이미 내게 갖추어져 있음을 뜻한다. 자신을 되돌아보아 성실하면 이보다 더 큰 즐거움이 없다, 주자 식으로 표현하면 내 속에 갖추어져 있는 리理가 구현했을 때 그것이 가장 큰 '즐거움'이라는 것이다. '배움'의 대상이 외부적 사물이 아니라 내 본성으로 전환되면서 '배움'은 내 본성을 고양하는 '즐거운' 일인 동시에 '배움'을 통해 고양된 내 본성은 일체의 외부 사물을 즐겁게 바라볼 수 있는 '즐거움'의 경지에 이르게 되는 것이다. 여기서 말하자면 '배움'과 '즐거움'이 하나가 되는 특수한 관계가 성립하게 된다. 그래서 이천은 말했던 것이다.

> 발분하면 먹는 것을 잊기에 이르고 스스로 즐김에 그 근심을 잊을 수 있으며 늙음이 장차 이르는 것을 알지 못한 것은 배움을 좋아함이 독실한 것이다. 성인은 일찍이 스스로 성인이라 한 적이라 없고 오직 배움을 좋아한다고 말했을 따름이다.[25)]

'배움'을 좋아하여 온갖 근심을 잊을 수 있다면 그 사람이 바로 성인이라고 이천은 말한 것이다. 우리는 여기서 왜 그들이 증점과 안연의 '즐거움'을 구분할 수밖에 없었는지를 깨닫게 된다. 그들의 '즐거움'은 오직 '배움'을 통해서만 체득될 수 있는 것이기 때문이다. '배움'을 소홀히 한 증점을 안연과 동일시할 수는 없었던 것이다.

그렇다면 이정의 이러한 관점을 주자는 어떻게 수용했을까? 주자는 증점과 안연의 '즐거움'을 어떻게 구분하고 설명했을까?

2) 주자는 증점을 '광'이라 한다

먼저 주자의 다음 발언에 주목해 보자.

> 증점이 도를 알아 의심이 없었고 마음에는 거리낌이 없어 가슴 속이 깨끗하고 시원하였으니 언어로 형용할 수 없는 것이 있었다. 그러나 하학 공부는 실로 여기에 이르지 못하였으니 부자가 탄식하며 증점의 생각과 같다고 했지만 결국 광이 되었다.[26]

주자는 증점의 '즐거움'이 공자의 '즐거움'과 동일한 '즐거움'임을 인정했다. 그것은 동시에 증점과 안연의 '즐거움'이 동일한 '즐거움'임을 시사한다. 그러나 문제는 '배움'에 있다. 안연은 곤경에 처해서도 그 '즐거움'을 잃지 않았다. 그는 단순히 공자의 '즐거움'을 아는 데 그치지 않

25) 『하남정씨경설』, 권6, "發憤至於忘食, 自樂能忘其憂, 老將至而不知, 好學之篤耳. 聖人未嘗自居於聖也, 惟自謂好學耳."

26) 『朱熹集』, 권43, 書, 答陳明仲, "曾點見道無疑, 心不累事, 其胸次灑落, 有非言語所能形容者, …但其下學工夫實未至此, 故夫子雖喟然與之而終以爲狂也"

고 '배움'을 통해 그 '즐거움'을 체득했기 때문이다. 그렇다면 비록 공자의 '즐거움'을 알았다고 하더라도 '배움'을 통해 그 '즐거움'을 자기화하지 못한 증점의 '즐거움'은 안연의 '즐거움'과 구분될 수밖에 없다. 이정과 마찬가지로 주자도 그렇게 생각했다. 그리고 주자는 그런 증점을 '광狂'이라 불렀다. 주자의 '광'은 『논어』 '자로편', "狂者進取, 狷者有所不爲也(광자는 진취적이어서 선을 행하려 할 것이요, 견자는 나쁜 일을 하지 않기 때문이다)"에 그 근거를 둔 것이지만, 증점을 광이라 부른 직접적인 전거典據는 『맹자』이다. 맹자는,

> 금장, 증석, 목피와 같은 사람이 공자가 말한 광이다. 그 뜻은 넓고 커서 옛 사람이여 옛 사람이여 하지만 평소 그의 행실을 살펴보면 행실이 말을 가릴 수 없는 사람이기 때문이다.[27)]

라 하여 광자의 대표적인 인물로 증점을 들었다. 주자는 맹자의 말에 부연하여 증점을 광이라 하는 이유를 다음과 같이 설명했다.

> 행동으로 옮기지 못하는 것이 있다는 것은 언행이 배치된다는 뜻은 아니다. 단 행위가 아는 것에 이르지 못하는 경우가 있을 뿐이다. 문에 기대어 노래한 것에도 역시 약간의 광처가 보인다. 다만 거문고를 거두고 뜻을 말한 이 부분은 원래 성인이 함께 하고자 한 것이지만 역시 그 광을 해치지 않는다. 이것이 지나치면 반드시 노장으로 흘러들어가게 될 것이다.[28)]

---

27) 『맹자』, 「진심장 하」, "曰如琴張曾晳牧皮者, 孔子之所謂狂矣…其志嘐嘐然曰古之人古之人, 夷考其行而不掩焉者也."

주자가 증점을 비판한 배경에는 이단-노장에 대한 대항의식이 가로놓여 있었다. 전 장에서 언급했듯이 『집주』의 주된 목적 가운데 하나는 도道·불佛로 윤색된 사서의 본래 모습을 회복하는 것이었다. 주자가 '낙도樂道'를 대신해 '배움(學)'을 말하고 '천리天理'를 말했던 것은 무엇보다도 '낙도'에서 느껴지는 도가적 영향을 불식하기 위해서 일 것이다. 주자는 증점의 초월성을 '광狂'으로 규정하면서 '배움'을 전면에 내세웠고, 그 '배움'을 통해 유가의 사회성과 일상성을 회복하고자 했던 것이다. 이제 장을 바꾸어 '즐거움'과 '배움'의 문제를 좀 더 구체적으로 검토하도록 하자.

4. 배움(學)과 즐거움(樂)

본론에서 조금 벗어난 이야기이기는 하지만, 여기서 소강절이라는 인물을 간단히 소개하고 싶다. 그가 주자 사상의 전신이라 할 수 있는 북송 육자 가운데 한 사람이기 때문이기도 하지만, 그 보다 서두에서 밝힌 것처럼 송대 유가들 가운데 그만큼 '즐거움'을 소리 높여 예찬한 인물도 드물기 때문이다. 우선 그의 시 한 수를 보기로 하겠다.

환희하고 또 환희하며
희환하고 또 희환한다

---

28) 『朱熹集』, 권61, 書, 答歐陽希遜, "行有不掩, 亦非言行背馳之謂, 但行不到所見處耳. 倚門而歌, 亦略見其狂處, 只此舍瑟言志處, 固是聖人所與, 然亦不害其狂也, 過此須流入老莊去矣."

훌륭한 선비는 내 벗이 되고
좋은 풍경은 내 볼거리가 된다
좋은 술은 내 마실거리가 되고
맛있는 음식은 내 반찬이 된다
이 몸은 태어나고 자라고 늙으니
모두 이 태평 사이에 있다[29]

'환희음歡喜吟'이다. 소강절에게는 이 밖에도 '즐거움'을 예찬한 시가 많다. 앞에서 인용한 '희락음'을 비롯하여 '락락음樂樂吟' 등. 그가 찬양한 이 '즐거움'에 관해 혹자는 "표면적인 낙관주의자일 뿐 사실은 비관적인 정서가 그의 가슴 속에 충만해 있었다"고 말하기도 한다. 그러나 그것은 보는 이의 비관적인 정서를 투영시킨 것에 불과할 뿐, 소강절의 비관적 정서란 기껏해야 "태평과 안락의 절정에 있는 자가 느끼는 불안에 지나지 않으며 그야말로 '즐거움'에 충만한 삶을 살았던 인물"이라는 평이 일반적이다. 또 그런 그의 삶을 남송기 학자들은 그들이 도달해야 할 일종의 경지로 받아들이기도 했다. 그러나 주자는 그런 그들을 향해 이렇게 말했다.

근래 공부하는 사람들 가운데 속박받기를 싫어하고 대충 대충 제멋대로 하기를 즐기며 정밀하고 상세한 것을 싫어하고 간편한 것을 좋아하는 사람들이 있는데 모두 소요부의 인간됨을 흠모하여 그렇게 되고자 한다[30]. … 그러나 소강절이 처음 백원에게 수학했을 때는 견고각려했는데

29) "歡喜又歡喜, 喜歡又喜歡, 吉士爲我友, 好景爲觀物, 善酒爲我飮, 美食爲我餐, 此身生長老, 盡在太平間."

30) 『주자어류』, 권100, 「邵子之書」, "近日學者有厭拘檢, 樂舒放, 惡精詳, 喜簡便者,

겨울에도 화로를 피우지 않았고 여름에도 부채를 부치지 않았으며 밤에도 자리에 눕지 않기를 수년이었다. 자네들은 그렇게 할 수 있겠는가?[31]

명도보다 조금 선배였던 강절은 분명히 쾌활한 성격의 소유자였고 명도 못지않게 호방했다. 그러나 그것 또한 그냥 주어진 것은 아니다. 그것이야말로 '각고'의 노력이 있었기에 도달할 수 있었던 강절 만의 경계였던 것이다. 명도 역시 함께 있으면 '일단의 화기'가 감도는 온화한 성품이었지만 사람들은 '앉으면 불상이 된 듯' 그 정연함을 잃지 않았던 명도의 또 다른 모습을 전하고 있다. 주자가 '즐거움'에 앞서 '배움'을 강조했던 것은 동 시대의 많은 유자들이 그 '배움'을 소홀히 하면서도 그들이 성취한 '즐거움', 그들이 도달한 경계, 그들이 보여준 그 '기상'만을 흠모했기 때문이었다. 그의 마지막 유언이 '각고하라'였던 것처럼, 주자는 그들이 도달한 경계나 기상보다 거기를 향해 '각고'하는 그 '배움'의 과정을 사랑했던 인물이다. 주자에게 '배움'이 동시에 '즐거움'이었다는 것은 그런 의미이기도 하다. 만약 '배움'을 도외시 한 채 '즐거움'에 도달하고자 한다면 그것이야말로 광狂이며 그 광을 한 발짝 더 나서면 거기에는 노장老莊이 있었던 것이다. 강절의 『격양집』이 도교 경전에 수록된 것은 결코 우연이 아니었다.

도道・불佛과 격투하며 유가의 순수성을 회복하고자 했던 주자는 먼저 『집주』를 통해 사서에서 이단적 요소를 제거하는 한편, 송학의 중요

皆欲慕邵堯夫之爲人."

31) 『주자어류』, 권116, 「朱子訓門人4」, "且如邵康節始學於百原, 堅苦刻勵, 冬不爐, 夏不扇, 夜不就席者有年, 公們會如此否."

한 테마로 부상하였던 '즐거움'을 유가적으로 재해석하고자 했다. 증점이 보여준 막힘없이 확 트인 마음의 상태, 강절이 보여준 그 쾌활함과 호방함, 송대 유가들에게 그것은 누구나 도달하고 싶은 경지였지만 주자는 그 사실을 애써 부인하며 새로운 '즐거움'을 그들 앞에 제시했다. 본 장에서는 전 장에서의 논의를 바탕으로 주자에게 있어서 '배움'과 '즐거움'이 가지는 의미를 좀 더 구체적으로 살펴보기로 하겠다. 먼저 '낙도'와 '배움'의 관계로부터 논의를 시작하기로 한다.

1) '낙도'와 '배움'

다소 중복되는 이야기이기는 하지만, 『논어』를 비롯한 유가 경전들은 유·불·도의 통합을 모색했던 하안이나 황간 등에 의해 도가적으로 윤색되었고 그 윤색 과정에서 가장 많은 변용을 겪었던 개념은 '낙도'였다. 하안 등이 '배움'을 '도'로 치환하여 유가에 도가적 의미를 덧발랐다면 주자는 '낙도'라는 말을 '배움(學)'으로 치환함으로써 유가의 본래성을 회복하고자 했다. 따라서 주자의 '배움'의 의미를 보다 정확히 이해하기 위해서는 먼저 '낙도'의 의미를 밝혀둘 필요가 있을 것이다.

시마다 켄지의 지적처럼, '낙도'하는 삶의 선구적인 형태는 안연에게서 발견할 수 있다. 그러나 그러한 삶을 유가적 삶의 전형으로 고착시킨 것은 공자와 자공이 주고받은 다음 대화가 아니었을까?

> 자공이 말하기를 가난하면서도 아첨하지 않고 부유하면서도 교만하지 않으면 어떻습니까? 공자가 말하기를 괜찮다. 그러나 가난하면서도 즐거워하고 부유하면서도 예를 좋아하는 것보다는 못하다.[32]

'가난하면서도 즐거워한다', 현실적인 고난과 역경을 감내하면서 자신의 이상을 저버리지 않는 유자의 모습을 공자는 그렇게 표현했다. 그러나 공자는 그것을 '낙도'라고 부르지는 않았다. 공자가 강조하고 싶었던 것은 오히려 호학好學이었을 것이다. 실제로 이 구절은 '군자는 먹음에 배부름을 구하지 않고 거처함에 편안함을 구하지 않아야 … 학문을 좋아한다고 할 수 있다'라는 구절로 이어진다. 물론 『주소』가 이 구절을 주해하면서 '낙도'라는 말을 사용했으리라는 것은 충분히 짐작할 수 있을 것이다. 그러나 전 장에서도 언급했듯이 안연의 삶이 설령 '낙도'하는 삶이었다하더라도 도가들이 말하는 체념과 명상, 속세와 단절된 은일의 삶은 아니었을 것이다. 그것은 '낙도'라는 말이 등장하는 『맹자』, 「진심장」을 펼쳐보면 쉽게 확인할 수 있다. 여기서 맹자는,

> 옛 어진 왕들은 선을 좋아하고 세력을 잊었으니 옛 어진 선비가 어찌 홀로 그렇지 않았겠는가? 그 도를 즐거워하고 남의 세력을 잊었다. 그러므로 왕이 공경함을 다하고 예를 다하지 않으면 그를 만날 수 없었다. 만날 수조차 없거늘 하물며 얻어서 그를 신하로 삼을 수 있겠는가.[33]

라고 하였다. 옛 성왕의 위정하는 방법을 말한 이 구절에서 '도'는 선왕이 나라를 다스렸던 도, 바람직한 사회, 이상적인 사회를 건설하기 위해 각자가 실현해야 할 도, 세속에 뿌리를 두면서도 세속의 악과 타협하지 않

32) 『논어』, 「학이편」, "子貢曰, 貧而無諂. 富而無驕, 何如. 子曰可也. 未若貧而樂. 富而好禮者也."

33) 『맹자』, 「진심장 상」, "孟子曰, 古之賢王, 好善而忘勢. 古之賢士, 何獨不然, 樂其道而忘人之勢, 故王公不致敬盡禮, 則不得亟見之. 見且由不得, 而況得而臣之乎."

는 도덕적 가치라고 보아야 할 것이다. 『집주』에서 주자는

> 군주는 마땅히 어진 선비를 위해 몸을 낮추어야 하고 선비는 도를 굽혀 이익을 얻으려해서는 안 된다는 것을 말한 것이다. 양자는 세가 서로 상반된 듯하지만 실제로는 서로를 이루어준다. 또한 각자 그 도를 다할 따름이다.

라 하여, 그 도를 이익과 대비되는 도, 공도公道로서의 도, 사회 각 구성원들이 그 사회 속에서 행해야만 하는 도리, 인륜人倫으로 풀이했다. 그리고 도에 대한 이러한 해석 속에서 우리는 그가 유자를 어떻게 보았는지를 추측할 수 있다. 유자란 바로 그 선왕의 도를 이 땅에 실현하기 위해 자신을 바치는 사람들인 것이다.

여기서 다시 한번 더 증점의 '즐거움'을 반추하여 보기로 하자. 공자는 '나는 증점과 생각이 같다'고 했다. 대체 무엇이 같았던 것일까? 이미 언급하였듯이 『주소』는 '증점 만이 때를 알아 정치를 구하지 않았기 때문'이라 했다. 그러나 과연 공자는 난세를 만났으므로 정치하기를 포기해야 한다고 생각했던 것일까? 이천은 '자로, 염유, 공화서는 모두 나라를 얻어 다스리고자 했기에 공자가 취하지 않았던 것이다. … 공자가 하고자 했던 일은 늙은이는 편안하게 하고 벗은 서로 믿게 하며 어린 자는 보담아 주어 만물이 제각기 그 본성을 따르도록 하는 것에 있었다. 증점이 이를 알았기에 공자가 탄식하며 나는 증점과 생각이 같다고 했던 것이다'[34]라

---

34) 『河南程氏外書』, 권3, "子路冉有公西華皆欲得國而治之, 故孔子不取. 曾晳狂者也, 未必能爲聖人之事, 而能知孔子之志, 故曰浴乎沂, 風乎舞雩, 詠而歸, 言樂而得其所也. 孔子之志在於老者安之, 朋友信之, 少者懷之, 使萬物莫不遂其性, 曾

고 하였다. 이천은 때가 아니므로 구하지 않았던 것은 정치적 지위였지 정치 그 자체는 아니라고 생각했다. '늙은이를 편안하게 하고 믿음으로 벗을 사귀며 마침내 만물이 자신의 본성, 도리에 맞게 살도록 하는 것', 그것이야말로 '위정'의 궁극적인 목적이기 때문이다. 『집주』는 이천의 이 말을 인용하여 두는 것으로 자신의 입장을 대신했다. 사대부의 사회적 책임을 누구보다 강하게 의식하고 있던 그가 '위정' 자체를 부인하는 일은 없을 것이다.

또 주자의 이러한 견해는 『논어』, 「미자편」 광자狂者와의 일화를 통해 더욱 명확해진다.

초나라의 광인 접여接輿가 공자 앞을 지나치며 난세를 바로잡기 위해 천하를 주류하는 공자를 조롱했다. 공자는 그 말을 듣고 그를 만나기 위해 달려갔지만 접여는 공자를 피해 달아났다. 여기서 문제는 공자가 그를 만나고자 했다는 대목이다. 왜 공자는 접여를 만나고자 했을까? 『주소』는 그 이유에 관해 언급하지 않았지만, 『집주』는 '아마도 자신이 천하를 주류해야만 하는 이유를 말하고자 했을 것이다. 그러나 접여는 자신이 옳다고 생각했기 때문에 그 말이 듣고 싶지 않아서 피하여 달아났던 것이다'라고 했다. 주자는 결코 사회와 분리된 공자를 생각하지 않았던 것이다. 그것이 그가 생각한 유자였다.

그렇다면 주자는 흔히 말하는 안연의 '낙도'를 어떻게 해석했을까? 이 '낙도'에 관한 해석에서 가장 중요한 단서가 되는 것은 이천이 선우신鮮于侁과 나눈 대화이다. 이 대화의 내용은 전하는 사람의 기록에 따라 조금씩 차이가 있지만 그 하나를 소개하면 다음과 같다.

點知之, 故孔子喟然歎曰, 吾與點也."

선우신이 이천에게 물었다. 안자는 무엇으로 그 즐거움을 바꾸지 않을 수 있었습니까? 이천이 대답하기를 그가 무엇을 즐거워했는지를 안다면 어떻게 바꾸지 않을 수 있었는지도 알 것이다. 안자가 즐거워한 것은 무엇이라 생각하는가? 신이 말하기를 낙도일 뿐입니다. 그러자 이천은 말했다. 안자로 하여금 도가 있어서 즐거워할 만한 것을 즐거워한다면 그것은 안자가 아니다.[35]

이천은 만약 안연이 도가 있어서 즐거워했다면 그것은 안연이 아니라고 단언한다. 안연의 '즐거움'은 '도'가 있고 없음에 구애되지 않는 그 자체로 하나의 '즐거움'이었던 것이다. 또 그것이 이천이 생각한 최상의 '즐거움'이었다. 이천의 후계자인 주자는 그러한 이천의 입장을 계승하면서도 거기서 한 걸음 더 나아가 다음과 같은 견해를 덧붙였다.

묻기를 이천이 道를 즐긴다고 하면 顏子가 되기에 부족하다고 하였고 도리어 안자가 즐긴 것은 仁일 따름이라고 했습니다. 道와 仁을 어떻게 구분해야 할지 모르겠습니다. 주자가 대답하기를 내가 생각건대 정자가 하려고 한 말은 聖賢의 마음은 道와 하나가 되었기에 어디에서든 즐겁지 않을 때가 없었던 것이지 만약 도를 대상으로 삼아 이것을 즐기고자 한다면 마음과 道가 둘로 나뉘어져 안자처럼 될 수 없다는 것일 게다.[36]

'낙도'에 이어 낙인'樂仁'이라는 말이 등장한 것에 주의할 필요가 있

---

35) 『河南程氏粹言』, 권2, "鮮于侁問曰, 顏子何以不能改其樂, 子曰, 知其所樂, 則知其不改, 謂其所樂者, 何樂也. 曰, 樂道而已. 子曰, 使顏子以道爲可樂而樂乎, 則非顏子矣."

36) 『朱子語類』, 권31, 「논어13」, 「옹야편2」, "伊川以謂若以道爲樂, 不足爲顏子, 又却云, 顏子所樂者仁而已. 不知道與仁何辨, 曰是非樂仁, 唯仁故能樂爾, 是他有這仁, 日用間無些私意, 故能樂也."

다. '도'를 대신해서 '인仁'이 등장한 것은 송유들이 자신의 본성 속에 내재되어 있는 천리天理, 즉 '인'의 실현을 최고의 가치로 추구했기 때문일 것이다.

일찍이 명도는 『맹자』 「진심장」의 '樂莫大焉'을 풀이하면서 "맹자는 만물이 모두 나에게 갖추어져 있으니 자신을 되돌아보아 성실하면 크게 즐거울 것이라고 말했다. 만약 자신을 되돌아보아 아직 성실하지 못하다면 두 개의 사물이 서로 대를 이루고 있는 것과 같으니 나를 가지고 저에게 합하고자 하여도 결국 그렇게 되지 못할 것이다. 어찌 즐거움을 얻을 수 있겠는가?"[37]라 하였다. '자신을 되돌아보아 성실하면 이보다 더 큰 즐거움이 없다'라는 말은 인仁을 체현한 사람만이 느낄 수 있는 정신적 경계이다. 학문하는 사람의 궁극적인 경지는 '즐거움'이다. 주자도 말했듯이 그 '즐거움'은 오직 체득을 통해서만 얻을 수 있다. '즐거움'은 대립을 넘어선 곳, 절대적인 곳에 있다고 하는 것도 그런 의미일 것이다. 명도는 '배움'에 관해서도 같은 말을 했다. "배움은 즐거움에 이르러야 완성된다. … 배움을 좋아하는 사람은 타인의 정원에서 놀고 있는 것과 같고 배움을 즐기는 사람은 그것을 자신의 것으로 한다".[38] '배움'이 체득을 통해 자기화된 상태가 '즐거움'이다. '배움'이 나와 분리되어 대상화되었을 때 거기에는 '즐거움'이 존재할 수 없다. 이천이 '안연은 도가 있어서 즐거워한 것이 아니다'고 한 것이나 주자가 '도와 하나 되어야 한다'고

37) 『河南程氏遺書』, 권2상, "孟子言, 萬物皆備於我, 須反身而誠, 乃爲大樂. 若反身未誠, 則猶是二物有對, 以己合彼, 終未有之, 又安得樂."

38) 『河南程氏遺書』, 권11, "學至於樂則成矣, 篤信好學, 未知自得之爲樂, 好之者, 如游佗人園圃, 樂之者, 則己物爾."

한 것은 모두 같은 맥락의 말일 것이다.

주자는 '낙도' 대신에 '천리'를 말하고 '배움'을 말했다. '천리'를 말함으로써 '도'의 내용을 유가적 '도'로 안착시켰고, '배움'을 말함으로써 그 '천리'의 체득을 유가적 방식으로 설명할 수 있었다. 이 때 유가적 방식이란 그가 즐겨 말한 '각고'의 노력이었을 것이다. '낙도'에 대한 의미의 전환은 증점과 안연의 '즐거움'을 구분하게 했다. 증점의 그 확 트인 마음의 상태를 '즐거움'의 상태로 인정하면서도 주자는 그 '즐거움'을 최상의 '즐거움'과 구분했다. 최상의 '즐거움'은 사유와 행위가 일치하는, 천리와 하나 된 '즐거움'이어야 한다는 것이다. 그러나 그의 이러한 생각은 '즐거움'을 최상의 경지로 받아들이면서도 '즐거움'보다는 '배움'을 중시하게 했다. 여기서 주자 고유의 '즐거움'과 '배움'의 관계가 성립된다. 주자에게 있어서 '배움'과 '즐거움'의 관계는 지금까지의 논의를 통해 어느 정도 해명되었겠지만 여기서는 주자의 말을 통해 그것을 확인해 보기로 한다.

2) '배움'과 '즐거움'

전 장에서 송유에게 '배움'이란 자신의 본성을 회복하여 성인이 되는 것이라고 했다. 이제 그 배움의 의미를 좀 더 구체적으로 살펴보기로 하자. 먼저 '배움'의 의미를 가장 잘 표현하고 있는 「학이편」 첫 장의 주자 주석을 보기로 하겠다. 주자가 생각한 '배움'의 의미를 재차 확인할 수 있을 것이다.

학學이란 본받는다는 의미이다. 인간의 본성은 선하지만 그것을 확실히 자각하기에는 늦고 빠름의 차이가 있다. 자각하는 것이 늦은 사람은 자기보다 앞서 자각한 사람을 본받아야 한다. 그래야만 선을 분명히 하여 본래의 선한 본성을 회복할 수 있다… 배워서 끊임없이 익히면 배운 것이 자기 안에서 완숙하고 마음으로부터 기쁨이 충만하며 그만두려 하여도 그만둘 수 없다.[39]

'배움'이란 '자신의 선한 본성을 회복하는 것'이며, '즐거움'이란 선한 본성을 회복했을 때 도달할 수 있는 정신적 경계이다. 그런데 여기서 한 가지 유의해야 할 것이 있다. '즐거움'은 '배움'을 통해서 체득하는 것이지만 동시에 '배움'이 진정한 '배움'이 되기 위해서는 '배움' 자체가 즐거워야 한다는 사실이다. 송대에는 공자의 '호학론'을 대신하여 '낙학론'이 등장하였는데 그 밑바탕에는 이처럼 '즐거움' 자체가 커다란 테마로 부활하였던 송대의 사상적 조류가 흐르고 있었던 것이다. 다음에 그 대표적인 언설들을 인용하여 두기로 한다.

오직 즐거워한 후에야 비로소 일보를 나아갔다고 할 수 있다. 즐겁지 않다면 무엇으로 군자라 하겠는가?[40]

만약 즐거워하는 마음이 있다면 싫어하거나 권태로워하는 마음이 없어서 날로 나아가는 이로움이 있을 것이다. 그러나 만약 즐거워하는 마음이 없다면 혹은 억지로 꾸미거나 혹은 중단해서 거짓됨을 면하지 못할

39) 『논어』, 「학이편」, "學之爲言效也, 人性皆善而覺有先後, 後覺者必效先覺之所爲, 乃可以明善而復其初也….旣學而又時時習之, 則所學者熟而中心喜悅, 其進自不能已."

40) 『朱子語類』, 권20, 「논어2」, "惟樂後, 方能進一步, 不樂, 則何以謂君子."

것이다.[41]

역시 궁극적인 '즐거움'이란 '배움'을 통해 선한 본성을 회복했을 때 비로소 얻을 수 있는 것이지만, 다른 한편으로 즐겁지 않은 '배움'은 '배움'이 아니기도 했다. 이 글에서 논의할 여유는 없지만 명대의 왕양명은 '즐거움'을 인간의 본성으로 간주했는가 하면, 그의 제자 왕룡계王龍溪는 '낙학가樂學歌'를 지어 '배움'의 '즐거움'을 노래했다. 주자 또한 "즐거워야만 진보가 있다"고 했듯이 '배움'에 있어서 '즐거움'을 중시했다. 그럼에도 그가 '즐거움'에 앞서 '배움'을 강조했던 것은 '즐거움'에 집착하여 '배움'을 소홀히 하는 당시 유자들의 세태를 경계하기 위해서였을 것이다. 그들은 주자가 제시한 '지리멸렬'한 방법을 거치지 않고 '단도직입적'으로 그 '즐거움'에 도달하고자 했다. 주자는 맹자의 '물망물조(勿忘勿助, 잊어버려서도 안되고 억지로 이루려 해서도 안 된다는)'을 들어 '단도직입적' 방법의 허상을 역설했는데 간단히 풀이하자면 최상의 경계는 자신이 억지로 도달하고자 한다고 해서 도달할 수 있는 것이 아니라는 것이다. 그 경지는 그야말로 잊어버리지도 그렇다고 억지로 이루려고도 하지 않으면서 자기 정진을 계속하는 자만이 도달할 수 있는 경계라는 것이다. 이 맹자의 '물망물조'와 관련된 논쟁은 주자의 '공부론'과 관계되는 중요한 테마이므로 여기서 깊이 있게 다루는 것은 불가능하다. 다만 여기서는 두 개의 다른 범주에 속하면서도 서로 분리되어 존재할 수 없는 '배움'과 '즐거움'의 관계가 '즐거움'의 문제를 다시 '경'의 문제로 전환시키게 된

---

41) 『주자어류』, 권24, 「논어6」, "若是中心樂爲先, 自無厭倦之意, 而有日進之益, 若中心所樂不在時, 便或作或輟, 未免於僞."

다는 사실만을 밝혀 두고자 한다. 다음에는 '경'과 '즐거움'의 문제를 보기로 한다.

3) '경'과 '즐거움'

먼저 주자의 다음 말을 보아두기로 하자.

> 사람이 즐거워하지 못하는 것은 사사로운 뜻이 있기 때문이다. 자신의 사사로움을 이긴다면 즐거울 것이다.[42]

이미 언급했듯이 인간이 도달할 수 있는 최상의 '즐거움'이란 선한 본성을 회복하여 천리와 혼연일체가 되는 것이며, 이 선한 본성을 회복하기 위한 일체의 노력이 곧 '배움'이다. 그렇다면 우리는 어떻게 해야만 선한 본성을 회복할 수 있을까? 또 그 구체적인 방법은 무엇일까? 주자는 인간이 '즐거움'에 이르는 것을 방해하는 것은 사사로운 욕망이라고 한다. 달리 말하면 우리는 사사로운 욕망을 제거하기만 하면 선한 본성을 회복할 수 있는 것이다. 따라서 무엇보다 먼저 우리는 사욕을 제거하지 않으면 안 된다. 그래서 이천은 말한 것이다.

> 마음이 잠시라도 화락하지 못하면 비열하고 거짓된 마음이 들어가게 된다. 이것은 경으로써 마음을 바로잡는다는 말과 같은 이치이니 경을 화락和樂이라고 할 수는 없지만 그러나 경하면 반드시 화락하여 마음에 사사로움이 없게 된다.[43]

---

42) 『朱子集』, 권20, 「申請」, "人之所以不樂者, 有私意耳, 克己之私, 則樂矣."

경은 흔히 '깨어있는 의식'이라고들 한다. 그러나 그 '깨어있는 의식'이 도대체 무엇을 말하는 것이냐고 반문한다면 대답은 용이하지 않다. 경은 한마디로 말해 송대에 완성된 일종의 유가적 수심법修心法이다. 마음을 다스리는 문제라면 불교 측에 이미 고도의 정연된 이론이 축적되어 있지만, 그러나 탈세간적 불교의 수심법을 그대로 유가에 적용시킬 수는 없었다. 외부 세계와의 관계를 유지하면서, 아니 적극적으로 외부세계와 관계하면서 동요되지 않는 마음의 상태 – 혹은 주체의 확립이라 표현해도 좋을 것이다 – 를 유지하기 위해서는 어떻게 해야만 하는가? 거기에 대한 해답으로 제시된 것이 바로 '경'이었다.

인간의 마음이 동요되는 것은 외부 세계의 자극 때문이다. 그렇기 때문에 장자는 마음의 상태를 '마른 고목처럼, 타 버린 재처럼' 하여 일체 외부 세계의 자극을 절단하라고 했다. 그것도 마음의 동요를 막는 하나의 방법이다. 그러나 이천은 반문한다. '거울에 만물이 비치는 것은 거울의 본래 모습이다. 어떻게 비추지 말라고 하겠는가? 외부와 접촉하면 생각이 일어나는 것이 생각의 본래 모습이다. 어떻게 생각을 버리라고 하겠는가?' 그리고 대답한다. '외부의 유혹을 없애고자 한다면 먼저 내 자신의 주체를 확립하여 한다. 마음을 주체로 삼는다는 것은 주경主敬이다. 주경은 주일主一이다'(1998, 미우라 쿠니오). 경은 자신의 생각을 멈추는 것이 아니라 끊임없이 일어나는 자신의 생각을 살펴서 한 생각도 잡물에 동요되지 않도록 하는 것이라 할 수 있다. 한 생각도 잡물에 동요되지 않은 절대적 평정 상태, 그 때야말로 선한 본성이 발현되는

---

43) 『河南程氏遺書』, 권2상, "中心斯須不和不樂, 則鄙詐之心入之矣, 此與敬以直內同理, 謂敬爲和樂則不可, 然敬須和樂, 只是中心沒事."

때이며 동시에 '즐거움'에 이른 상태가 된다. 이천이 '경'이 곧 '즐거움'이라 할 수는 없지만 '경'의 상태에 이르면 즐겁다고 한 것은 그런 이유에서였다.

『주자어류』에는 '즐거움'의 경지를 동경한 많은 문인들이 등장한다. 그 '즐거움'의 경지를 주자가 부인했겠는가? 그럴 리는 없다. 주자가 부인한 것은 그들의 '배움'하는 자세였다. 흔히 주자는 '즐거움'을 배척하고 '경'을 추구했다고 한다. 그러나 그가 '경'을 강조했던 것은 '경'해야만 '즐거움'에 도달할 수 있다고 생각했기 때문이지 '즐거움' 자체를 부정한 것은 아니었다. 그것을 달리 표현하면 주자는 '도'를 즐기고자 한 것이 아니라 '도'와 '하나 되기'를 원한 것이라고 할 수 있을 지도 모른다. '경'을 통해 도달한 '즐거움', '도'와 하나 된 '즐거움'만이 어떤 역경과 고난 속에서도 '즐거움'을 잃지 않은 공자와 안연의 '즐거움'이라 생각했던 것이다.

5. 유가 여가관의 현대적 함의

송대 유가들, 진흙 속에 피어나는 연꽃을 특히 사랑하여 '애련시愛蓮詩'를 남긴 염계, 세속적인 삶을 부정하지 않으면서도 그 세속적 공리에 얽매이지 않았던 염계를 시인 황산곡黃山谷은 '胸中洒落 如光風霽月', '가슴 속에 티끌만한 잡념도 없어 마치 서늘한 바람이 맑은 달을 통과하는 것 같았다'고 평했다. 그 염계가 자신을 찾아 온 젊은 학도, 명도와 이천에게 끊임없이 자각하게 했던 것은 공자와 안연의 '즐거움'이었다. 염계를 만나고 돌아오는 길에 문득 증점의 '즐거움'을 깨달았다고 한 명도는 함께 있으면 '일단의 화기'를 느끼게 하는 온화한 인품의 소유자였으며 그 자체가 일종의 '즐거움'의 경지로 추앙되었지만, 다른 한편으로 인仁과 합일된 자만이 느낄 수 있는 최상의 '즐거움'을 설파했다.

북송 육자 가운데 주자로부터 가장 멀리 떨어져 있었던 소강절은 자신의 시대를 태평세라 찬양했으며, 그 태평세를 산 자신의 '즐거운' 삶을 즐거이 노래했다. 그러나 소강절의 그 '즐거운' 삶이란 자신의 모든 것을 '천天'에 맡긴 그 깊은 '체관'에 뿌리를 둔 것이었다. 불교의 '관심觀心'에 대항하여 '관물觀物'이라는 저술을 남긴 그는 비록 은거로 일관된 삶을 살았지만 결코 외부세계로부터 단절되어 있었던 것은 아니었다. 외부 세계와 교류하면서도 흔들리지 않는 마음의 상태를 유지하기 위해 쉼 없는 노력, 주자가 말했던 그 '각고'의 노력으로 깊은 체관을 체득했으며 그것이 그에게 동요되지 않는 '즐거움'을 가져다 준 것이었다.

주자는 그들의 '즐거움'을 받아들이면서도 '즐거움'보다는 '배움'을 강조했다. 증점의 '즐거움'과 안연의 '즐거움'을 동일한 '즐거움'이라 인정하면서도 다시 행위와 사유의 일치라는 면을 들어 다시 양자를 구분했다. '즐거움'이란 그냥 느끼고 지나치는 마음의 상태가 아니다. 그것은 언제 어디서나, 어떤 고난과 역경 속에서도 일관되게 유지될 수 있는 마음의 상태여야만 한다. 그것은 안연이 보여주었던 그의 호학, '배움'을 향한 열정이 없이는 체득될 수 없다. 그것이 주자가 '즐거움'보다 '배움'을 중시한 이유였다.

'즐거움'이 송대 유가들의 중요한 테마로 부활하였던 것은 '즐거움'이라는 말이 지니고 있는 다양성과 함축성 때문이었다. 송대 유가들은 도가와 불가들에 의해 윤색된 '즐거움'을 재해석함으로써 유가적 순수성을 회복하고자 하였고, 또 그들이 규정한 그 '즐거움'으로 자신들의 삶을 고양하고자 하였다. 염계와 강절, 명도와 이천, 그리고 주자, 그들은 모두 다양한 삶의 방식을 선택했고 그만의 '즐거움'을 향유했다. 그러나 그들에게는 공통점이 있었다. 그것은 그들이 어떤 삶을 선택했든 자신의 '즐거움'을 잃지 않았고, 또 그 '즐거움'을 보다 궁극적인 차원으로 끌어올리기 위해 '배움'을 계속했다는 점이다. 그들에게 있어서 은거와 임관, '일'과 '쉼', 그 모두는 '배움'의 장이었고 그 '배움'은 '즐거움'으로 수렴되었던 것이다.

이 책의 주제는 '일'과 '여가'이다. 현대인들의 삶은 일과 여가의 반복이다. 그들은 '일' 그 자체에서, 또는 '여가'에서 삶의 '즐거움'을 발견하고자 한다. 역시 현대인에게 중요한 것도 '즐거워하는' 삶일 것이다. 그러나 여기에는 결락된 것이 있다. 송대 유가들이 보여준 그들의 '즐거움', 자신의 내면적 성찰을 통해 세상과 하나가 되는 '즐거움', 삶과 '즐거움'이 혼연일체가 된 바로 그 '즐거움'이다. 강절은 그 은거생활을 통해 '관물'이라고 하는 그 나름의 '격물치지'-'배움'을 계속했고(三浦國雄, 1998), 주자는 가거와 임관 사이를 방황하면서도 '경敬'을 통해 그 양자를 '배움'의 장으로 환원하였다. 은거와 임관이 분리된 두 개의 '장場'이 아니듯이 '일'과 '여가' 또한 분리된 두 개의 '장'이 아니다. 그것이야말로 자신의 삶을 고양하기 위한 동일한 '배움'의 장인 것이다. 단, 그것을 '즐거움'으로 고양시키기 위해서는 먼저 삶에 대한 자기 성찰이 수반되지 않으면 안 된다. 그것이 주자가 '배움'을 중시한 이유이다.

끝으로 원대의 대표적인 주자학자 허형許衡의 문집에 보이는 한 구절을 인용하여 두겠다.

> 어떤 사람이 말하기를 도리에 따라 살면 즐겁지 못한 일이 많으므로 사람들은 자신을 단속하지 않고 제멋대로 행동해 버린다. 법도에 따르지 않으면 오히려 즐거움이 많으므로 사람들은 저 쪽으로 가버린다. 그래서 학문하여 이치에 가까운 사람은 적고 제 멋대로 하면서 자적한다고 말하기를 좋아하는 사람은 많다. 이태백처럼 훌륭한 시인들은 모두 그러했다.[44]

자신의 본성을 회복하여 '인'과 하나 되는 '즐거움'을 모르는 사람들의 망언이라고 주자는 고개를 가로저을 것이다. 그것이 송대 유자들이었다. 또 그것이 '즐거운 삶'을 살고자 하는 우리가 송대 유자들의 고뇌에 깊이 귀 기울여야 하는 이유라고 생각한다.

---

44) 『魯齋遺書』, 권2, 「語錄下」, "或謂人依道理行多不樂, 故不肯收斂入來放曠, 不循法度却樂多, 只於那壁去了, 以故爲學近理者少, 而多喜於自恣放言自適, 如李太白諸詩豪皆是也."

참고문헌

『論語』(十三經注疏本)

『孟子』(十三經注疏本)

『二程集』(中華書局)

『四書集注』(藝文印書館)

『朱子語類』(中華書局)

『朱熹集』(四川教育出版社)

마츠가와 켄지(松川建二), 『論語の思想史』, 汲古書院, 1994

미우라 쿠니오(三浦國雄), 『朱子と氣と身體』, 平凡社, 1998,

______, 「伊川擊壤集の世界」, 『동방학보』 47冊, 1974

사이구사 히테코(三枝秀子), 『たのしみを詠う陶淵明』, 汲古書院, 2005

시마다 켄지(島田虔次), 『朱子學と陽明學』, 岩波, 1967

______, 『中國思想史の硏究』, 京都大學學術出版會, 2002

오카다 타케히코(岡田武彥), 『宋明哲學の本質』, 木耳社, 1974

제3장 퇴계의 여가 생활

홍 원 식

1. 퇴계는 어떻게 한거하였는가

오래 전의 기억이다. 왠지 나도 모르게 옷깃을 여미고 마음을 가다듬으며 처음 도산서원을 찾았을 때, 나를 무척 놀라게 한 것은 다름 아닌 문물 전시관의 입구 부분에 놓여있던 아주 낡은 투호投壺였다. 거기에는 퇴계退溪 이황李滉(1501-1570) 선생께서 즐겨 투호놀이를 했던 바로 그것이라는 설명이 붙어 있었다. 사실 그때 내가 놀랐다는 말보다 당황스럽고 혼란스러웠다는 말이 더 정확하겠다. 퇴계 선생과 투호놀이가 도무지 연결되지 않았기 때문이다. 그러나 이내 '그럴 수도 있지. 퇴계 선생도 사람인데'라는 생각이 들었다. 그 땐 그저 그쯤 생각하고 지나친 뒤 리기심성理氣心性과 거경궁리居敬窮理라는 화두를 붙잡고 주자학朱子學과 퇴계학退溪學의 주위를 맴돈 지 어언 20여 년의 세월이 흘렀다. 보일 듯

보이지 않는 그 실상을 잡아 보려는 노력도 이제 지쳐 갈 무렵 한번 둘러 가보자는 생각을 가지게 되었다. 지난 해 중국 복건성福建省에 있는 무이구곡武夷九曲을 찾아 '따뜻한' 주자학을 느낄 수가 있었고, 이제 안동의 도산陶山을 찾아 퇴계학의 체취를 느껴 보고자 한다.

동양화, 그 중에서도 특히 문인화文人畵를 보면 온통 여백이다. 양적으로 볼 때, 그려진 것이라고는 실제 얼마 되지 않는다. 그래도 그것이 그려지지 않았다는, 그것이 그냥 비었다는 생각이 들지 않는다. 여기에서 여백이 없는 동양화를 한번 생각해본다. 여백이 없는 동양화, 그것은 아무래도 동양화가 아닐 성 싶다. 그렇다면 그 여백은 그냥 여백이 아닐 것이다. 그 여백 속에는 오히려 더 많은 것이 그려져 있으리라는 생각이 들기도 한다. 그림에 있어서 여백은 삶에 있어서 여가와도 같은 것이다. 여백이 단순히 그려지지 않은 것이 아니듯 여가가 결코 삶 아닌 것이 아닐 것이다. 그것은 삶의 한 부분임이 분명하다. 그렇다면 퇴계의 여가 생활을 통해 그를 한번 이해해보는 것도 좋은 방법일 것이란 생각이 든다.

우리나라에서도 이제 노동시간이 단축되고 주 5일제 근무가 본격적으로 시작되었다. 그만큼 여가 시간이 늘어나자 새로운 생각과 더불어 새로운 삶의 양태, 문화, 산업 등이 활발하게 생겨나고 있다. 그런 가운데 '웰빙'은 현대인의 화두로 굳어져가고 있다. 너나 할 것 없이 잘 먹고, 잘 입고, 잘 살겠다는 거의 맹목에 가까운 기세로 덮쳐오는 이 흐름을 누구도 거스를 수는 없을 듯이 보인다. 그들은 늘어난 여가 시간 속에서 '참다운 자신의 삶'을 찾겠다고 벼른다. 이렇게 생각할수록 '여가'의 반대편에 있는 '일'은 그들의 삶으로부터 내몰린다. 그것은 기껏 여가를 준비하는 시간일 뿐 참다운 자신의 삶이 없는 시간이며, 마침내 그것은 질곡과 같은 시간이 되고 만다. 이것은 일, 곧 노동만이 자신의 삶을 실현할 수 있는 생산적이고 창조적인 시간이며, 그 사이의 여가는 어디까지나 다음의 노동을 위해 쉬고 준비하는 시간이어야 한다는 이전의 생각과 정반대인 것처럼 보인다. 하지만 그 논리적 맥락은 같다. 둘 다 일과 여가를 대립적으로 바라보며, 또한 어느 하나를 다른 하나에 종속시켜 본다는 점에서 그렇다. 이렇게 되면 필경 내 삶의 어느 한 부분이 내 삶으로부터 떨어져 나가고 말 것이다. 그런데 어느 하나 내 삶 아닌 것이 없다. 그 모두를 통해 내 삶은 실현되고 있으며, 그렇기 때문에 그 모두가 내 삶에 있어서 똑같이 중요한 것이다. 오늘날 여가 생활을 통해 참다운 나의 삶을 찾자는 웰빙의 구호 속에는 자칫 내가 없는, 다만 소비되고 소모되는 나의 자화상만이 있을 수 있다. 오늘날 거대하고도 복잡한 자본주의적 메카니즘은 도처에서 시시각각으로 나를 소비시키고 소모시키려 들고 있다. 여기에서 시공간적 차이로 말미암아 탈맥락적이고 탈역사적일 수 있다는 우려를 안으면서, 퇴계의 경우를 통해 오늘날의 이러한 문제를 한번 되짚어보고자 한다.

우리가 여가 생활이라 하면 곧장 여행이나 취미 생활, 건강 관리 등과 같은 것들을 떠올리게 된다. 퇴계에게서도 이와 비슷한 것들은 있다. 그렇다고 그대로 퇴계의 여가 생활을 말하기에는 뭔가 주저되는 바가 있다. '여가'라는 말 자체도 그렇지만, '여가'라는 말이 '일' 혹은 '노동'과 대비되는 것임을 생각해볼 때, 그렇다면 퇴계에게서 '일'은 또 무엇인가란 물음이 앞을 가로막기 때문에 선뜻 앞으로 나아가지 못하는 것이다. 일단 퇴계에게서 여가 시간은 벼슬살이에서 물러나 있던 시간이라고 볼 수 있겠다. 물론 벼슬살이를 물러나 있는 때라 해서 모두 여가 생활이라 할 수는 없을 것이며, 또한 벼슬살이 중에도 그는 틈틈이 여가 시간을 가지기도 했겠지만, 그 스스로 '천석고황泉石膏肓'[1]이라 말했듯이 마음은 늘 고향 땅 안동 낙동강 가에 가 있었다. 그는 '퇴계'라는 그의 호에서도 볼 수 있듯 49세 이후 죽을 때까지 장狀, 계啓, 소疏 등을 통해 53차례나 물러날 뜻을 밝히고 있다.[2] 풍기 군수 시절에는 허락도 없이 관직에서 물러난 적이 있으며, 명종明宗의 국상國喪 기간에 고향으로 되돌아가 당시 구설수에 오르기도 하였다.[3] 그리고 그가 끈질기게 벼슬살이를 그만두려고 한 것에 대해 제자인 남언경南彦經(호 時甫)이 '나만을 위하는(爲我)' 학문을 하는 것이 아닌가라고 말한 것에 대해 그렇지 않다고 변명하였으며[4], 또한 그는 자기처럼 산림을 즐겨하는 사람 가운데는 "현허玄虛

---

1) 『譯注退溪全書』 20, 「陶山十二曲」, 前六曲 중 第1首, "이런들 어떠하며 저런들 어떠하랴. 草野愚生이 이렇다 어떠하랴. 하물며 泉石膏肓을 고쳐 무엇하랴" 참조.

2) 퇴계의 관직 재직 기간에 대해서는 이상은, 『퇴계의 생애와 학문』(예문서원, 1999), 29-37쪽과 정순목, 『退溪正傳』(지식산업사, 1991), pp. 71-7 참조.

3) 당시 弘文館 應敎로 있던 奇大升이 퇴계의 이러한 처신에 대해 여론을 전하면서 그의 '出處大義'에 대해 문제 삼자, 그는 "나의 처신은 참으로 어렵다. 왜냐하면 나는 첫째로 크게 어리석고, 둘째로 병이 몹시 심하며, 셋째로 빈이름만 내었고, 넷째로 그릇되게 임금의 은총을 받았다. … 옛 군자는 진퇴의 명분에 밝아서 조금도 함부로 하지 않는다. 맡은 직책을 조금이라도 다하지 못하면 반드시 몸을 들어 자리에서 떠나가는 것이다. 그 임금 사랑하는 정에 있어서는 반드시 차마 못할 일이지만, 이 때문에 물러가는 것을 그만두지 않는 것은 의에 있어서 몸을 그대로 둘 수 없으니, 반드시 자기 몸을 물러나게 해야 의에 따르는 것이 되지 않겠는가? 이런 때를 당하면 차마 못하는 정이 있다 하더라도 의에 굴하지 않을 수 없다"고 답하였다. 『退溪全書』上, 卷17, 「書」, p. 446 참조.

4) 퇴계가 기대승에게 보내는 편지 속에서 "요새 들으니 南時甫가 나를 일러 '爲我'의 학을 한다고 하는데, 무릇 나는 '爲我'의 학을 하는 것은 아니지만 그 겉모습은 '爲我'와 흡사하다고 할 수 있어서 말을 듣고 보니 실로 부끄러운 일이다. 그러나 진실로 겉모습만 가지고 사람을 논한다면 예로부터 楊朱가 아니면서 '爲我'를

를 연모하고 고상高尙을 일삼아 즐겨하는 이가 있고, 또 도의道義를 기뻐하며 심성心性을 기르기 위하여 즐겨하는 이가 있다"[5]고 말하면서, 자신은 후자임을 밝히고 있다.

그러면 퇴계는 벼슬살이에서 물러나 주로 무엇을 하였는가? 신분적으로 볼 때 벼슬에서 물러나면 '대부大夫'에서 '사士'가 된다. 이렇게 벼슬에서 물러난 산림의 선비와 처사에게서 '일'이란 다름 아닌 책 읽기나 마음 닦기와 같은 공부이다. 그도 벼슬에서 물러나 책과 마음 공부에 깊이 빠져드는 한편 그 속에서 한가로이 노니는 생활을 '한거閒居', 혹은 '유거幽居', '산거山居'와 같은 말로 표현하고 있다. 그의 도산에서 한거하는 모습은 여러 시구와 문장들 속에 잘 나타나있다. 그는 「칠언절구18수七言絶句十八首」와 「오언절구26수五言絶句二十六首」의 머리글에서 자신의 도산[6]에서 한거하는 모습을 다음과 같이 그리고 있다.

> 내 딱하게도 늘 오랫동안 병에 얽혀서 비록 깊은 메에 살아도 마음껏 글을 읽지 못하고는 남몰래 숨은 걱정을 수양하는 나머지, 더러는 몸이 가볍고 편안하여 정신이 깨끗이 깨어나면 우주를 굽어보았다가 또 쳐다보았다하여 느낌이 얽혀지면 책을 뽑아 지팡이를 짚고 나가서 헌함에 다달아서 못을 구경하기도 하고, 단에 올라서 사社를 찾기도 하였다. 때

하는 것처럼 보이는 자가 그 얼마나 많겠는가?"라고 말하였다. 奇大升, 『高峯文集』, 卷2, 「往復書」, p. 47 참조.

5) 『譯注退溪全書』 20, 「溪山雜詠·陶山記」, 317쪽. 퇴계는 여러 곳에서 산림에 한거하는 것이 道家 계통의 그것과 다름을 말하고 있다. 「和陶集飮酒二十首」 중 15번째 수 등 참조.

6) 도산서당의 경영에 대해서는 琴蘭秀의 「陶山書堂營建記事」 참조. 도산서당 建舍命名에 대해서는 退溪의 「陶山記」 참조.

로는 채포에 돌며 약 심기, 숲을 들춰 꽃을 채집하기도 하였고, 더러는 바위에 앉아서 샘물을 희롱하기도 하고, 대에 올라서 구름을 바라보기도 하였다. 혹시는 낚시터에서 고기 놀이를 보기도 하고, 배 가운데에서 해오라기를 가까이 하기도 하여 뜻대로 거닐되, 설렁이며 바장이면서 눈에 닿는 대로 흥이 나고 경개를 만나자 취미에 이르러 흥이 극도에 이르다가 돌아오게 되면 고요한 한 방안에 도서가 벽에 가득할 제, 책상을 마주 잠잠이 앉아 마음을 바로 잡고 연구모색하여 마음이 합치됨이 있을 제는 문득 다시금 기뻐하고 먹기를 잊었으며 혹시 합치되지 않은 일이 있을 때는 친구에게 묻기도 하였다. 그리하여도 얻지 못했을 제는 일시에 분발하였으나 오히려 억지로 통하려고 하지 않고는 잠시 한쪽에 두었다가 때로 뽑아내어 마음을 가라앉혀 생각하고 연구하여 저절로 풀리기를 기다렸으니, 오늘에 이렇게 하고 명일에도 이렇게 하였다. 만일 산새가 우짖고 만물이 화창하거나 바람과 서리가 사나웁고 눈과 달빛이 어리어 사시의 경개가 같지 않음을 따라 흥취 역시 그지없었다. 그리하여 날씨가 몹시 춥거나 심히 덥거나 바람이 크게 불거나 비가 많이 내리거나 하지 않는다면 어느 때 어느 날 나가지 않음이 없었고, 나가도 이렇게 하였으며 돌아옴도 역시 이렇게 하였다. 이는 곧 한가히 살며 병을 수양하는 쓸 곳 없는 사업이어서, 비록 옛 성현의 문정을 엿보기에는 어려우나 그 스스로 마음속에 즐거움이 얕지 않았으니, 비록 말이 없고자 하여도 그럴 수 없었다. 이에 이르는 곳마다 각기 칠언시 한 절로써 그 일을 기록하여 무릇 열여덟 절을 얻었고, 또 어린 샘, 차가운 우물, 뜨락의 풀, 시내 버들, 나물 밭, 화단, 남쪽 물가, 멧허리, 아지랑이, 낚시터, 달 실은 배, 두루미 물가, 해오라기 섬, 고기 다리, 고기잡이 동네, 내 끼인 숲, 눈 쌓인 길, 참나무 벼랑, 옻나무 동산, 강 위의 절, 관가 정자, 긴 들거리, 먼 멧부리, 흙성, 향교 골 등 여러 경개를 읊은 오언시 스물여섯 절이 있으니, 이는 앞서 읊은 것에 미진한 뜻을 읊은 것이다.[7]

7) 『譯注退溪全書』 20, 「溪山雜詠・陶山記」, 315-6쪽.

퇴계의 한거 내용은 그가 제자 정유일의 시에 화답한 「정자중이 한가히 거하면서 읊은 스무 마리 시를 화답하다(和鄭子中閒居二十詠)」[8]의 스무 가지 제목만 보아도 그 대략을 알 수 있다. 그것은 학문을 강론함(講學)을 비롯하여 뜻을 구함(求志), 글씨를 익힘(習書), 시 읊기(吟詩), 한가함을 사랑함(愛閒), 고요함을 기름(養靜), 향을 태움(焚香), 약을 먹음(服藥), 거문고 뜯기(彈琴), 투호놀이(投壺), 꽃구경(賞花), 고기 낚시(釣魚), 책을 볕 쪼임(曬冊), 손님을 대하기(對客), 고사리를 삶음(煮蕨), 술 마시기(飮酒), 달구경(玩月), 서늘한 바람을 쏘이기(納凉), 나물밭 가꾸기(治圃), 소나무를 심음(鍾松)이다. 이것이 비록 화답한 시이기는 하지만 그 자신의 한거 내용과 크게 다를 바 없다고 생각한다. 그러면 위의 내용 가운데 시를 짓거나 음악과 관계된 것 한 묶음과 산유람, 뱃놀이, 음주 등의 풍류놀이와 관계된 것 한 묶음으로 나눠 그의 한거 생활을 살펴보기로 한다.

2. 시 짓기로서의 여가 생활

퇴계는 일생 동안 2,000여 수의 시를 남겼다. 이것은 다른 성리학자들과 비교해볼 때, 비교가 되지 않을 정도로 많은 양이다. 그 스스로 도학자道學者로서 남에게서 소리 들을 것을 염려한 것이 단순히 겸손으로만 한 말이 아니며[9], 또한 율곡栗谷 이이李珥가 퇴계는 '문을 통해서 도로 들어갔다(因文入道)'고 한 말이 단순히 빈 말은 아닌 듯싶다.[10] 율곡이 문이라

---

8) 같은 책, 「溪山雜詠·和鄭子中閒居二十詠」, 272-303쪽 참조.

9) 같은 책, 「陶山十二曲」跋, p. 255 참조.

고 말한 것은 다름 아닌 시이다. 퇴계는 부賦 등 여타 문장들을 거의 짓지 않았다.[11] 이렇게 볼 때, 그에게서 시 짓기는 한거의 으뜸 일거리이자 단순한 한거의 일거리 그 이상의 것이라고 말할 수 있겠다. 제자인 정유일鄭惟一은 그의 시에 대해 다음과 같이 말하였다.

> 선생은 시 짓기를 좋아하여 도연명陶淵明(이름 潛)과 두자미杜子美(이름 甫)의 시를 좋아하였으나 만년에는 주자朱子의 시를 더욱 좋아하였다. 그의 시는 처음에는 매우 맑고 고왔으나 차츰 화려한 것은 깎아버리고 오로지 전실典實·장중莊重·간담簡淡한 데로 돌아가서 하나의 독자적인 경지를 이루었다.[12]

퇴계는 훗날 일반화되었던 것처럼 시회詩會나 시사詩社와 같은 많은 사람들이 모인 가운데 시를 짓거나 읊지 않았다. 그는 혼자가 아니면 한두 명의 제자나 벗들과 어울려 시를 짓고 읊었던 것이다. 그는 도산 일대의 경관과 한거하는 삶을 내용으로 하는 시를 『계산잡영溪山雜詠』에다 묶었고, 평생토록 가까이 한 매화에 관한 시를 『매화시첩梅花詩帖』에 담았으며, 시조인 「도산십이곡陶山十二曲」을 짓기도 하였다. 이 「도산십이곡」의 발문을 보면 시와 시조, 그리고 음악에 대한 그의 생각을 잘 읽을 수 있다.

---

10) 서원섭은 퇴계를 '시인·문학자형 도학자'라고 규정하기도 하였다. 서원섭, 「이퇴계의 시가문학-주로 시조와 가사를 중심으로」(『한국의 철학』, 제6호, 경북대 퇴계연구소) 서언과 결어 참조.

11) 퇴계는 시 이외에 「琴譜歌」, 「勸義指路辭」, 「相杵歌」, 「樂貧歌」, 「孝友歌」 등 가사 몇 편을 지었다.

12) 鄭惟一, 「言行通述」.

이 도산12곡은 도산 노인이 지은 것이다. 노인이 이 곡을 지은 것은 무엇 때문일까. 우리 동방의 가곡은 대개 말할 수 없이 음탕한 것이 많다. 「한림별곡翰林別曲」과 같은 유는 문인의 입에서 나왔으나 긍호방탕矜豪放蕩하고 겸하여 설만희압褻慢戲狎하니 더욱 군자가 숭상할 바 아니다.

오직 근세에 이별李鼈의 「육가六歌」라는 것이 세상에서 성하게 전하고 있으나 오히려 저것이 이것보다는 나으나 역시 그 완세불공玩世不恭한 뜻이 있고 온유돈후溫柔敦厚의 실상이 적은 것이 애석하다. 이 노인은 본디 음률을 알지 못하나 오히려 세속의 음악이 듣기 싫은 것은 안다. 한가히 있으며 병을 요양하는 여가에 무릇 정성情性에 느낌이 있는 것은 매양 시에 발표하나 오늘날의 시는 예전의 시와 다르니, 읊을 수는 있어도 노래할 수는 없다. 만일 노래하려고 하면 반드시 이속俚俗의 말을 가지고 엮어야 한다. 대개 국속國俗의 음절은 그렇게 않을 수 없는 것이다. 그래서 일찍이 이별의 노래를 본받아 도산 육곡 둘을 지었다. 그 하나는 뜻을 말하고 다른 하나는 학문을 말하였는데, 아이들로 하여금 조석으로 익히어 노래하게 하고 의자에 비겨서 들으려고 하였으며, 또한 아이들로 하여금 스스로 노래하고 스스로 춤추게 하니 거의 비린鄙吝을 탕척蕩滌하여 감발感發하고 융통할 수 있거니와 따라서 노래하는 자와 듣는 자가 서로 유익됨이 없지 않다.[13)]

퇴계는 먼저 그 이전 「한림별곡」과 이별의 「육가」와 같은 것은 '호기를 부리고 방탕한(矜豪放蕩) 데다가 외설과 교만과 버릇없는 장난기(褻慢戲狎)까지 겸하며'[14)], '세상을 멸시하고 자만하는 생각(玩世不恭)이 있으

13) 『譯注退溪全書』 20, 「陶山十二曲」 跋, pp. 254-5.

14) 최진원은 퇴계가 「한림별곡」을 '矜豪放蕩'하다고 한 것을 풍류의 사치를 마음껏 자랑하고 자유분방함이 지나친 것으로, '褻慢戲狎'이라고 말한 것을 관능적 향락을 멋있게 은유한 것으로 풀이하였다. 최진원, 「도산십이곡고1」, 『퇴계학연구논총』, 제4권(김광순·이동환 편, 경북대학교 퇴계연구소, 1997. 원재; 『인문과학』,

며 온유하고 돈후한 맛(溫柔敦厚)이 적다'고 말하였다. 여기에서 우리는 그가 추구한 시의 세계가 바로 '온유하고 돈후한 맛'을 추구하는 데 있음을 알 수 있다.[15)]

이어 퇴계는 시란 정성情性, 곧 마음에서 감흥이 일어난 것을 표현한 것이라고 말하면서, 하지만 이렇게 표현된 한시漢詩는 읊을 수는 있어도 노래할 수가 없어서 이속의 말, 바로 우리글인 훈민정음을 가지고 도산12곡을 짓게 되었음을 밝히고 있다. 그는 노래가 마침내 춤으로 이어짐을 말하였는데, 이렇게 마음속에서 일어난 감흥이 시에서 노래와 춤으로 이어지면서 마음 속 찌꺼기를 깨끗이 털어냄으로써 노래하는 자나 듣는 자 모두에게 큰 보탬이 있다고 하였다. 이것은 『예기禮記』「악기樂記」에 나오는 전형적인 유교적 음악관이다.

여기에서 퇴계의 한거와 음악에 대해서 잠간 살펴보고 지나가기로 한다. 위에서 보았다시피 그는 유교의 음악관에 따라 「도산십이곡」을 지었다. 그렇다면 그는 직접 악기를 연주하고, 노래 부르며 춤춘 적이 있는가? 그의 행록을 보면 이에 관한 기록은 잘 발견되지 않는다. 다만 몇몇 시구 속에 거문고의 연주를 듣거나 노래를 들은 듯한 내용이 보인다. 하지만 직접 춤을 추는 것은 물론 거문고를 뜯거나 노래를 부른 모습은 보이질 않는다.[16)] 시를 읊었을 것이란 짐작은 쉬이 간다. 그리고 사군자나 산수

제13호, 성균관대 인문과학연구소, 1984), pp. 3-11 참조.

15) 이민홍, 「도산십이곡과 온유돈후」, 『사림파 문학의 연구』(형설출판사, 1985)와 이가원, 「퇴계시의 특징-온유돈후에 대하여」, 『퇴계학보』, 제43호(퇴계학연구원, 1984) 등 참조.

16) 퇴계는 「琴譜歌」를 지어 당시 젊은 사람들이 경박하게 舜 임금 이래의 正聲은 모른 채 화류장의 기녀들과 어울려 變聲만을 좋아하는 것을 개탄하면서 거문고

등의 문인화를 그리거나 감상한 내용도 보이질 않는다. 이러한 그의 모습들은 훗날 조선 시대 도학자의 전형을 만들어갔다고 말할 수 있겠다.

퇴계는 14, 5세 때부터 이미 시를 짓기 시작하였으며[17], 18세 때 지은 「봄놀이에 '野塘'을 읊음」이란 시속에서는 이미 그의 시 경향을 드러내 보이고 있다. 그것은 바로 이상은이 말한 것과 같이 '천리시天理詩'이다 (이상은, 1999). 그는 도산에 한거하여 뭇 자연사물을 둘러보면서 그 속에 들어있는 각각의 이치를 깨닫고, 천연대天淵臺에 올라서는 하늘에 솔개가 날고 물속에 고기가 뛰어오르는 것을 바라보고서 천리를 체인하였다.

「천연대에서」[18]

높은 대에 올라보니, 통창하기 짝이 없네
세상만사 이제 와선, 낚시에 부치련다.
푸른 하늘 드높으니, 구름 위에 솔개 뜨고
황금 물결 발랄하니, 고기는 뛰노누나.
무우에 바람 쏘임, 형용하기 어려워라

의 음률이나 體法, 유래 등을 가르쳤다.

17) 李野淳, 『退溪先生年譜補遺』, 14, 15세 내용 참조.

18) "이슬 띤 풀잎은 싱싱하게 물가에 우거지고, 고요한 연못은 맑고 깨끗하여 티끌 한 점 없구나. 떠가는 저 구름, 지나가는 저 새는 본시 서로 연줄이지만, 다만 때때로 제비 차고 가는 발길에 물결일까 염려하네."(露草夭夭繞水涯, 小塘淸活淨無沙. 雲飛鳥過元相管, 只怕時時鷰蹴波) 19세 때 지은 시속에도 같은 경향을 보이고 있다. "산림 속 초당에서 만권서 홀로 즐기며, 다름없는 한 생각에 십 년이 넘었도다. 요새 와서야 근원과 마주친 듯, 도 틀어 내 마음 휘어잡아 태허를 알아본다."(獨愛林廬萬卷書, 一般心事十年餘. 邇來似與源頭會, 道把吾心看太虛.) 李野淳, 『退溪先生年譜補遺』, 18세, 19세 내용 참조.

시절의 태평함을, 어찌 밖에 구하리요.
세월이 흘러감을, 늙은 이 몸 잘 아노니
끼친 글 어이하면 깊은 뜻을 헤쳐 볼꼬.[19]

이렇게 도산 주위의 자연은 퇴계에게 있어서 이치를 깨닫게 하는 격물치지格物致知의 사물공부의 교과서일 뿐만 아니라 마음을 간직하고 기르며 감발感發하게 하는 거경함양居敬涵養의 마음공부의 교과서이기도 했다. 도산의 봄, 여름, 가을, 겨울 그리고 아침, 낮, 저녁, 밤의 끊임없이 바뀌는 풍광은 그의 마음과 기상을 더욱 넓고 고상하게 만들어주었던 것이다.

매화는 퇴계의 시에 있어서 가장 대표적인 소재이다. 그는 일생토록 매화를 아끼고 사랑하여, 그 정을 많은 시편 속에다 담았으며(홍우흠, 1981), 분매에 물을 주라는 말을 남기며 임종하였다. 여기에서 자신은 비록 죽어가지만, 살아있는 것에 대한 그의 외경심畏敬心을 읽을 수 있다. 그는 한양을 떠나면서 함께 한 매화와 이별을 아쉬워하며 서로 대화하는 내용의 시를 남겼고[20], 그 매화를 한양에서 부쳐 보내오자 천진난만한

19) 『譯注退溪全書』 20, 「溪山雜詠 · 天淵臺」, p. 313, "高臺臨眺敞無儔, 萬事如今付釣洲. 綃幕悠揚雲翼逸, 金波潑剌錦鱗游. 風雩得處難名狀, 壽樂徵時詎外求. 老我極知蹉歲月, 遺編何幸發潛幽." 같은 책, 321쪽에도 비슷한 내용의 「天淵臺」 시가 있다. "솔개 날고 고기 뜀을 뉘라서 시켰던고, 활발한 그 움직임 소와 하늘 묘하도다. 강대에 해지도록 맘과 눈이 열렸으니, 명성 큰 한 책을 세 번 거듭 외우련다."(縱翼揚鱗孰使然, 流行活潑妙天淵. 江臺盡日開心眼, 三復明誠一巨編.)

20) 『譯注退溪全書』 20, 「梅花詩·漢城寓舍盆梅贈答」, pp. 237-8, "다행히 이 매선이 나와 함께 서늘하여, 객창이 소쇄하여 꿈마저 향기로와라. 동으로 돌아갈 제 그대와 함께하지 못하니, 서울 티끌 이 속에서 고이 간직하여 다오."(「盆梅贈」, 頓荷梅仙伴我凉, 客窓蕭灑夢魂香. 東歸恨未攜君去, 京洛塵中好艶藏.), "듣건대 도선과 나

아이처럼 기뻐했으며[21], 엄동설한으로 매화가지가 죽어 꽃을 피우지 못하자 너무나 애석해하기도 하였다.[22] 퇴계에게서 매화는 단순한 시재詩材 이상의 것이다. 그가 매화를 완상함은 곧 고결한 인격적 만남을 가진 것이요, 그는 이를 통해 만물일체萬物一體의 마음을 길러나갔던 것이다.

3. 풍류놀이로서의 여가 생활

조선시대의 중세 놀이문화는 양반과 평민, 남자와 여자간의 구별이 분명하였다. 이 가운데 남자 양반들의 대표적인 놀이가 '풍류風流'이다. 퇴계는 이 풍류를 즐긴 대표적인 인물로 거론된다. 풍류놀이 속에는 이념성과 예술성, 놀이성, 자연친화성 등이 있는데, 우리나라에서는 고래로 이 모두를 지닌 풍류놀이의 전통이 조선 전기까지 내려오다가 조선 후기로 오면서 이 가운데 이념성은 배제되고 예술성과 놀이성만 부각된 채 자연은 놀이의 배경으로만 인식되었다고 말한다(신은경, 1999: 40-62; 한양명, 2005: 167).

서늘하다 하셨으니, 임이 돌아간 뒤에 천향을 피우리라. 원컨대 임이시여 마주 앉아 생각할 때, 청진한 옥설 그대로 함께 고이 간직하여 주오."(「盆梅答」, 聞說陶仙我輩凉, 待公歸去發天香. 願公相對相思處, 玉雪淸眞共善藏.)

21) 같은 책, 「梅花詩·都下盆梅好事金而精付安道孫兒船載寄來喜題一絶云」, p. 249, "붉은 티끌 일만 겁을 초연히 벗어나, 속세 아닌 이곳 찾아 이 늙은이와 벗하니, 일을 좋아하는 그대가 나를 생각하지 않았다면, 빙설 같은 그 얼굴을 어찌 볼 수 있으리오."(脫卻紅塵一萬重, 來從物外伴癯翁. 不緣好事君思我, 那見年年氷雪容.)

22) 같은 책, pp. 246-8 참조.

한편 퇴계의 풍류놀이를 '왕래풍류往來風流'라 하여 이전 「한림별곡翰林別曲」 류나 이현보李賢甫 류의 풍류놀이와 구분하기도 한다. '왕래풍류'라는 말은 「도산십이곡」에서 그 자신이 말하였다.

천운대 돌아들어 완락재 소쇄한대
만권생애로 즐거운 일 무궁하여라
이 중에 왕래풍류를 일러 무엇 하리오.23)

퇴계가 여기에서 '왕래풍류'라고 말한 것은 공부하는 틈틈이 도산서당 주위의 산수자연 속을 거닐며 노니는 것을 가리킨다. 그 대표적인 것으로 일상적인 산책과 더불어 산유람(遊山)과 뱃놀이(船遊)를 들 수 있다. 그는 이러한 왕래풍류를 통해 공부에 의한 긴장을 푸는 한편 이 자체를 또 하나의 공부, 곧 공부의 연속으로 생각하였다. 마침내 그것은 공부와의 경계를 허무는 데까지 이른다. 그 핵심은 자연과 더불어 노닐며 '마음을 즐겁게'(娛意適情) 하되 '완물상지玩物喪志'에까지 이르지 않게 하며, 마음을 '조장도 않고 잊지도 않되'(勿助勿忘) 긴장을 잠시도 늦추지 않아 내적 집중력을 유지하는 것이다.

자연 속을 노닐며 심신을 닦는 '풍류'의 전통은 멀리 화랑도에까지 거슬러 올라갈 수 있다. 하지만 퇴계의 풍류는 성리학적 가치가 절대적으로 지배적이었을 것이란 점에서 그 차이점을 쉬이 짐작할 수 있다. 퇴계는 가까이로 「한림별곡」에 대해 앞에서 말한 바와 같이 '호기를 부리고 방탕한(矜豪放蕩) 데다가 외설과 교만과 버릇없는 장난기(褻慢戱狎)까지

23) 『譯注退溪全書』 20, 「도산십이곡」 중 後六曲(言學) 첫 번째 수, pp. 252-3.

겸하고' 있다고 비판한 적이 있으며, 「쌍화점」에 대해서도 다음과 같이 비판적으로 말하였다.

> 저(「쌍화점」)에 대해서는 손발로 춤추며 흥겨워하고, 이(「어부가」)에 대해서는 권태를 느껴 졸려고 하는 것은 무엇 때문인가? 「어부가」의 세계를 이해할 수 있는 사람이 아니면 진실로 그 음을 제대로 알지 못하리니, 또 어찌 즐거움을 알 수 있겠는가?[24)]

퇴계가 비판한 「한림별곡」이나 「쌍화점」과 같은 고려시대로부터 내려온 시가를 「어부가」와 비교하여 이종호 같은 이는 연회형 시가와 풍류형 시가로 나누기도 하고(이종호, 2004: 353-4), 또 최진원 같은 이는 '「한림별곡」류의 풍류'와 '「도산십이곡」의 풍류'로 나누기도 하였다(최진원, 1984). 이종호는 이현보가 "내가 그 가사를 살펴보니, 노랫말이 한적하고 의미가 아득히 깊어서 읊조리는 가운데 사람으로 하여금 공명으로부터 벗어나게 하고 표연히 세속 티끌 밖에 선 듯하게 한다"[25)]고 말한 것에서처럼 정치적 공명과 결별하고 강호자연과 친화했을 때 비로소 풍류형 시가가 성립하였다고 보았다(이종호, 2004: 353). 반면 최진원은 술과 노래, 춤을 함께 하며 관능적 향락을 추구한 것이 「한림별곡」류의 풍류이며, 이것은 공부의 여가에 도산서당 주위의 산수를 소요하며 상자연賞自然한 「도산십이곡」의 '왕래풍류'와 구분된다고 말하였다.[26)] 그는 이러한

24) 『退溪文集』, 卷43, 「書漁父歌後」, p. 3.

25) 李賢甫, 『聾巖集』, 卷3, 「漁父歌九章幷序」.

26) 이우성도 음악과 춤, 기녀와 함께 한 고려시대 귀족 문화와 그것을 멀리 한 조선시대 사대부들의 문화는 다르다고 말하였다. 이우성, 「고려말 이조초의 어부가」,

「한림별곡」류의 풍류는 고려시대 사대부들의 생활의 멋이 담겨있는 것으로, 안축安軸의 「관동별곡關東別曲」이나 「죽계별곡竹溪別曲」에서도 이와 같은 것을 찾아볼 수 있다고 말하였다(최진원, 1984: 58-67).

퇴계는 동향의 선배인 이현보와 함께 어울렸으며, 그의 「어부가」를 산정刪定하는 데 조언하고 후서를 썼으며, 그의 행장을 짓기도 하였다. 퇴계는 「어부가」에 대해 다음과 같이 말하였다.

> 부귀를 뜬구름처럼 보고 아담한 회포를 물외物外에 붙여 늘 작은 배와 짧은 삿대로 하얀 물결 속에서 휘파람 불며 노닐고, 낚시터 위에서 배회하고 해오라기와 가까이 지내면서 기교를 부리는 마음을 잊고 고기를 보며 즐거움을 제대로 알았으니, 그 아마도 강호의 즐거움에 대해 가히 그 참(眞)을 얻었다 하겠다.[27]

이종호는 퇴계가 이현보의 「어부가」에 대해 이렇게 말한 것이 그의 「도산십이곡」과 깊은 상관성이 있음을 말해준다고 보았다. 곧 이 둘은 '처사풍류'라는 공통점이 있는데, 정적靜的이라든가 내면지향성, '온유돈후溫柔敦厚'를 지향하는 미의식과 같은 것이 바로 그것이라고 보았다(이종호, 2004: 44). 그러면서도 이종호는 다시 이 둘을 구분하기도 하였다. 곧 그는 "「어부가」가 탈속한 자연과의 합일을 동경하는 과정에서 신선계의 몽롱미를 추구한다면, 「도산십이곡」은 심성의 도야와 도의의 발양을 표상한다. 전자가 보다 개방적으로 자연을 인식하도록 했다면, 후자는 일정한 성리학적 규범을 틀로 하여 인식의 공간을 한정시켰다"[28]고 말하

『성대논문집』, 9집, 1964, p. 24 참조.

27) 『退溪文集』, 卷43, 「書漁父歌後」.

였다. 그리고 그는 「도산십이곡」 중 '언지言志'의 전6곡은 자연친화와 서정자아가 은근하게 녹아들어 있는 반면 '언학言學'의 후6곡은 학문과 수양을 강조하는 도학적 설교가 주로 담겨 있다고 분석한 뒤[29], 앞부분 '언지'를 노래한 것은 '서정적抒情的 만은풍류형晩隱風流型'인 이현보를 일면 수용한 것이며, 뒤 '언학'을 노래한 것은 '교술적敎述的 만은풍류형'에 속한다고 말하였다(이종호, 2004: 356). 또한 그는 이현보와 퇴계의 풍류를 동적인 강호풍류江湖風流와 정적인 계산풍류溪山風流로 구분 지었으며, 풍류방식에 따라 이현보의 풍류가 풍악을 동반한 주연이 있어 흥적興的 계기가 우세한 '낙이망반형樂而忘返型'이라면 퇴계의 풍류는 술과 풍악을 꺼려하고 마음의 경건을 유지하는 형이라고 말하기도 하였다(이종호, 2004: 36).

그러면 퇴계의 왕래풍류를 산유람과 뱃놀이를 중심으로 살펴보기로 한다. 먼저 퇴계가 산 유람을 간 곳은 많지가 않다. 그가 풍기 고을살이를 할 때에 소백산을 유람한 것을 빼고는 죄다 청량산淸凉山을 유람한 것이다. 그는 청량산을 '우리 집안 산(吾家山)'이라 불렀는데, 그는 어릴 적 집안 어른들을 따라 청량산을 찾아 유람하고 공부하였으며, 늙어서는 집안 자제들을 데리고 청량산을 다시 찾아 지난날의 회포에 젖기도 하였다.[30] 그 동안 그는 수도 없이 낙동강 줄기를 따라 청량산을 오르내렸다.

---

28) 위와 같은 곳.

29) 서원섭은 「도산십이곡」의 주제를 세분하여 前6曲 중 1·2·5·6곡은 江湖閑情을, 3곡은 敎誨警戒를, 4곡은 戀主忠君을, 그리고 '言學'의 後6曲은 모두 學問修德을 노래한 것이라고 하였다. 서원섭, 앞의 책, 52쪽 참조.

30) 퇴계는 55세 때 청량산에 가서 여러 조카와 손자에게 다음과 같은 시를 지어 보여 주었다. "청량사에서 어른을 모시고 유람하던 날을 회상하노니, 총각시절

그는 청량산을 무이산武夷山에, 청량산까지의 낙동강 물굽이를 무이구곡武夷九曲에 비겼는데[31], 이렇게 청량산을 오르내리면서 그는 분명히 주자를 흠모하는 정에 깊이 빠져 들었을 것이다. 그는 청량산을 유람하고서 다음과 같은 시를 남기고 있다.

「달을 구경하다」

바위마다 눈 길들어 옹기종기 솟았는데
그 위에 달이 뜨니 더욱 말쑥하여라.
그윽한 이 사람이 졸음 없이 앉았더니
차가운 거울 빛이 암자에 비춰주네.
밤이 이윽고 향내마저 사라지니
그윽하고 조용함을 참으로 얻었노라.

「집으로 돌아오다」

산놀이를 하여 무엇을 얻었던고
밭농사에 비한다면 가을이 있는 듯이.
아늑한 옛 서재에 이제야 돌아와서
고요히 앉았으니 향로 연기 피어오르네.
이 몸이 오히려 산사람 같으니
티끌세상 그 시름은 조금도 없으리라.

이 바로 어제인 듯 하건만 벌써 머리카락은 눈처럼 희게 덮였네. 님 여윈지 헤아려보니 산천이 몇 번이나 변하였던가, 남기신 시를 거듭 외우니 눈물만이 흐르누나."(淸凉寺裏憶陪遊, 丱角如今雪滿頭. 鶴背幾看陵谷變, 遺詩三復涕橫流.) 李野淳, 『退溪先生年譜補遺』, 15세(乙亥) 참조.

31) 퇴계는 64세 때 武夷九曲圖에 跋文을 썼다. 李野淳, 같은 책, 64세(甲子) 참조.

이처럼 퇴계는 청량산의 달구경을 하고서 마음이 '그윽하고 조용해지는' 경지와 세상사에 대해 '조금의 시름도 없는' 경지를 얻게 된 것이다. 그는 산 유람을 글 읽기와 비겨 같다고 말하기도 하였다.[32] 모두가 공부의 연속임을 알 수 있다.

퇴계는 벼슬살이를 한 적이 있던 단양 일대의 한강과 낙동강을 조금 따라 내려가 그의 제자인 조목趙穆이 살던 곳의 풍월담風月潭에서 뱃놀이를 하기도 했지만, 도산서당 바로 앞 탁영담濯纓潭에서 주로 뱃놀이를 즐겼다. 그는 혼자 또는 몇몇 벗들과 어울려 반타석盤陀石에다 배를 묶어 둔 채 놀기도 하고 때론 강을 오르내리며 뱃놀이를 즐기기도 하였다. 그는 이렇게 뱃놀이를 하면서 절벽의 풍광과 수목을 완상하거나 달과 달빛에 비친 물결을 완상하였으며, 술잔을 기울이면서 정담을 나누고 시를 짓기도 하였다.

「달 실은 배」[33]

차갑고 맑은 소가, 거울을 닦은 듯이
달빛을 싣고서는, 똑딱배를 저었노라.
소후호 그 늙은이, 내 물결을 읊었었고

32) "글 읽기와 산놀이가 비슷하다 하지만, 이제 보니 산놀이가 글 읽기와 같도다. 공력이 다할 때엔 으레히 내려오고, 얕고 깊음 아는 것도 모두 이에 있더구나. 열 구름 앉아 보아 기묘함을 알았었고, 근원지에 이르러선 비롯됨을 깨달았네. 마루턱 찾을 것을 그대들에 기대하니, 늙어서 전진 못하는 이 내 몸 깊이 부끄러워라."

33) 『譯注退溪全書』 20, 「月艇」, p. 326, "寒潭始拭鏡, 乘月弄扁舟. 湖老烟波詠, 坡仙桂棹秋."

소동파 신선놀이, 계수 짐대 가을철을.

「정자중과 함께 탁영담에 뱃놀이를 할 제, 구곡시를 차운하다」[34]

옛 어른 노시던 곳, 바람 소리 전해 오니
민산의 아홉 굽이, 항아리 속 동천이라.
…
알괘라 이치와 정의는, 예나 이제 같을지니
마주 앉아 얘기하여, 둘 다 서로 얽히어라.
깨달으니 시원하여, 신선 날개 돋친 듯이
서로 손 이끌고서, 배를 소에 띄워 놓고
올랐다 또 내렸다, 돌아올 줄 몰랐노라.
옛 소리를 노래하면, 임은 무릎 치던고나
그림 배 띄워 가서, 청령 냇물 오르는 듯.

퇴계는 청량산을 유람할 때와 마찬가지로 뱃놀이를 하면서도 무이구곡을 생각하며 주자를 배우겠다(學朱子)는 생각을 한시도 놓지 않았으며, 소동파의 기상을 닮기를 무척 바랐다. 흥에 겨우면 간혹 소동파가 적벽에서 한 것처럼 노래 부르고 배 바닥을 두드리며 박자를 맞추기도 하였지만, 그의 뱃놀이는 대체로 정적靜的이었다고 말할 수 있다(한양명, 2005: 169).

술은 양반들의 놀이문화와 빼놓을래야 빼놓을 수 없는 것이었다. 함께 어울려 정담을 나누고, 시를 지으며, 산 유람을 가고, 뱃놀이를 할 때면

34) 같은 책, 「鄭子中同泛濯纓」, p. 340, "昔賢遊處風聲傳, 閩山九曲壺中天. … 理義今古知同然, 聯床晤語兩綢繆. 得處超詣如登仙, 相携復泛烟潭艇, 泝沿日夕忘回鞭. 我歌遺聲君擊節, 畵舸如上淸冷川."

으레 술은 뒤따랐다. 퇴계의 시구 속에 술과 관련된 것은 많으나 차를 말하는 내용은 보이지 않는다. 이렇듯 술은 귀중하면서도 또한 위험한, 그야말로 '애물단지'이다. 퇴계는 주량이 컸지만 늙어서는 술을 거의 마시지 않았다고 전한다.[35] 그는 15세 때 사냥 나갔다가 술에 취해 말에서 떨어진 적이 있는데, 그 이후 일생토록 술을 조심하였다고 말하기도 하였다.[36] 그리고 그는 제자에게 술에 관한 잠을 지어 주기도 하고, 술자리에서 실수를 한 조목에게 앞으로 경계할 것을 당부하는 편지글을 써 보내기도 하였다(정순목, 1991: 61-3).

퇴계는 술을 마실 때면, 도연명을 많이 찾았으며 이백을 떠올리기도 하였다. 그는 도연명의 시 「음주飮酒」에 화답하여 20수의 시를 지었으며[37], 이백을 따라 홀로 술을 마시면서 달을 불러 벗을 삼기도 하였다.[38] 그는 술을 '걱정 없는 이 물건'이라 표현하고[39], 술을 통해 "외로운 이 마음 때때로 위안"을 찾는다고 하였으며[40], 술을 마셨으니 '어찌 (세상사에) 얽혀들랴'라고 호기를 부려 보기도 하였다.[41] 그리고 그는 '술 취한

---

35) 정순목, 『퇴계정전』, p. 103의 鄭惟一, "言行通述" 참조.

36) 李野淳, 『退溪先生年譜補遺』, 15세(乙酉) 참조.

37) 『譯注退溪全書』 20, 「『도정절집』 중에 실린 음주 이십 수를 화답하다」, pp. 262-271 참조.

38) 같은 책, 「계당에서 칠월 열 사흗날 밤에 달을 읊다」, p. 279 참조.

39) 같은 책, p. 267, 「『도정절집』 중에 실린 음주 이십 수를 화답하다」 가운데 열두 번째 수 참조.

40) 같은 책, p. 266, 「『도정절집』 중에 실린 음주 이십 수를 화답하다」 가운데 열 번째 수 참조.

41) 같은 책, p. 265, 「『도정절집』 중에 실린 음주 이십 수를 화답하다」 가운데 여덟 번째 수 참조.

가운데 천진함'이 있고[42], '술 가운데 현묘한 이치'가 있다고 말하기도 하였다.[43] 아무튼 그가 술을 멀리 하지 않았음을 알 수 있다. 그는 술을 마셔 마음을 풀고 넓혀갔으며, 또한 술을 절제하여 마음이 흐트러지는 것을 막기도 하였다.

4. 마음공부로서의 여가 생활

퇴계는 「숙흥야매잠夙興夜寐箴」에서 "독서하다가 쉬는 틈에 노닐어 정신을 진작시키고 마음을 휴양케 하라"[44]고 말하였다. 여기에서 말한 대로 '독서하다가 쉬는 틈에 노닐어 정신을 진작시키고 마음을 휴양하는 것'이 바로 그의 여가 생활이며, 그의 한거가 갖는 의미이다. 그는 이와 같은 한거를 통한 마음공부를 여러 곳에서 말하였다.

> 심기心氣의 병은 리理를 확실히 알지 못하고 헛된 것을 무리하게 찾으며, 마음을 지니는 방법을 알지 못하여 알묘조장揠苗助長하여 자신도 모르는 사이에 극도로 마음을 써서 이에 이르게 된 것입니다. 이것은 또 학문을 처음 하는 사람들의 공통된 병통이기도 합니다. 회옹晦翁 선생같은 이도 처음에는 이 병통이 없었던 것은 아닙니다. 만약 일찍이 이러한 것을 알고 곧 고친다면 다시 근심될 것이 없지만, 일찍 알아서 속히 고치

42) 같은 책, p. 263, 「『도정절집』 중에 실린 음주 이십 수를 화답하다」 가운데 두 번째 수 참조.

43) 같은 책, p. 270, 「『도정절집』 중에 실린 음주 이십 수를 화답하다」 가운데 열여덟 번째 수 참조.

44) 『聖學十圖』, 「夙興夜寐箴」, "讀書之暇以遊泳, 發舒精神, 休養情性."

지 못하면 드디어 그 병이 생기는 것입니다. … 이것을 치료하는 방법은 이미 공께서 터득하였을 것이나 먼저 세상의 궁함과 통달함, 얻음과 잃음, 영광과 굴욕, 이로움과 해로움 등 일체를 생각지 말고 마음에 누를 끼치지 말아야 합니다. 이런 마음을 지니면 앓던 병이 이미 5분 내지 7분까지는 나은 것입니다. 이렇게 하여 모든 일상생활에서의 관계를 적게 하고 기호와 욕망을 적게 해서 마음을 비우고 한가롭고 담담하고 유쾌하게 지내야 합니다. 도서, 화초를 완상하거나 내와 산과 고기와 새를 보는 즐거움이라든지 기분이 좋고 마음에 맞는 것을 항상 대하도록 하여 심기를 편안히 하는 것이 가장 요긴한 치료법입니다.[45]

심기心氣의 병통이 생기는 까닭은 공께서도 이미 알고 있는 것입니다. 만약 마음으로만 이 병통을 제거하려고 하면 더욱 도져서 수고롭고 요란함을 견디지 못하여 마침내 큰 병이 되고 말 것입니다. 공은 이미 학문의 맥락과 단서를 대략 알고 있으니, 이에 다시 허다히 무리한 탐색과 한가로운 안배를 할 필요는 없습니다. 이른바 조존성찰操存省察의 공부는 우선 생각하지 말고, 다만 일상생활의 명백한 곳에 관심을 가지면서 마음을 너그럽게 지니고서, 이러한 속에 정신을 노닐게 하며, 한가롭고 유쾌한 마음을 가진다면, 주자가 「조식잠調息箴」에서 말한 바와 같이 심성이 저절로 길러질 것입니다. 이리하여 오랜 세월 동안 공부가 쌓이면 마음의 병이 저절로 고쳐질 뿐 아니라 수렴收斂과 조존操存의 효과도 여기에서 얻을 수 있을 것입니다.[46]

퇴계는 한거를 통해 심기를 편안히 가지고 한가롭고 유쾌한 마음을 가져 조존성찰操存省察의 마음공부를 이룰 것을 당부하고 있다. 결국 그

45) 『退溪全書』, 「答南時甫彦經別紙」.

46) 같은 책, 「答鄭子中(惟一)」.

에게서 한거는 마음공부와 자연스레 연결되면서 일과 한거, 노동과 놀이가 분리되지 않은 채 한 덩어리가 된다. 그의 한거를 단순히 마음공부의 연속으로 보는 것은 일면만을 보는 것일 수 있다. 그는 한거를 통해 몸과 마음을 풀 것을 말하였으며, 그러한 가운데 그것은 저절로 바르게 되고 넓어져 공부 또한 저절로 이루어지게 된다는 말이다. 그의 이러한 생각을 오늘날 그대로 이끌어 올 수는 없지만, 오늘날과 같이 일과 여가가 나눠져 일은 일대로 질곡으로 변해가고 여가는 여가대로 내 삶을 소모, 소비시켜나가는 상황에서 둘 모두가 참으로 귀중한 내 삶의 영역이고 시간들이라는 것을 다시 생각하게끔 하는 데에는 좋은 참고가 될 것이다.

참고문헌

琴蘭秀, 「陶山書堂營建記事」
奇大升, 『高峯文集』
李野淳, 『退溪先生年譜補遺』
李賢補, 『聾巖集』
李滉, 『譯注退溪全書』
______, 『退溪全書』
______, 『退溪文集』
______, 『聖學十圖』
鄭惟一, 「言行通述」

서원섭, 「이퇴계의 시가문학-주로 시조와 가사를 중심으로」, 『한국의 철학』 제6호, 경북대 퇴계연구소
신은경, 『풍류』, 보고사, 1999
이가원, 「퇴계시의 특징-온유돈후에 대하여」, 『퇴계학보』 제43호, 퇴계학연구원, 1984
이민홍, 「도산십이곡과 온유돈후」, 『사림파 문학의 연구』, 형설출판사, 1985
이상은, 『퇴계의 생애와 학문』, 예문서원, 1999
이우성, 「고려말 이조초의 어부가」, 『성대논문집』 9집, 1964,
이종호, 『안동선비는 어떻게 살았을까?』, 신원, 2004
정순목, 『退溪正傳』, 지식산업사, 1991
최진원, 「도산십이곡고1」, 『인문과학』 제13호, 성균관대 인문과학연구소, 1984
한양명, 「조선시대 놀이문화의 성격과 과제」, 『유교민속 조사 · 연구방법론』 (발표 논문집), 한국국학진흥원, 2005홍우흠, 「퇴계의 『梅花詩帖』에 대한 연구」, 『인문연구』 제4호, 영남대 인문과학연구소, 1981

제4장 도가의 여가관: 여가와 여유로움

최 석 만

1. 여가는 어떻게 변해왔나

근대 이전 인류에게 여가, 즉 일에서 해방된 시간은 보편적인 것이 아니었고 소수 상류층에 국한된 것이었다. 그것은 동서양이 마찬가지였고 근대에 이르러 인간의 생산력이 급증하면서야 비로소 일반인들도 여가라는 것을 갖게 되었다. 근대 이전까지 여가란 매우 선택된 사람만이 가질 수 있는 귀한 것이었다. 여가가 단순히 일할 필요가 없는 여유로운 시간이라는 의미를 넘어 인간간의 사회관계에서 높은 지위를 나타낼 수 있는 자원이었다. 인간들은 여가, 즉 여유 있는 시간과 여유 있는 재산을 나타내기 위해 옷, 화장, 건물의 치장의 양식, 인간 행동 등을 특정한 방식으로 발전시켰다. 따라서 여가를 과시하고자 하는 인간의 욕구를 이해하는 것은 인간 역사 속의 각종 소비와 행위를 이해하는 필수적인 요소이다.

오늘날의 자본주의 사회에서는 재산 증식의 기회가 무한대로 열려있다. 그러므로 부자들도 더 부자가 되기 위해 더 절약하고 저축하고 연구를 하지만 전통 사회에서처럼 정치권력이나 무력, 종교적 파워가 지배하는 사회에서는 부의 축적은 방법과 한계가 이미 정해져 있다. 대개 부의 축적은 곧바로 동등한 수준의 소비로 이어지는 것이다. 의식주를 해결하고 남는 부는 몸과 가구와 집의 치장에 주로 사용된다. 그렇다고 이것이 전통사회의 신분이 갖는 위세를 대체할 수 있는 것은 아니다. 중인층이나 상인층이 어쩌다 재산을 모으더라도 귀족이나 양반의 위세를 누를 수 있는 것은 아니었다.

19세기 초 영국이라면, 이미 산업혁명이 본 궤도에 올라섰고 세계의 신질서, 신대륙의 발견과 상품 교환으로 한없이 넓어진 세상을 활용하여 재산을 모은 상인계급과 시민계급이 부상한 반면 토지를 소유하고 지대에 의존하는 구태의연한 귀족지주층이 몰락하고 있는 시점이었다. 그러나 제인 오스틴의 소설 『오만과 편견』(1813)에서 혼기를 맞은 딸 다섯을 둔 평범한 가정주부 베넷 부인이 바라는 이상적 신랑은 돈 많은 상인이 아니라 뿌리 깊은 귀족 출신 청년이었다. 특유의 발랄함과 매력으로 둘째 딸 엘리자베스는 우여곡절 끝에 결국 귀족 청년 다아시의 청혼을 얻어내는 데 성공한다는 것이 이 소설의 모티브이다.

거의 20세기에 이르도록 경제적 부는 권력이나 무력, 종교적 파워에 비해 불안정한 사회적 위세였다. 그리고 권력이나 무력, 종교적 파워는 개별적으로 존재하거나 무작위로 어쩌다 존재하는 것이 아니라 확고한 사회제도, 신분으로 정착되어 있으며 그 연원은 수백 년 또는 수천 년을 거슬러 올라가는 불가항력인 것이었다. 최상위의 사회적 신분이 정치적, 경제적 파워로부터 분리된 예는 인도의 브라만이 거의 유일한 예일 것이다. 대부분의 고대 사회에서 신정神政이 신神, 즉 제祭와 정政으로 분리되는 과정에서 제祭를 담당하던 계층이 대부분 정政을 담당하는 계층으로 변신한 데 비해－이집트나 메소포타미아는 특히 그렇고 중국도 마찬가지이다－인도의 브라만은 여전히 제祭 만을 전담해왔고 21세기인 지금까지도 가계를 통해 이어지고 있다.

그러나 근대 사회의 도래와 함께 새로이 등장한 부유한 계급, 국제간 무역을 통해 막대한 부를 축적한 상인 계급은 국지적 신분 제약으로 그 상승을 규제할 수 없었고 신분 질서는 흔들렸다. 구질서의 귀족과 신질서의 상인층이 서로의 부와 여유(leisure)를 과시하기 위해 경쟁하였다. 왕가를 중심으로 귀족과 상인계급은 극히 호화스러운 소비를 하며 자본주의의 발전과 함께 경제 수준이 올라가면서 사치를 계속 확대 재생산하였다.

베블렌이 19세기 말에 쓴 『유한계급론』(1899)을 보면 유한계급(leisure class), 즉 여유가 있는 상층 사람들은 삶에 여유가 있음, 거꾸로 말하자면 자기가 노동으로부터 얼마나 자유로운가를 과시하는 경향이 있다. 보통 사람들이 일하기에 편하도록 옷을 입고 신을 신는데 비해 유한계급은 일할 필요가 없음을 나타내기 위해 비싼 의복을 입고 신을 신고 보석으로 치장한다.

의복과 치장은 노동활동에 거추장스러운 형태로 발전하였다. 거추장스러우리만치 큰 모자, 지나치게 소매가 넓은 옷, 폭이 너무 넓어 걸어다니기조차 불편한 치마, 예쁘기는 하지만 신기에 불편한 구두, 화려하기는 하지만 다림질이 필요한 재질이 약한 옷감 등이다. 머리를 길게 기르고 손톱을 기르고 하는 것들도 이러한 심리의 연장이다. 몸이 뚱뚱하고 살결이 희다는 것은 그만큼 노동으로부터 자유로운 높은 사람이라는 표시가 된다. 더 여유가 있는 사람들은 하인들도 화려하게 옷을 입혔는데 오늘날 관공서와 회사의 문을 지키는 수위의 모자와 소매에 금줄이 달리고 화려한 것은 근대 서양의 유한계급의 집에서 시작되었던 것들이다.

유럽에서 지주 귀족과 상인 계층이 경쟁하지 않은 예외적 국가는 러시아였다. 1917년 혁명이 일어날 때까지도 러시아에서는 상인 계층의 대두가 극히 미미하였으며 이들의 사회적 역할을 기록한 예를 찾아보기가 힘들다. 그 대신 귀족 지주들 간에 과시적 소비가 이루어졌다. 17세기부터 러시아는 정복을 통해 확장해갔는데 이렇게 해서 새로 생긴 토지를 귀족과 장군들에게 나누어주어 이들은 광대한 토지와 막대한 부를 갖게 되었다. 이런 역사적 연유로 러시아의 귀족들은 자기 영지로부터 처음부터 유리된 사람들이었다. 이 점이 나중에 러시아에서 혁명이 일어나게 된 요인이 되기도 하였다.

근대 러시아의 문화사를 정리한 피게스(Figes, 2002)에 의하면 이들은 구수도였던 모스크바나 새 수도인 뻬쩨르부르그에 집을 가지고 있었고 경쟁적으로 호화로운 생활을 하였다. 그러다 보면 영지를 저당 잡히고 돈을 빌리는 경우가 있었는데 톨스토이도 젊어서 노름으로 영지를 날렸다가 삼촌이 유산을 남겨주는 통에 겨우 찾았다. 러시아 혁명이 일어날 무렵에는 귀족의 토지 가운데 삼분의 일이 저당 잡혀 있었다.

19세기에 러시아의 귀족들은 유럽의 호화로운 생활과 사치품을 모방하고 사들였으며 세련된 귀족 풍모를 '보이기 위해'(Figes, 2002: 44) 머리를 기르고 손톱을 다듬고 매너를 과시하였다. 이들은 또 유럽의 음악,

극단, 오페라를 관람하고 자기 집에 극장을 짓기도 하였다. 오늘날까지도 남아있는 유명한 극장들은 대개 당시 귀족들이 자기 집에 만든 것들이다. 대표적인 가문인 쎄레메쩨보는 모스크바 교외에 광대한 저택을 가지고 있었는데 그 안에 화려한 건물들은 말할 필요 없고 극장, 정원, 오케스트라를 가지고 있었다. 또 거대한 연못을 파 모의 해전海戰을 할 정도였으며 일 년에 몇 번씩 사람들에게 집을 개방하여 5만 명이 몰려들어 하루를 즐겼다고 한다(Figes, 2002: 25, 169). 쎄레메쩨보 가의 영지는 러시아 혁명 후 몰수되었고 현재는 모스크바의 관문 국제공항으로 사용되고 있다.

유럽을 흠모한 귀족들은 러시아적인 것은 저속하고 야만적인 것으로 생각하였는데 언어도 마찬가지였다. 귀족들은 러시아어를 저속하게 생각하여 불어를 사용하였다. 러시아 민중주의의 성자 톨스토이도 모스크바에 가서는 유럽식 최신 양복을 입고 유럽식 레스토랑에서 식사하며 친구들과 불어로 대화하였다. 1825년에 유럽식 입헌군주제를 세우려고 쿠데타를 일으켰다가 실패한 데까브리스트들은 문화적으로는 러시아 민족주의의 시조가 되는데 이들의 대표 격인 볼꼰스키 공작은 모든 지위와 재산을 박탈당하고 시베리아로 유형을 갔다. 이십여 년의 유형 생활이 끝나고는 모스크바로 돌아오지 않고 이르쿠츠크 근교에 정착하였는데 볼콘스키 공작부인은 아이들이 동네 아이들과 어울려 다니며 야만인처럼 크는 것을 못마땅해 하였지만 어쩔 수 없는 일이었고 다만 아이들이 집에서는 꼭 불어를 쓰도록 하였다(Figes, 2002: 96-97).

어느 사회에서건 단어, 악센트, 음조intonation, 음색도 지위를 나타내기 위하여 쓰였다. 중세 말에 프랑스의 지배를 받았던 영국에서는 영어 cloth보다는 프랑스어에서 유래된 garment가 더 고급스러운 말이었는데 이런 예는 영어에 많이 남아있다. 중국의 영향을 많이 받은 우리나라에서도 옷이라는 말보다는 의복이라는 한자어가 더 고급스러운 말이다. 그러다보니 선생님, 사장님, 선배님처럼 상대방을 높여 부르는 순수 우리말 '님'도 구태여 任이라는 한자어에서 유래된 것으로 생각하는 사람이 많다. 극존칭으로서는 물론 한자어 폐하陛下, 각하閣下가 쓰이는데 그 의미를 아는 사람은 많지 않다. 폐하란 '계단 아래', 각하란 '전각 아래'란 문자적 의미를 가지고 있고, 사회적 의미는 높으신 상대방 분이 계단 위, 전각 위에 계시고 저는 계단 아래, 전각 아래 있는 낮은 사람이라는 뜻이다. 상대방이 너무 높고 고귀하셔서 호칭으로 나타내기조차 두려워 내가 계단이나 전각 아래 있다는 것을 말함으로써 간접적으로 상대방을 지칭하고 높이는 뜻이다. 그런 맥락에서 귀하신 분의 아래에 제가 있다는 귀하貴下는 조금 덜한 존칭이 된다. 당신이 높으신 분이라고 지칭하는 영어의 'Your Highness, Your Excellency'는 그런 맥락에서 존칭의 정도가 떨어진다고 할 수 있다.

영국 식민지에서 출발했던 미국에서는 지금도 영국식 악센트가 더 고상하게 여겨지고 있다. 그래서 일부 정치인들은 영국에서 자라지 않았는데도 영국식 악센트를 쓰는 경우가 있다. 우리나라에서도 말끝이 처지는 전라도 말이나 충청도 말, 끝이 강한 경상도 말 보다는 끝이 가볍게 올라가는 서울말이 더 고상하게 여겨진다. 사람의 거친 목소리가 농사꾼이나 막노동꾼이라는 느낌을 주고 다듬어진 목소리여야 세련된 느낌을 주는 것도 마찬가지 맥락이다. 쉰 목소리 보다 다듬어진 목소리가 우대받는 것은 세계 대부분 나라에서 그런 것 같다. 다만 일본에서는 오랜 전국시대, 거기서 생겨난 사무라이(侍) 계급, 충성심을 표현하는 폐부에서 우러나온 듯한 거친 목소리가 상층 계급에서 많이 쓰였다. 이것은 지금도 일본의 역사물 속에서 보이는데 감정을 너무 과장하는 것처럼 느껴지기도 한다. TV를 보아도 우리나라에서는 무식한 사람이나 아줌마를 흉내 낼 때 어쩌다 거친 목소리가 쓰일 뿐이지만 일본에서는 여러 계층에서 거친 목소리가 자주 쓰인다.

인간의 역사에서 삶의 목표가 행복의 추구이고 물질적 풍요였듯이 물질적 풍요를 이미 달성한 사람들의 행위는 다른 사람들의 모범이 되었고 모방되었으며 유행의 기본 모티브가 되었다. 이것은 현대 사회의 유행에도 여전히 통용된다. 몇 년 전부터 우리 사회에서 유행하고 있는 명품이라는 것은 잘 사는 서구 사람이 갖고 싶어 하기 때문에 우리도 갖고 싶어 하는 것들이고, 서양 사람들이 키가 크다 보니 우리도 키 큰 사람을 선호하며 서양 사람이 얼굴이 갸름하니 우리도 갸름한 얼굴을 미인이라고 한다. 서양 사람이 상체에 비해 하체가 긴 것은 육식을 하기 때문이고 동양 사람이 하체에 비해 상체가 긴 것은 채식을 하고 소화하는 장이 길기 때문인데 이제는 우리도 하체가 긴 늘씬한 사람을 선호한다. 서양 사람이 안짱다리가 없는 것은 의자 생활을 하기 때문이고 동양 사람이 안짱다리가 많은 것은 좌식 생활을 하고 아이를 어려서 업어 키우기 때문이다. 안짱다리는 빨리 달리기가 힘들다. 걸을 때는 무릎이 벌어지고 팔八자 걸음을 걷게 되는데 요즘은 우스꽝스럽다고 할 지 모르나 옛날 조선 시대에는 사람들이 일부러 팔자걸음을 걷기도 하였다. 왜냐면 팔자걸음과 안짱다리는 어려서 가족의 사랑을 많이 받았다는 뜻이고 빨리 걸을 필요가 없는, 여유가 있는 집안이라는 간접 표현이기도 하기 때문이다.

2. 여가는 어떻게 연구되었나

과거에 여가가 특수한 지배층의 전유물이었던 관계로 과거의 여가에 대한 기술은 베블렌처럼 계급주의적 시각과 함께 이루어졌다. 그러나 산업혁명 이후 테크놀러지가 발전하고 생산성이 향상되어 여가가 이제는 누구에게나 보편화되었다.

여가는 인간 활동의 목표다. 노동을 하는 것은 노동 자체가 즐거워서가 아니고 여가를 얻기 위해서이다. 노동은 여가를 얻기 위한 수단이다. 과거에는 특수층 내지 유한계급이어야만 노동으로부터 해방된 여가를 가질 수 있었지만 오늘날은 누구나 여가를 갖게 되었다. 여가가 대중화되면서 과거에 비해 훨씬 다양한 형태로 발전하였다. 매스미디어와 대중문화도 발전하였고 스포츠도 활성화되었다. 대중 예술도 여가의 연장이며 관광산업도 여가 때문에 발전하고 있다.

최근 국내에서도 여가에 대한 연구가 많아지고 있다. 일을 많이 할 시절에는 일에 대한 책이 많이 나왔듯이 여가가 늘어나면서 여가에 대한 책이 많이 나오는 것은 당연한 일일 것이다. 여가는 시간, 활동, 마음 상태, 행위의 질, 생활 차원 등 다양한 차원에서 정의된다. 시간으로서의 여가란 생존과 필수 활동을 제외한 시간으로 볼 수 있다(이정환 · 고성호, 민수홍 · 이미정 · 최병목, 2000: 15). 자유재량시간으로서 여가를 보는 것도 여가에 대한 하나의 정의이지만, 여가를 사회적 차원으로 격상시켜 일종의 '계급 특권'으로 분석하기도 한다. 베블렌의 『유한계급론』은 유한계급이라는 특수층의 여가에 대한 구시대적 해석이고 오늘날은 일반인들의 여가를 다룬다. 『유한계급론』이 여가에 관한 특수 이론이라면 오늘날의 여가 이론들은 여가에 관한 일반 이론이라 할 수 있다.

현대 여가학은 학문적 배경에 따라 아주 다양하게 발전하고 있는데 예를 들면 사회학의 시각에서 여가와 사회의 관계, 문화, 대중 매체, 가족, 종교, 노동, 여성 등을 논의하기도 하고(이정환 · 고성호 · 민수홍 · 이미정 · 최병목, 2000: 29-76; 김진섭, 1997: 205-276; 스탠리 파커, 1995; 손해식, 2004; 최석호, 2005; 강남국, 1999; 문숙재, 2005) 자본주의와 연결지어 현대 여가의 특수성을 설명하기도 한다(크리스 로제크, 2000). 자본주의 사회의 여가 조직, 역사, 계급 등을 논하기도 하고 고전 이론가인 마르크스, 뒤르껭, 베버, 프로이드의 입장에서, 20세기의 네오마르크스주의의 차원에서 문화산업, 헤게모니, 탈산업 사회론 등 다양한 주제를 가지고 여가와 관련짓기도 한다(크리스 로제트, 2000: 25-206). 최근의 포스트모더니즘 논의를 여가에 접목시켜 규제, 무질서 등의 개념으로 여가를 설명하기도 한다(크리스 로제크, 2002).

거시사회적 차원이 아닌 미시사회학적 연구도 있는데 사회학의 상징적상호작용이론을 도입하여 개인의 상호작용, 개인과 사회의 상호작용을 설명하기도 한다(한이석, 2001: 101-112).

정치학과 행정학의 입장에서는 여가 정책, 여가 행정 등을 다루기도 하고(김성혁, 2005: 341-383; 김광득, 2003: 295-356) 교육학에서는 여가교육(조용하, 1996), 레크리에이션 지도(김경철, 1987; 김성혁, 2005: 384-401) 또는 여가와 인간발달이 다루어진다(김광득, 2003: 141-174).

다른 한편에서는 여가의 일부분인 '놀이'에 대해 생물학적, 환경적, 인지적 측면을 설명하기도 하고(Bammel, 1993: 52-70) 삶의 주기에 따른 여가 활동의 변화를 서술하기도 한다(Bammel, 1993: 212-264).

여가를 아예 실용적으로, 치료로 활용하는 치료 레크리에이션, 레크리에이션 지도자를 위한 프로그램을 개발하기도 한다(강봉화, 2002; 노용구, 2001: 163-304). 또 번창하고 있는 레저산업, 문화콘텐츠, 여가 정보산업, 만화, 스포츠 등을 다루는 책도 많으며(이장영 외, 2004: 74-223) 수험생들을 위하여 예술, 취미 생활, 여행, 역사 기행, 글쓰기, 사진 찍기를 다룬 책도 있다(편집부, 2005).

가장 구체적인 것은 안내서들로서 여행 준비, 출국 수속, 항공 여행, 해외 호텔 이용 방법, 유람선 여행, 각종 스포츠 익히기, 이벤트 만드는 법 등이다(김성혁, 2005: 95-196). 또 여가 시설과 여가 사업에 대한 자세한 안내들, 국립공원, 도립공원, 동물원, 미술관, 박물관, 테마 공원, 리조트, 카지노 등에 대한 소개도 크게 보아 여가학의 일부분이다(김성혁, 2005: 309-340).

한편, 한국적 시각에서 풍류, 축제, 난장, 풍물놀이, 음주, 화투 등을 여가학의 관점에서 기술하기도 한다(오순환 · 김대우, 2004; 박재환 · 김문겸, 1997).

3. 서양적 여가와 동양적 여가

여가에 관한 서양의 많은 문헌들을 보면서 의아스러운 점은 '여가 행위'에 대해서는 기술하고 있지만 '여가의 정신'에 대해서는 별로 언급이 없다는 것이다. 서양의 역사에서 거의 유일하게 아리스토텔레스만이 일을 떠난 여가에 의미를 부여하였었는데 여가가 있음으로써 인간은 진선미라는 높은 목표를 추구할 수 있으며 한가롭기 때문에 이성적으로 생각할 수 있으며 가장 높은 단계의 행복에 이를 수 있다(노용구, 2001: 153-4; Bammel, 1993: 26-28). 이에 비해 동양에서는 여가 활동이나 과시적 소비, 과시적 행위가 없었던 것은 아니지만 이런 행위를 바람직하게 생각하지 않는 전통이 있어왔고 그 보다는 정신적 여가, 여유로움을 갖도록 하였다.

일제 시대에 이르러 우리 사회는 서양력을 쓰게 되었고 월화수목금토의 일주일이라는 것이 정해졌으며 7일 중의 하루, 일요일이 쉬는 날로 인식되기 시작하였다. 1961년에 경제개발5개년계획이 시행되고 그 후 40년간 한국은 세계 최고의 성장률을 보이며 발전한 결과 이제는 여가가 특수층이 아니라 국민 모두에게 해당되는 시간이 되었다. 그러나 현대 한국 사회의 발전이 서양의 영향을 많이 받다보니 여가에 대한 생각도 동양적이 아니라 서양적인 것들이 어느새 많이 들어오고 있다.

언젠가 파바로티와 맥켄로가 만나 이야기를 하게 됐는데 취미 이야기를 하다 깜짝 놀랐다. 파바로티가 자기는 테니스가 취미라고 하고 맥켄로가 자기는 취미가 음악 감상이라고 하였기 때문이다. 두 사람은 어떻게 지루한 테니스와 음악을 취미로 하는지 서로 이해가 잘 안되었다. 파바로티가 재미없는 테니스를 즐겨 친다는 것이 맥켄로에게는 이해가 안 되었고 날마다 음악이라면 지겹게 듣고 연습하는 파바로티로서는 맥켄로가 음악을 즐겨 스스로 듣는다는 것이 이해가 되지 않았다.

그러나 일반적으로 정신노동에 종사하는 사람은 운동을 하면 카타르시스가 되고, 육체노동을 하는 사람은 음악, 독서와 같은 정신 활동을 하면 카타르시스가 된다. 평소에 많이 쓰는 두뇌나 근육을 쉬고 다른 부분을 쓰면 상쾌한 느낌이 드는 것이 사실이다. 그러나 이것은 어디까지나 여유롭게, 하고 싶으면 하고 하기 싫으면 그만 두어야 그런 것이지 또 다른 몰입, 목표, 스트레스가 되어서는 안 된다.

합리성과 효율성을 제일로 추구하는 서구적 사고에서는 여가 활동도 합리적이고 효율적이어야 한다. 어떤 여가 전문가는 취미 생활에 성취지향적(achievement-oriented)으로 적극적으로 몰입할 것을 권하기도 한다(이철원, 2005). 몰입하게 되면 스스로가 시간의 주인이 되는 것이고 카타르시스를 얻기 때문이라고 한다. 좋아하는 것에 몰입하고 성취해내는 것은 일에서 생긴 스트레스를 해소하고 카타르시스가 된다는 것은 어느 정도 사실이다. 몰입을 제대로 잘 하기 위해서는 준비하고 계획을 세워야 한다. 자기가 좋아하는 것, 전자 제품이건 컴퓨터건 스포츠건 야외 활동이건 또는 다른 취미 생활이건 그 분야의 정보를 수집하고 정리하고 인맥 네트워크를 형성하고 참석하고 관리한다. 말하자면 여가를 또 하나의 일처럼 '경영'하는 것이다.

여가는 다음과 같이 자유, 자기 발전, 즐거움, 세 가지 요소로 정의되기도 한다.

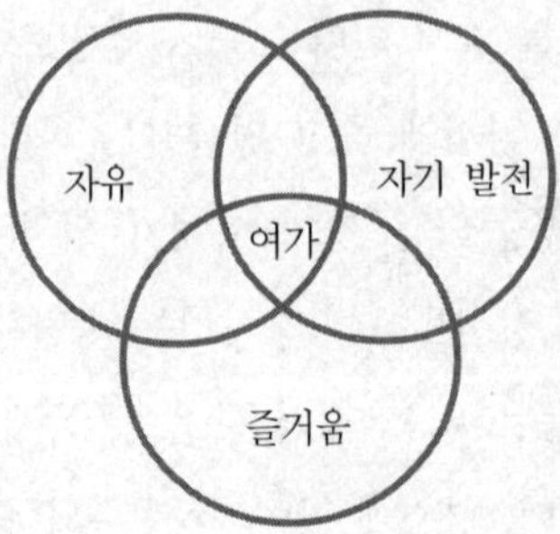

<그림 1> 노영구, 『여가학』, 대경북스, 서울, 2001, p. 77.

자유롭고 즐겁고 자기 발전도 있고… 일견, 좋은 것 같은데 미흡하다. 동양의 관점에서 보면 특히 그렇다. 자기발전을 목표로 하는 것이 여가일까? 그것은 또 하나의 과업이 아닐까? 즐거움도 마찬가지다. 즐거움을 목표로 한다면 그것은 동양적 여가는 아니다. 보기에 따라서는 '여가 경영', '여과 과업'에 가깝다. 그리고 자유의 의미를 일에서 해방된 시간으로 정의한다면 이것은 여가에 이미 전제되었던 것이다.

요즘 사람들이 여가 활동하는 것을 보면 어떤 사람들은 강박관념(obsession)에 가깝다는 생각이 든다. 현대인들은 달릴 줄만 알았지 멈출 줄을 모르며 몰입만 알았지 몰입을 어디서 멈추어야 하는지 모른다. 여가에서 몰입을 강조하는 것이 서구적인 사고방식이라면 멈춤으로서의 여가를 강조하는 것이 동양적 사고방식이다. 즉 집착하지 않음, 한가로움, 여유로움, 그침, 분리, 유리遊離, 소요逍遙의 상태이다.

옛날의 등산이 유유자적 산에 올라 자연을 둘러보고 나를 둘러보는 것이었다면, 최근의 등산은 비싼 스포츠웨어를 입고 '기록을 깨기 위해' 달리다시피 한다. 다른 사람의 기록이건 자기 기록이건 깨려고 하는데 기록이라는 것은 깨는 순간, 과거가 되고 다시 더 좋은 기록을 세우고 또 깨야 한다. 최근에 마라톤이 일반인들의 취미로 널리 퍼지게 된 것도 경쟁시대에 알맞은 운동이기 때문 아닐까? 진정한 여가 정신은 몰입/이탈을 자유로이 할 수 있어야 한다. 몰입의 가운데서도 항상 이탈할 수 있다는 여유로움을 지녀야 한다.

기술 발전으로 인간의 노동 시간은 줄어들고 여가 시간은 늘어나고 있다. 갈수록 인간은 적은 노동으로 풍요로운 삶을 누릴 수 있게 되었다. 이것은 과학을 응용한 테크몰러지와 최소의 시간과 최소의 원료로 최대의 생산물을 만들어내려는 현대적 수단 합리성(rationality)을 극대화한 결과이다. 효율성(efficiency) 추구는 현대 사회의 물질적 풍요의 원천이다.

효율성은 이제 생산 활동 뿐 아니라 소비 활동, 여가 활동에도 스며들고 있다. 인간관계, 학문, 예술, 취미에 이르기까지 현대인은 효율적이지 않으면 마음이 편치 않다. 현대인은 소극적 여가 보다는 적극적 여가, 비활동적 여가 보다는 활동적 여가, 비생산적 여가 보다는 생산적 여가를 선호한다. 여가와 생산성, 여가가 생산적이라는 것은 어불성설 같지만 생산적이지 않는 여가에 현대인은 불안해한다. 여가가 생산적이 되려면 짧은 시간에 가능한 한 많이 배우고 듣고 보고 외우고 만나고 가보아야 한다. 그러나 이것은 위에서 지적하였듯이 새로운 스트레스가 될 뿐이다.

서양의 여가가 일을 벗어나 새로운 것을 '이루는' 것이라면 동양의 여가는 일을 벗어나 일과 삶과 자연을 '관조하는' 것이다. 서양의 여가가 새로운 것을 향하여 '나아가는' 것이라면 동양의 여가는 일상의 분주함을 벗어나 한가로이 과거와 현재와 미래를 '둘러보는' 것이다.

서양의 여가가 성취지향적 여가라면 동양의 여가는 지금, 여기에, 멈춰 서서 자기의 환경, 분수와 시간에 만족하는 지족적知足的 마음 상태이다. 서양의 여가가 주어진 목표에서 효율을 추구하는 수단합리적 행위라면 동양의 여가는 주어진 공간과 시간에서 가장 이상적인 목표를 찾아가는 목적합리적 행위이다. 동양의 여가는 서양에 비해 '정적이고 관념적이고 관조적'이다(오순환, 김대우, 2004: 34).

우리 역사에도 오래전부터 큰 명절에는 음식을 먹고 노래하고 춤추는 풍습이 있었고 향가 시가가 발달하였으며 씨름, 윷, 장기, 바둑과 같은 각종 놀이, 재담, 판소리 등이 있었지만 이를 관통하는 정신은 풍류風流

라 할 수 있다. 풍류의 특징은 자유분방하고 여유로우며 탈일상, 친예술적이라고 할 수 있다(오순환, 김대우, 2004: 78-93). 풍류는 유교의 권위주의, 불교의 내세주의를 피하여 현재의 삶을 즐기는 것으로서 그렇다고 쾌락이나 이기주의에 빠지지 않고 자연친화적이고 친예술적인 행위를 말한다. 이 풍류 정신의 핵심에는 도가의 여유로움이 자리 잡고 있다.

4. 장자의 여유로움이란 무엇인가

동양의 눈으로 볼 때 진정한 여유로움은 자유건 자기발전이건 즐거움이건 이 모든 것들로부터 또 다시 자유로워지는 것이다. 불교의 공空 사상도 이것과 가깝다고 할 수도 있지만 공은 윤회, 해탈과 연결된 개념이다. 공만을 떼어내서 설명할 수 없다. 윤회, 해탈이 없이는 공은 무의미하다. 공을 제외하고 나면 동양적 여가의 정수는 노장사상이다.

> 북녘 바다에 물고기가 있으니 이름하여 곤鯤이라고 한다. 곤의 크기는 몇 천리인지 알 수 없다. 변해서 새가 되면 이름하여 붕鵬이라 하니 등 넓이가 몇 천리나 되는지 알 수 없다. 붕이 한번 힘차게 날아오르면 하늘에 구름을 드리운 것 같고 바다 바람이 일어 남쪽 바다로 날아가니 곧 천지天池이다.

『장자』의 첫 구절이다. 허황된 이야기로 볼 수도 있지만 일상의 틀, 경직된 사고에서 벗어나 자유로운 세계로의 초대문이다.

1) 일상을 벗어남

장자를 이해하는 첫 걸음은 자기의 일상에서 벗어나는 것이다. 자기의 기준, 자기의 가치, 관점 말고도 이 세상에는 무수히 많은 사람만큼이나 많은 기준과 가치와 관점이 있다. 더 나아가서 인간이 사는 이 세상에는 인간이 아닌 다른 동물이나 식물이 무수히 많으며 이것들은 제각각 따로 세상을 보며 살아가고 있다. 인간이 아닌 다른 동식물의 입장에서도 세상을 봐보면 어떨까? 허무맹랑하고 쓸모없는 생각일까?

그러나 오늘날 환경론자들은 인간과 함께 살아가는 다른 동식물의 입장에서 공평하게 세상을, 지구를 보자고 한다. 지난 해였던가? 어떤 스님은 도롱뇽이 죽는다고 고속열차 터널 공사를 죽기를 무릅쓰고 단식하지 않았던가! 그렇다면 여러 동식물의 입장에서 나의 삶을, 인간의 삶을 보면 어떨까?

사람들은 사람보다 큰 것은 크다고 하고 사람보다 작은 것은 작다고 한다. 그러나 개미는 자기보다 큰 것을 크다고 하고 자기보다 작은 것이라야 작다고 할 것이다. 기린은 크게 되면 키가 7미터인데 이 보다 작은 것은 모두 작다고 할 것이고 7미터 보다 커야 크다고 할 것이다. 그러므로 사람은 기린을 큰 동물이라고 하고 기린은 사람을 작은 동물이라고 한다. 사람은 자기보다 돈이 많은 사람을 부자라고 하고 자기보다 돈이 적은 사람을 가난한 사람이라고 한다. 자기 나라보다 잘 사는 나라를 부자 나라라고 하고 자기 나라보다 못 사는 나라를 가난한 나라라고 한다. 자기와 생각이 같은 사람을 정상적인 사람이라고 하고 다른 사람을 비정상적이라고 한다. 자기 집 보다 큰 집을 큰 집이라고 하고 작은 집을 작다고 한다. 사람보다 오래 사는 것을 수명이 길다고 하고 사람보다 빨리 죽는 것을 수명이 짧다고 한다. 그러나 하루살이는 한 나절 안에 죽는 것이라야 수명이 짧다고 할 것이며 하루를 넘겨 사는 것은 모두 수명이 길다고 할 것이다.

인간이 보기에는 비록 형편없이 좁고 옹색한 우물이지만 장자에 나오는 개구리는 자기 신세에 더 없이 만족해한다. 대부분의 인간은 자기의 공간, 시간, 몸, 생각을 기준으로 세상을 본다. 진선미와 희로애락 또한 그렇다. 자기에게 납득이 되고 옳게 생각되는 것이 진리이다. 자기에게 좋은 것이 대개 선한 것이 되고 자기 눈에 아름답게 보이는 것만을 미라고 여긴다. 인간의 일상에서 예기치 않게 특이한 사건이 일어날 때 희로애락이 된다. 통 안 보이던 사람이 나타나야 반가워하고 자기 기대가 갑자기 무너졌을 때 노여워하며 갑자기 슬픈 일이 생겼을 때 슬퍼하고 어쩌다 좋은 일이 생겼을 때 즐거워한다. 만날 보는 사람은 반가워하지 않고 기대가 무너지지 않으면 노여워하지 않으며 슬픈 일도 예기한 대로 일어나면 슬퍼하지 않고 좋은 일이 날마다 생기면 즐거워하지 않는다.

2) 관점의 상대화

장자에 이런 구절이 있다: "한 잔의 물을 마루의 패인 곳에 엎지르면 풀잎은 떠서 배가 되지만 잔을 놓으면 바닥에 닿는다. 물은 얕은데 배가 크기 때문이다."(逍遙遊) 장자의 관점이 보다 확실하게 드러나는 곳은 이 구절이다: "사람은 습한 데서 자면 허리병이 생겨 반신불수로 죽지만 미꾸라지도 그런가? 나무 위에 있으면 사람은 떨고 무서워하지만 원숭이도 그런가? … 여희는 사람마다 미인이라고 하지만 물고기는 그녀를 보면 물 속 깊이 숨고 새는 하늘 높이 날아가며 순록은 기운껏 달아난다. 이 넷 중 어느 쪽이 세상의 올바른 아름다움을 알고 있는 것일까?"(齊物論)

다른 관점에서 세상을 보고 가끔은 크고 작은 여러 동물의 입장에서 보기도 하며 때로는 상상 속에만 가능한 거대한 시간과 공간의 입장에서 나를, 지금을, 세상을 보기도 한다. 장자의 첫 구절에 나오는 곤鯤과 붕鵬의 세상이 바로 이것이다.

몸은 비록 말단 사원이지만 최고경영자의 입장에서 회사를 볼 수도 있다. 그러면 회사가 더 잘 보인다. 비록 가난하지만 부자의 입장에서 세상을 보면 부자들이 왜 그런지 세상이 왜 그런지 더 잘 알 수 있다. 반대로, 부자지만 가난한 사람의 입장이 되어보기도 하며 돈과 권력이 넘쳐나는 사람의 입장에서 돈과 권력을 보기도 하며 보통 사람이지만 대통령의 입장에서 사회 문제를 보기도 한다. 독재자의 입장이 되어보면 왜 독재가 있는지 왜 권력을 놓지 않는지 알 수 있게 된다. 가해자 피해자, 권리를 주장하는 사람 그 주장을 받아들여야 하는 사람, 매도하는 사람 매도당하는 사람, 부러워하는 사람 부러움을 받는 사람, 돈이 없는 사람 있는 사람 넘쳐나는 사람, 자식이 공부를 잘 하는 사람 못하는 사람, 우리나라 남의 나라, 관점은 끝없이 많고 하나같이 세상을 보는 눈을 넓혀준다.

『장자』에 또 이런 구절이 있다. "천하에 가을 짐승 털끝만큼 큰 것이 없고 태산은 작다."(齊物論) 짐승 털보다 작은 것이 보기에는 짐승 털도 더 없이 크고 우주에서 보자면 태산도 작은 것이다. 지금은 평화로운 세상인가 지옥과 같은 세상인가? 아니면 그저 그런, 보는 사람에 따라 다른 그런 세상인가? 이 세상을 사람의 입장에서 보는 것이 옳을까 아니면 토끼의 입장에서, 호랑이의 입장에서? 제대로 잘 사는 사람이 맞나 아무것도 없는 사람의 입장이 맞나? 부자의 입장이 맞나 민중의 입장이 맞나? 개미의 입장이 세상을 바로 보는 것일까 사람의 입자에서 보는 것이 옳을까 사람보다 훨씬 큰 기린의 입장에서 보는 것이 옳을까? 먹이의 입장에서 보는 것이 맞나 포식자의 입장이 맞나? 스님의 생각이 맞나 신도의 생각이 맞나? 이 음악이 좋은가 저 음악이 좋은가? 해가 뜨는 것이 아름다운가, 해가 지는 것이 더 아름다운가?

장자의 입장에서 보자면 물론 어느 것도 관점 중 하나에 불과할 뿐이다. 나기 때문에 그렇게 볼 뿐 다른 관점이 틀린 것은 아니다. 그렇다면 세상을 보는 많은 관점은 평등하다.

"꿈속에서 즐겁게 술 마시던 자가 아침이 되면 불행한 현실에 슬피 울고 꿈속에서 울던 자가 아침이 되면 즐겁게 사냥을 떠난다."(齊物論) 인간의 행복과 불행도 고정된 것이 아니고 시간에 따라 수시로 변한다. 그리고 기분에 따라서 같은 환경에서 즐거워하기도 하고 슬퍼하기도 한다.

경우에 따라 우리 눈에 보이는 현상은 상충적이지만 결국은 더 깊은 본질의 여러 모습일 뿐이다. "풀과 기둥, 문둥이와 서시를 비교해보면 참된 도에서는 다 같이 하나가 된다. 한쪽에서의 나누임은 다른 쪽에서는 이루는 것이고 한쪽에서의 이룸은 다른 쪽에서는 무너짐이다. 모든 사물은 이루는 것이건 무너지는 것이건 하나이다. 다만 도에 다다른 자만이 다 같이 하나임을 깨달아 사물을 평상시의 자연스런 상태에 맡긴다."(齊物論) 그렇다면 삶과 죽음도 마찬가지일 것이다: "삶을 기뻐한다는 것이미혹이 아닌지 내 어찌 알 것인가? 죽음을 싫어한다는 것이 어려서 고향을 떠난 채 돌아갈 길을 잃은 자가 아닌지를 내 어찌 알겠소?"(齊物論)

나는 누구인가?
이 질문은 서구의 지성이 지난 수백 년간 물어왔던 것이다.
그 답은 늘상 나는 이러저러한 사명을 띠고 이러저러한 사람이 되려고 태어났다는 것이다.
그러나 동양의 답은 이렇다.
"나는 아무 것도 아니다. 그리고 모든 것이다."

나는 하늘이요 땅이요 사람이요 개미요 곤이요 세상을 핍박하는 자요 핍박당하는 자요 가난한 자요 풍요로운 자이다. 하늘을 만나서는 하늘이 되고 땅을 만나서는 땅이 되고 개미를 만나서는 개미, 곤을 보고는 곤, 가난한 자를 만나서는 가난하게 되고 풍요로운 자를 만나서는 풍요로울 뿐이다. 그리고는 하늘을 보고 땅이 되고 땅을 보고 하늘이 되고 개미를 보고는 기린을 생각하고 기린을 보고는 길이가 삼천리나 되는 곤을 생각한다. 가난한 자를 만나서는 더 가난한 자를 생각하고 부자를 만나서는 아무도 꿈꾸어 보지 못한 어마어마한 부자가 되어 어여삐 여길 뿐이다. 천금보배를 보고는 재물에 치어죽은 사람을 가슴 아파하며 죽을 상을 한 사람을 보고는 그 몸이 아직 성함을 대견해한다.

삭풍을 보고는 진한 여름이 옴을 알며 턱턱 숨이 막히는 더위를 만나서는 언젠가 차가운 겨울이 올 것을 안다. 가난한 자의 얼굴을 보거든 그 자손이, 그 자손의 자손이 어느 땐가 큰 부자가 됨을 알아보고 부자를 만나거든 가난에 쪼들리는 손자를 본다.

"인간다운 삶을 보장하라!"고 외치는 사람을 만나서는 그가 집에서는 종횡무진 폭군임을 알아보고 "몇 대조 할아버지 벼슬이…." 자랑하는 사람을 보고는 그 할아버지 목이 겨우겨우 붙어 있었음을 알아본다. 세상 불평을 늘어놓는 사람을 보고는 저승 간 사람을 생각하며 저승에서 사람을 만나서는 이승을 그리워한다.

나는 누구인가?

내가 이런 저런 사명을 띠고 태어났건, 될 운명이건, 그것은 모두 사람이 지어낸 말이고 내가 그렇게 생각할 뿐이다.

3) 소요유逍遙遊

관점의 평등화를 이룬 다음에는 자유로운 정신으로 소요하는 것이 가능해진다. 이를 장자는 도추道樞라고도 하고 양행兩行이라고도 한다. "삶이 있으면 반드시 죽음이 있고 죽음이 있으면 반드시 삶이 있다. 된다가 있으면 안 된다가 있고 안 된다가 있으면 된다가 있다. 옳다에 의거하면 옳지 않다에 기대는 셈이 되고 옳지 않다에 의거하면 옳다에 의지하는 셈이 된다. 그래서 성인은 그런 방법에 의하지 않고 그것을 자연의 조명에 비추어 본다. 그리고 커다란 긍정에 의존한다. 거기서는 이것이 저것이고 저것 또한 이것이다. 또 저것도 하나의 시비이고 이것도 하나의 시비이다. 과연 저것과 이것이 있다는 말인가. 저것과 이것이 없다는 말인가. 저것과 이것이 그 대립을 없애버린 경지, 이를 도추道樞라고 한다.… 그러므로 성인은 시비를 조화시키고 자연의 균형, 천균天鈞에 쉬는 바 이것을 일러 양행兩行이라고 한다."(齊物論)

사람이 만나면 논쟁을 하는 경우가 많은데 장자의 생각으로 보자면 절대적 진리의 확인은 불가능하다. "나와 당신이 논쟁을 한다고 합시다. 당신이 나를 이기고 내가 졌다면 당신이 옳고 내가 틀린 걸까요? 내가 이기고 당신이 졌다면 내가 옳고 당신이 틀린 걸까요? 한 쪽이 옳고 다른 쪽이 틀렸을까요. 아니면 둘 다 옳을까요 둘 다 틀렸을까요? 이것은 나도 당신도 알 수가 없소."(齊物論)

또 몸과 감각이 허망함을 알아 더 깊은 진리를 추구하기도 한다. "안회가 말하기를 '감히 심재心齋를 묻습니다' 하니 중니가 이르기를 '일지一志, 뜻을 한 가지로 하여라. 귀로 듣지 말고 마음으로 듣고 마음으로 듣지 말고 기로 들어라. 귀는 소리를 들을 뿐이고 마음은 밖에서 들어온 것에 맞추어 깨달을 뿐이지만 기란 허虛하여 무엇이나 받아들인다. 참된 도는 허에 모이니 이것이 심재니라."(人間世)

그러므로 장자는 지식에 매달리지 말 것을 말한다. "그러므로 성인은 마음을 자유로이 노닐며 지식을 화의 근원으로 여기고 예의 규범을 갖풀로 생각하며 도덕을 교제의 수단으로 알고 기교를 장사 솜씨로 여긴다."(德充符)

이런 소요유의 경지는 인간이 말하는 소위 정(情)이 없다. "유인지형有人之形이요 무인지정無人之情이라."(德充符) 사람의 형체가 있으나 사람의 정이 없다… 내가 정이 없다고 한 것(無情者)은 사람들이 좋아하고 미워하는 것으로써 스스로의 몸속을 해치지 않고 항상 자연에 따르면서 삶을 덧붙이지 않는 것이다."(德充符)

소요유는 인간 세상을 벗어나 고고하게 사는 것이 아니라 나의 지식의 한계를 알기 때문에 인간과 자연을 있는 그대로 받아들이고 여기에 순응

한다. “자연의 변화를 따라 무엇이든 되고 미지의 변화를 기다릴 뿐이다.”(大宗師)

장자는 허무주의자가 아니다. 오히려 삶과 죽음, 일과 여가, 집착과 초연, 두 세계를 인정하고 왕복하며 자유롭게 소요하는 것이다. 삶도 죽음도 부정하지 않으며 오히려 삶과 죽음 모두에게 격에 맞는 의미를 주고자 할 뿐이다. 우리는 너무 살려고만 하는 것이 아닐까? 그리고 때로 삶의 희망이 툭 꺾였을 때, 죽음에게 너무 쉽사리 한꺼번에 자리를 내주는 것은 아닐까? 삶과 죽음이 존재의 양면이라면 삶과 죽음을 공평하게 생각해야 하는 것 아닐까?

장자가 생각하는 것은 이렇다. 삶에 의미가 있듯이 죽음에도 의미가 있다. 장자가 말했다. “혹시 우리가 죽어서 죽기를 잘 했다고 생각하게 될지… 누가 알리요.” 그러나 사람은 삶을 바라고 죽음을 끔찍해한다. 그리고 살아있는 동안에는 이리저리 끊임없이 움직인다. 어디로 가는 걸까, 왜 그러는 걸까, 무엇이 이리로 저리로 왔다갔다 하게 하는 것일까?

> 곁 그림자가 그림자에게 물었다.
> “당신은 아까는 걷더니 지금은 멎고 아까는 앉더니 지금은 일어나 있소. 어째서 일정한 절도가 없는 거요?”
> 그림자가 대답했다.
> “내가 기대고 있는 것을 따라서 그러는 걸까요? 그러면 내가 기대고 있는 것도 다시 무엇엔가 기대고 있겠지요. 내가 뱀 허물이나 매미 날개에 기대고 있는 걸까요? 어째서 그런지 또 어째서 그렇지 않은지 알 수가 없소.”(齊物論)

곁그림자(罔兩)는 그림자 가장자리에 생기는, 즉 그림자와 햇빛 사이에 걸쳐있는(兩) 있으나마나 한(罔) 엷은 그림자이다. 그림자의 그림자인 셈이다. 곁그림자는 항상 그림자를 따라다닌다. 그러다가 문득 의문이 들었다. 그림자가 왜 걷다 서다 앉다 일어서다 하는지? 그러나 그림자 또한 자기가 따라 다니는 물체가 왜 걷다 서다 앉다 서다 하는지 알 수가 없다. 그저 따라 할 뿐이다. 그림자가 따라다니는 것이 뱀 허물이나 매미 날개처럼 하찮은 것인지도 알 수 없다. 그런데 그것이 뱀 허물이나 매미 날개라면 그것은 또 무엇을 따라서 이리저리 움직이는 걸까?

이 구절에 대해 술장파, 장자를 연구했던 감산을 비롯한 지금까지의 학자들은 장자가 말하고자 하는 것은 인과관계의 모호성, 모든 존재의 독립성을 말하는 것이라고 해왔지만 필자가 판단하기로는 곁그림자가 그림자를 따라다니고 그림자가 뱀허물이나 매미 날개를 따라다닌다는 설정이 이미 강한 인과관계를 뜻한다고 보아야 한다. 장자가 결국 말하고자 하는 것은 우리의 행위가 아주 사소하고 시시한 것에 의해 촉발된다는 것이라고 판단된다. 장자에 대한 많은 해설서 가운데 석인해石仁海만이 필자와 같은 풀이를 하고 있다(石仁海, 1991).

뱀 허물과 매미 날개는 뱀의 몸, 매미 몸을 따라 움직일 것이다. 그렇다면 이 몸들은 다시 무엇을 따라 오늘은 이리로 내일은 저리로 아까는 앞으로 지금은 옆으로 왔다 갔다 하는 것일까? 그것은 아마도 욕심일 것이다. 보고 싶은 욕심, 듣고 싶은 욕심, 먹고 싶은 욕심, 등등… 그러면 다시 욕심은 무엇을 좇아서 왔다 갔다 하는 것일까?

물음이 여기에 이르면 더 이상 답이 없다. 그러나 한 가지 알 수 있는 것은 욕심이 행동의 근본 근원이 된다는 것이다. 따라서 부질없는 행동들, 저녁에 즐겁게 술을 마시던 자가 아침이 되면 후회하고, 아침에 용감하게 전장에 나간 자가 저녁에 부상을 입고 후회하였는데 다음 날 큰 상을 받고는 다시 만족해하는 그런 것들의 근원을 통제하자면 욕심을 통제하는 수밖에 없다. 존재 자체에서 우러나는 욕심, 하욤(爲)의 욕심, 시공을 채우려고 하는 욕심, 자기를 채우려고 하는 욕심이다.

장자의 소요유逍遙遊의 세계는 세상 밖에서 살려는 것이 아니고 단지 마음이 노니는 것이다. 무궁한 우주를 날아다니며 노니는 것이다. 정신적인 자유의 체험이다. 그것은 인간이 만들어낸 갖가지 가치와 목표를 잊는 것이기도 하다.

공자의 제자 안회가 공자를 찾아와 말했다.
"공부에 진전이 있었습니다."
"무슨 말인가?"
"인仁과 의義를 잊었습니다."
"좋구나. 그러나 아직 아니다."
며칠이 지나 다시 안회가 왔다.
"저는 예악을 잊었습니다."
"좋구나. 그러나 아직 아니다."
며칠 후 다시 안회가 와서
"저는 좌망坐忘하였습니다." 하니 공자가 비로소 크게 칭찬하였다.

좌망이란 '총명함을 떠나고 지혜를 버려서 대통大通에 같아지는 것'이다. 신체와 정신 모두를 잊고 도와 합일하는 것, 곧 우주 만물과 합일하는 것이다.

장자는 '귀로 듣지 말고 마음으로 들어라. 마음으로 듣지 말고 기氣로 들어라'(『莊子』「人間世」)고 하였다. 귀로 듣지 않는다는 것은 청각에만 의존하지 말고 마음으로 오감을 다 다스려 다 연다는 것이고 마음으로 듣지 않는다는 것은 마음이 가지고 있는 분별, 선호마저 버려서 사물이 오고가는 것을 그대로 놓아두어 그대로 느낀다는 것이다. 이러한 것을 심재心齋라고 표현하는데 마음을 사물에 맡기니 마음이 안정되고 초연할 수 있다.

장자의 자유는 무심무정無心無情으로도 표현되는 데 무심은 아무 것도 생각하지 않고 염려하지 않는 것이고 무정은 좋아함이나 싫어함이 없는 것이다.

> 혜자가 장자에게 "사람은 원래 정이 없는가?"하고 물었다.
> "그렇다"
> "사람이 어찌 정이 없을 수 있는가?"
> "무정無情이라고 하는 것은 호오好惡의 감정 때문에 스스로의 본성을 상하게 하지 않고 항상 자연에 따르며 생에 무엇을 더하지 않는 것을 말한다."

무정은 감정을 초월하여 모든 것을 자연에 맡기는 것이다. 장자의 이러한 세계는 일견 세계를 초탈하는 것 같지만 장자가 의도하는 것은 일상의 다양한 욕구로부터 자유로워지라는 것이고 관조해보라는 것이다. 이러한 자세가 되어있어야 진정한 의미의 '여가'를 누릴 수 있다.

아리스토텔레스에게 인간은 여가가 있기 때문에 진선미를 추구할 수 있으며 수양할 수 있다. 여가는 자유와 수양을 가능하게 한다. 이에 비해 장자의 '무심무정'의 마음 상태는 마음의 일정한 지향 및 상태를 뜻한다는 점에서 구체적이다. 그리고 이것은 일과 세상을 바라보는 전체적인 시각으로 곧장 확장된다는 점에서 아리스토텔레스의 정의와 다르다. 아리스토텔레스에 있어서 여가란 일상 가운데 특정한 상태, 일에서 해방되고 정신이 자유로운 일시적 상태를 뜻하지만 장자의 소요유와 여유로움은 삶을 보는 전체적인 시각이다.

5. 왜 지금 장자인가

소요유逍遙遊는 동양문화에서 여유로운 마음의 극치다. 천지간에 한가로이 노닌다는 의미다. 무심무정無心無情, 좌망坐忘은 소요유를 위한 조건이다. 소요유는 외견상 무정향無定向으로 보이지만 특정한 마음을 지향하기 때문에 실상은 장자 사상이 제시하는 또 하나의 정향定向이라고 할 수 있다. 그래서 장자의 소요유가 이중 구조이고 모순이라고 한 이종성의 지적은 옳다(이종성: 164-186).

역설적이게도 장자가 정향을 극구 부정함에도, 그리고 부정할수록 그것은 다시 정향이 된다. '얼굴은 죽은 듯 하고 마음은 불 꺼진 재와 같다'는 도인의 상태, 모든 욕심, 의욕, 도덕, 지향을 저버린 도인은 그러나 장자가 목표로 하는 새로운 지향점이다.

무정향이 다시 정향이 된다고 해서 장자의 가치가 사라지는 것은 아니다. 장자가 진정 목표로 하는 세계는 정향과 무정향을 자유로이 넘나드는 '절대 자유'의 세계이기 때문이며 현실의 삶과 이상의 세계를 동시에 아우르는 것이며 삶의 좁은 울타리에서 벗어나 인간의 욕정과 지향, 그리고 세상마저 관조하는 것이기 때문이다. 그래서 장자는 결혼해서 살고도 부인이 죽었을 때 노래를 부를 수 있었다. 장자의 지식에 대한 부정, 무지無知의 세계는 처음부터 지식과 분별지를 전제했던 것이며(이종성: 164-186), 지식과 무지는 '서로를 위해, 항상, 동시에' 존재해야 한다.

"절학絶學이면 무우無憂니라", 배우는 것을 끊으면 근심이 없다고 노자는 말하였다. 그러나 하늘이 무너질까 걱정하는 것을 기우杞憂라고 한다. 아는 것이 없는 사람은 마음이 편해지는 것이 아니라 기우가 많아진다. 무지는 한없이 많은 두려움과 공포를 만들어 낸다. 무지한 사람일수록 세상이 음모라고 본다. 현실로부터 자유로워지기 위해서는 지식이 필수적이다. 현실을 정확히 아는 자만이 진정으로 현실로부터 자유로울 수 있는 것이다. 그러기 위해서는 작은 지식과 큰 지식을 구별할 줄 아는 지혜가 필요하며 꼭 필요한 지식과 덜 필요한 지식을 구분할 줄 알아야 한다. 소요유는 지식의 사슬에서 가장 위에 위치한 지식이다. 그러기 때문에 소요유는 그냥 한가히 노니는 것이 아니라 가장 높은 지식이기 때문에 한가로운 것이다.

이런 의미에서 실존 철학적 관점에서 여가를 논의하였던 것들(한이석, 2001: 73-84)과 연결될 수 있다. '여가는 진정한 실존이다'는 명제는 참된 자아, 실존에 대한 탐구이며 인간이 모든 것으로부터 자유로워졌을 때 진정으로 목표로 하는 것일 수 있다.

이런 모든 논의들이 지향하는 점은 분명하다. 활동 중심의 서구적 여가관이 우리 사회에 번져가고 있는 이 시점에서 숨 가쁘게 해대는 여가를 잠깐 멈추고 세상을 바라보는 수준을 높임으로서 '마음의 여가'를 돌이

키자는 것이다. 여가란 원래 한가로이 하는 것이지만 우리 사회에서 여가는 갈수록 바빠지고 있다. 인터넷은 원래 정보를 얻는 도구지만 취미로 여가에 이런 저런 사이트를 들락날락하다 보면 인터넷의 즉시성에 익숙해지고 그러다보면 '기다림'을 고통스러워하게 된다. 등산하는 사람들은 분초를 다투어 산을 올라갔다 내려왔다 하며 낚시 하는 사람도 옛날처럼 푸른 솔이 우거진 강가에 긴 낚싯대를 드리우고 강 위에 어린 흰 구름 그림자를 바라보며 어심魚心과 이야기하는 그런 한가한 낚시가 아니라 서양에서 도입된 인조 미끼 루어를 갈아 끼워 가며 릴을 던졌다 감았다를 반복한다. 오늘날의 낚시는 자연과 물고기과 대화하는 것이 아니라 물고기를 공략하는 것이다. 낚시꾼은 미리 원하는 어종을 정하고는 거기에 맞는 포인트를 찾고 루어를 바꿔가며 공략한다.

마라톤을 하는 사람은 달릴 때마다 시간에 신경을 쓴다. 어쩌다 한가로이 국내 관광을 하게 되면 가이드가 들려주는 역사 지식을 머리에 넣기 바쁘다. 우리 사회의 저명한 고미술학자가 말했다: "아는 만큼 보인다"고. 그래서 그냥 보러갔는데 알아야 한다고 이것저것 하루 내내 넣어준다. 박물관, 미술관도 마찬가지다. 과거의 삶을 느껴보려고 찾아갔는데 생소한 명칭과 격식들을 제사를 지내는 듯한 경건함으로 소개해준다. 이런 것들이 과거를 더 화석화化石化시키고 있는 것은 아닐까? 미술관은 더 심하다. 이해도 되지 않는 이상한 작품에 대해, 그리고 화가에 대해 거의 신성시하는 태도다.

요즘 해외여행 바람이 불더니 제대로 하는 사람들은 테마 여행이라고 해서 또 다른 지식 탐구 순례 여행을 한다. 청소년 중에는 매니아라고 해서 자기가 좋아하는 기계에 대해 모든 것을 알고 테스트하고 문제점을 밝히곤 하는데, 저래 가지고 재미가 있을까 싶다. 요즘은 놀이도 그냥 한가로이 목표 없이 노는 것이 아니라 이벤트로 꾸며 행사처럼 치른다. 이렇게 해야 사람들은 '소득이 있었다'고 만족해한다. 노인들을 위한 이런 저런 프로그램들도 역시 정해진 시간, 장소, 스케줄, 순서에 맞춰 진행되는 또 하나의 일이 되곤 한다. 노인을 위한 가장 좋은 프로그램은 한가롭고 여유롭고 세상을 관조하는 소요유逍遙遊의 마음, 가장 높은 단계의 지식, 곧 지혜를 갖게 하는 것일지 모른다.

2004년 7월부터 주5일제가 시작되었다. 우리 사회에 변화가 일어나고 있다. 이 변화는 앞으로 더 커질 것이다. 주5일제란 단순히 근로 시간이 짧아지는 것을 넘어서 비근로 시간이 늘어나는 것이고 여기서 파생되는 새로운 인간관계, 사회 활동, 사회 제도, 문화 등 미시적이고 거시적인 변화를 몰고 온다. 늘어난 여가를 어떻게 보낼 것인가? TV를 볼 것인가, 옛날처럼 부족한 잠을 자는 데 쓸 것인가, 스포츠나 문화 관람을 할 것인가 아니면 가족과 함께 여행을 갈까? 가족과 함께 보내는 시간이 늘어나니 가족 관계의 질 또한 변하게 된다. 애들 과외 수업을 직접 가르칠 수도 있으며 같이 나들이하거나 애들과 등산, 자전거 타기를 같이 할 수도 있다. 밤낮으로 회사를 위해 일하는 가장의 모습이 어느덧 토요일 일요일 이틀은 가족과 알뜰한 시간을 보내는 가장으로 바뀌게 되고 회사를 위해서 일하는 전통적 가장의 상이 가정을 삶의 중심에 두는 새로운 가장으로 바뀌어 간다. 여가가 이틀로 늘어나니 최근에 개통된 고속철, 고속화 도로를 타고 서울에서 멀리 떨어진 강원도나 전라도에까지 관광객이 몰려 지역 경제에 보탬을 주고 있다. 2000년대에 불기 시작한 휴양림, 펜션 바람도 더 지속될 것이다.

요즘 지방자치단체에서 벌이는 많은 축제와 문화 행사들도 우리 사회의 이러한 변화와 무관하지 않다. 그러나 무엇보다도 눈에 띄게 늘어난 것은 해외여행으로서 올 한해 해외여행자 수가 천만 명을 돌파하였다. 또 주말을 이용한 단기 해외여행이 20, 30대를 중심으로 선풍적 인기를 끌고 있다.

주당 근로시간을 정하는 것이 정책 결정의 문제이고 시기를 임의로 선택할 수 있는 문제기는 하지만 거시적으로 보면 노동 시간을 줄이거나 여가 시간을 늘리는 것은 결국 사회의 생산성으로 결정된다. 인간은 생산하는 만큼 소비할 수밖에 없다. 생산과 무관하게 소비를 늘리거나 근로시간을 줄일 수는 없는 것이다. 주당 근로시간이 줄어든다는 것은 거시경제적으로 볼 때, 현재의 소비 수준에 만족하고 있으며 더 이상의 생산활동과 추가 소비가 흥미를 끌지 못하고 있다는 반증이다. 추가로 이루어지는 한계 노동, 그로 인해 가능해지는 추가의 소비가 추가의 생산을 자극할만한 유인이 되지 못하고 있다.

우리의 역사에 있어서 한계 생산과 한계 소비가 마주친 것은 처음이다. 단군 이래, 그리고 1960년대 이후 지금까지 40여년에 걸치는 숨 가쁜 경제 성장 과정에서 우리는 더 많은 생산, 더 많은 소비에 항상 굶주려 왔다. 오늘날처럼 인간이 풍요와 여가, 두 가지를 모두 누리게 된 것도 처음이다. 사람에 따라서는 구석기 시대에 인간의 노동 시간이 주당 서너 시간으로 제일 짧았다고도 하지만, 하려고 해도 할 일이 없어 하릴없이 시간을 때우거나 굶주림에 떠는 시간이 대부분이었을 것이다.

지금은 굶주림과 영양 부족이 문제가 아니라 영양 과다 섭취와 비만이 오히려 더 큰 사회 문제가 되고 있다. 인제대학교 가정의학과 오상우,

윤영숙 교수팀이 국민건강보험공단의 2001-2003년 건강검진 자료를 이용하여 소득·지역별 비만특성을 연구한 결과를 보면, 우리나라 남자와 여자 모두 비만 환자가 늘고 있다. 남성의 경우 소득이 많을수록 비만이 많고 저소득층과 최고소득층의 비만율 차이는 2~3%포인트에 그쳤다. 특이한 것은 소득이 낮거나 시골지역에 사는 여성들이 비만 문제가 더 심각한 것으로 나타난 점이다. 여성의 경우는 건강보험료 2만원 이하를 내는 저소득층 여성들이 25.3%로 보험료를 10만원 이상 내는 고소득층 여성들 20.3%보다 5%가 높다. 또 남성은 주거지역 분류에 따라 비만이 큰 차이가 없지만, 여성의 경우는 광역시, 시, 군으로 갈수록 비만 환자가 증가했다. 군 지역에 거주하는 여성들은 광역시에 거주하는 여성들보다 비만율이 5% 가량 높게 나타났다(http://news.media.daum.net/edition/life/200511/29/kukinews/v10939217.html).

비만이 많아지는 것은 우리가 이미 알고 있다. 그리고 여성들이 비만이 많은 것은 남성보다 활동량이 적기 때문일 것이다. 그러나 저소득층과 농촌 지역이 비만이 더 높다는 것은 새로 밝혀진 사실이다. 그것은 활동이 적어서가 아니라 이 여성들이 도시 고소득 여성처럼 비싼 저지방 음식을 사먹지 못하며 레크리에이션이나 몸매 가꾸기에 돈과 시간을 들이지 않기 때문일 것이다.

비만은 신체적 상태를 말하지만 그것은 또한 사회적 현상이기도 하다. 비만이 건강에 좋지 않다는 사실마저 20세기 후반에 이르러서야 밝혀진 것이고 이전 사회에서는 동양이건 서양이건 모두 비만을 건강한 사람의 징표로 보았다. 비만은 또 귀중한 사회적 자산, 즉 개인이 사회적으로 평가받는 자질의 하나였다. 잘 생긴 외모, 큰 키 등과 함께 뚱뚱한 사람은 사회적으로 우대받았다. 뚱뚱하다 보면 피부가 늘어나 더 희게 보이는데 이것 역시 부러움의 대상이었다.

주5일제가 정착되면 주당 근로 시간은 계속 줄어들 것이다. 1980년에 51.6시간이던 근로시간은 2002년에는 46.2시간으로 줄어들었으며(오순환 김대우, 2004: 276) 곧 40시간을 돌파하고 언젠가는 30시간대로 하향 낙하할 것이다. 그러면 서구처럼 수요일은 오전 근무만 하게 될 것이다. 물론 이런 전망은 우리의 생산성이 세계 다른 나라에 비해서 계속 상승한다는 것을 전제할 때만 가능하다. 생산성이 뒷받침되지 않으면서 근로시간을 줄이는 것은 삶의 질적 저하를 가져올 수밖에 없다.

여하튼 과거에는 귀족이나 양반에게만 가능하던 여가가 이제는 모든 사람들에게 주어지고 있다. 그리고 여가 시간이 늘어나면서 여가의 종류도 변하고, 욕구와 만족/불만족도 따라서 변한다. 근로 시간이 길던 시대에는 여가 시간에 잠을 자거나 휴식을 취하고 TV를 시청하는 정도였지만 소득이 올라가면 적극적 여가 활동으로 바뀐다. 주말이나 휴일의 여가 활용방법(복수 응답)을 보면 2000년에 비해 2004년에는 TV 시청이 62.7%에서 56.7%로 6%가 줄었다. 아직 문화 예술 관람이라든가 스포츠 관람, 스포츠 활동, 가족과 함께 보내는 활동은 별로 변화가 없는 가운데 유독 컴퓨터 게임과 PC통신이 12.5%에서 18.9%로 6% 가량 늘어났다(통계청, 2005: 222). 그 이유는 경제적 부담이 제일 적기 때문이다.

여가가 늘어났지만 만족보다는 불만족이 더 많아졌다. 만족은 2000년에 비해 31.6%에서 27.3%로 줄었고 불만족은 68.4%에서 72.7%로 늘어났다. 불만족의 이유는 경제적 부담(52%) 때문에 다른 여가 활동을 못하기 때문이다. 즉 여행이나 나들이, 골프, 스포츠 활동을 하지 못하고 있다는 뜻이다.

소득이 올라가고 주5일제 근무가 보편화되면 사람들은 적극적이고 '경제적 부담이 되는' 여가 활동을 하게 된다. 여행이나 스포츠 같은 것이다. 1996년에는 국내관광여행자가 전체 국민의 61.6%였지만 IMF 영향으로 2000년에는 58.2%, 2004년에도 58.4%로 줄어들었다. 대부분의 국내여행자(78.8%)가 불편한 점이 있다고 하고 있으며, 그것은 주로 교통 불편(24.5%)과 바가지요금(23.0%)이다(통계청, 2005: 240). 이를 뒤집어 말하면, 국내의 지자체가 경쟁적으로 벌이고 있는 국내 관광객 유치에 있어서 가장 중요한 점도 바로 이 두 가지라고 하겠다. 관광객 유치는 먼저 그 지역이 관광객을 끌어들이는 유인 요인, 즉 뛰어난 자연 경관, 문화재, 문화 행사 또는 놀이 시설 등이 있어야하나 사람들이 두려워하는 것은 교통 불편이라던가 막상 갔을 때 바가지요금을 쓰지 않을까 하는 걱정이다. 요즘 들어 전국적으로 도로망이 계속 확충되고 있으므로 가장 빠르고 쉽게 오갈 수 있는 방법을 홍보하는 것이 필요하며 바가지를 방지할 수 있는 방법, 예를 들어 요금 상한제 그리고 불만 신고제 등을 마련하고 홍보하는 것도 필요하다.

국내 관광객이 어떤 곳을 왜 가는가도 흥미로운 주제인데 관광 명소가 1.14회, 온천장이 0.74회, 놀이 공원이 0.66회이다(통계청, 2005: 261). 이를 다시 뒤집어 말하면, 국내 관광객을 끌어들이는 황금률은 관광할 만한 명소를 가져야 하고 주변에 온천장과 놀이 공원을 갖추어야 한다는 것이다.

여가 활동 중에 문화 예술 및 스포츠 관람은 어떤 변화를 보일까? 1996년, 2000년, 2004년 사이에 공연장, 전시장, 스포츠 관람 인구는

44.4%, 39.9%, 51.0%로 늘었지만, 흥미로운 사실은 영화와 같은 공연장 관람자는 늘어난 반면 미술관 같은 전시장의 관람자, 특히 스포츠 관람자가 대폭 줄었다는 것이다(통계청, 2005: 264-5).

전통 문화에 대한 관심 또한 줄어들고 있다. 전통 예절이나 민속놀이, 음악, 의상에 대한 관심이 전반적으로 줄어들고 있는 가운데 유독 전통 식품에 대한 관심만 20.6%에서 27.1%로 증가하였다(통계청, 2005: 270-1). 지역의 문화 행사에 참여한 경험도 줄어들고 있는 실정이다.

국내 여행이 줄어든 반면 해외여행은 거의 폭발적으로 늘고 있다. IMF 직전 1996년에는 한번이라도 해외여행을 한 사람의 비율이 6.5%였고 2000년에는 IMF의 후유증으로 5.9%로 떨어졌다가 2004년에는 10.2%로 급증하였다(통계청, 2005: 252). 거의 두 배의 증가이다. 해외여행의 목적은 대부분 관광(67.1%)이었다. 최근 10년간의 경향을 전체적으로 볼 때 소극적이거나 비활동적 여가는 줄어들고 적극적 여가가 늘었는데 해외 관광이 특히 폭발적으로 늘었다.

> 사람이란 시간을 갖고 싶어 하다가 가진 다음에는 채우려 하고 공간을 갖고 싶어 하다가 가진 다음에는 역시 채우려 하느니라(일표, 2003: 21).

여가로 인해 생긴 시간과 공간을 사람을 무언가로 채우려 한다. 그것도 현대 사회에서는 바쁘게 즉시 꽉 채우려 한다. 여가가 늘어나니 관심이 늘어나고 책들이 쏟아져 나오고 있고 어려운 이론서부터 쉬운 안내서에 이르기까지 그 수준도 다양하고 대상도 노인, 여성, 일반인, 회사원, 학자 등 다양하다. 그러나 큰 조류는 역시 서양적인 '여가의 경영'이다.

여가가 폭발적으로 늘어나고 있지만 여유로움은 오히려 사라지고 있다. 장자를 빌어 동양의 여유로움을 되새겨 본 것은 쫓기는 여가를 여유롭게 하기 위해서이다. 나아가 현대의 여가 학문이 여가 시간에 대한 학문일 뿐이라는 점을 지적하고, 삶 전체를 관통하는 세계관, 사고방식으로서 장자의 여유로움을 제시하는 것이다.

삶에, 일에, 여가에 쫓기는 현대인들을 치료하기 위해서는 여가를 늘리는 것으로는 부족하다. 삶에 대한 관점을 바꾸어야 한다. 앞으로 노동 시간이 더 줄어들수록 그리고 여가 시간이 더 늘어날수록 절실해질 문제이다. 과거에 인간이 삶을 노동 시간으로, 즉 얼마나 일을 많이 했나로 측정하였다면 앞으로는 여가 시간으로, 즉 얼마나 여가롭게 살았나로 측정하게 될지도 모른다. 과거에는 노동 시간을 제외한 시간은 노동을 계속하기 위해 먹고 쉬고 자는 시간이었다. 그러나 노동이 최소화되고 생존에 필요한 물질적 획득에서 해방된 인류에게 앞으로는 삶의 질이 더 중요하게 부각되어 오고 있다.

몇 년 전부터 불기 시작한 '웰빙' 바람도 그런 변화의 시작이다. 웰빙은 양적 삶이 아니라 질적 삶을 추구한다. 많이 먹는 것이 아니라 질 좋은 음식을 몸에 맞게 먹는 것이고 비싸고 큰 집에서 사는 것이 아니라 건강에 좋은 쾌적한 집에서 사는 것이며 비싼 가구를 늘어놓는 것이 아니라 정신적 풍요를 만끽할 수 있게 여유롭게 실내 장식을 하는 것이다. 돈을 많이 버는 것이 목표가 아니라 정신적으로도 풍요로운 삶을 사는 것이 목표다.

과거에는 여유와 여가를 얼마나 양적으로 많이 가졌나하는 것이 문제였고 유한계급이 되어서는 이런저런 소비와 행위로써 과시하였다면 앞으로는 여가 시간 뿐 아니라 삶 전체를 얼마나 여유롭게 살았나하는 질적인 판단이 삶의 중요한 기준이 되어가고 있다. 현재의 웰빙 문화 속에 단순, 소박이 깃들어 있고 웰빙족의 소비 행태가 과거 유한계급의 과도한 과시적 소비와 다른 것도 이 점 때문이다. 삶의 추가 노동에서 여가로 옮겨가면서 여가에 대한 시각 뿐 아니라 삶 자체에 대한 시각이 변하고 있다.

참고문헌

감산대사 주역, 송찬우 옮김, 『장자선해』, 세계사, 1991

강남국, 『여가 사회의 이해』, 형설출판사, 1999

강봉화, 『여가론과 레크레이션의 이해』, 보경문화사, 2002

김경철, 『여가와 레크레이션』, 보경문화사, 1987

김광득, 『21세기 여가와 현대 사회』, 백산출판사, 2003

김성혁, 『현대 사회와 여가』, 형설출판사, 2005

김진섭, 『현대 여가의 이해』, 대왕사, 1997

노영구, 『여가학』, 대경북스, 서울, 2001

로버트 앨린슨 지음, 김경희 옮김, 『정자: 영혼의 변화를 위한 철학 - 장자 내편 분석』, 그린비, 2004

리우샤오간 지음, 최진석 옮김, 『장자 철학』, 소나무, 1998

모로하시 데쓰지 지음, 조성진 옮김, 『장자 이야기』, 사회평론, 2005

문숙재 외, 『여가 문화와 가족』, 도서출판 신정, 2005

박재환·김문겸, 『근대 사회의 여가 문화』, 서울대학교 출판부, 1997

石仁海 역해, 『장자』, 일신서적, 1991

손해식 외, 『현대 여가 사회의 이해』, 백산출판사, 2004

스탠리 파커 지음, 이연택 민창기 옮김, 『현대 사회와 여가』, 일신사, 1995

여가 레크레이션의 이해 편찬위원회, 『여가 레크레이션의 이해』, 경북대학교 출판부, 2001

오순환, 김대우, 『한국의 여가 문화』, 일신사, 2004

이강수, 『노자와 장자: 무위와 소요의 철학』, 도서출판 길, 1997

이장영 외, 『여가』, 일신사, 2004

이종성, 『장자 지식론의 이중 구조와 모순 융해적 회통의 논리』, 동서철학연구, 31: 164-186

이정환 · 고성호 · 민수홍 · 이미정 · 최병목 옮김, 『여가사회학』, 도서출판 그린, 2000
이철원, 『여가를 경영하라』, 도서출판 이치, 2005
일표, 『별유천지』, 예문서원, 2003
장자 지음, 안동림 역주, 『장자』, 현암사, 1992
조용하, 『사회 교육과 여가: 여가 교육학 서설』, 교육과학사, 1996
최석호, 『한국 사회와 한국 여가』, 한국학술정보, 2005
크리스 로젝 지음, 김문겸 옮김, 『자본주의와 여가 이론』, 일신사, 2000
크리스 로젝 지음, 최석호 이진형 옮김, 『포스트모더니즘과 여가』, 일신사, 2002
통계청, 『사회통계조사보고서』, 2005
편집부, 『여가와 삶』, 예하미디어, 2005
한이석, 『여가사회학』, 형설출판사, 2001
한흥섭, 『장자의 예술 정신』, 서광사, 1999
Bammel 저, 하헌국 역, 『여가와 인간행동』, 백산출판사, 1993
Figes, Orlando, *Natasha's Dance: A Cultural History of Russia, Picasdor, A Metropolital Book,* Henry Holt and Company: New York, 2002

제5장 장자의 소요유와 현대의 웰빙

이 현 지

1. 웰빙, 새로운 삶의 지향인가

현대 사회에는 웰빙(Well-Being) 바람이 불고 있다. 웰빙 아파트, 웰빙 식품, 웰빙 다이어트 등 웰빙에 대한 관심이 사람들을 사로잡고 있다. 웰빙이라는 수식어가 붙는 상품이 증가하고 있으며, 웰빙은 새로운 소비의 키워드로 작용하고 있다. 이런 웰빙 현상은 현대적인 삶을 가장 잘 보여주는 삶의 트렌드 가운데 하나이다. 이와 같이 현대 사회를 지배하고 있는 웰빙의 바람이 현대인들의 삶의 질적 변화를 설명해 주는 기준이 될 수 있을까? 이런 웰빙에 대한 관심의 확대가 현대인들의 삶에 대한 새로운 지향을 반영하고 있는 것일까?

오늘날 웰빙에 대한 관심은 현대 사회의 사회구조의 변화를 반영하고 있다. 이 세계에는 현대로부터 탈현대로의 거대한 지각 변동이 일어나고 있다. 변동의 근원은 생산의 자동화이다. 전근대에서 근대로의 이행기에 인간의 근력이 기계력으로 대체되었듯이, 근대에서 탈근대로의 이행기라고 할 수 있는 지금, 인간의 지력이 인공지능으로 급속하게 대체되어 가고 있다. 그 결과, 동일 단위의 상품을 생산하는 데 소요되는 노동의 양은 급속하게 감소하고 있다. 따라서 노동과 생산을 중심으로 하는 삶과 사회관계, 집단생활의 형식이 현저하게 약화되고, 증대한 여가가 그 자리를 차지하고 있다.

사회구조의 변화는 사회 구성원들의 삶의 질에 대한 관심으로 확대되고 있다. 그리고 이런 삶의 질에 대한 관심이 웰빙으로 드러나고 있다. 이와 같은 시대적인 상황 속에서 웰빙에 대한 비판적 검토가 필요하다. 이 글에서는 웰빙이 새로운 삶의 지향인지, 현대 사회가 열망하는 웰빙의 내용은 무엇인지, 웰빙 즉 이상적인 삶의 지향이 무엇이 되어야 할 것인지에 대해서 고찰해 보고자 한다.

한국 사회에서 웰빙 트렌드가 대두되기 시작한 것은 최근의 일이다. 웰빙에 대한 인식 자체가 없었던 현대 한국 사회에서 새로운 삶에 대한 고민이 사회적인 현상으로 대두되고 있다. 이런 웰빙 트렌드가 발생한 사회적인 배경을 살펴보면 다음과 같다.

첫째, 현대문명의 위기적 상황이 웰빙에 대한 관심을 확대시키고 있다. 현대 사회는 급속한 기술의 발전을 이루어왔다. 그 결과 인류의 삶은 물질적으로 풍요로워졌고 편리해졌다. 그러나 환경생태의 측면에서 보면 인류가 직면한 현실은 절대적인 위기의 상황이며, 이 위기 상황에 대한 문제인식이 일어나고 있다.

최근 현대인들은 '새집 증후군', '수질오염', '문명의 발전으로 인한

질병', '지구 온난화로 인한 재해' 등의 문제와 직면하고 있다. '새집 증후군'은 건물시공에 사용되는 방염처리제, 건축자재 마감재, 플라스틱 제품 등에서 발산되는 화학물질이 그 주된 원인이라고 한다. 신축 아파트에 입주한 후에 피부병, 어지럼증, 수면장애 등을 호소하는 사례가 늘어나고 있다. 그리고 현대 사회에는 문명의 발전으로 인해서 다양한 문제가 발생하고 있다. 현대문명은 인류에게 물질적인 풍요를 선사해 주었다. 하지만 그 물질적인 풍요가 비만, 당뇨병 등의 다양한 성인병을 야기하고 있다. 또 현대 사회에는 지구 온난화로 인해서 거대한 자연재해가 빈번하게 발생하고 있다. 2005년 8월 미국 남동해안을 강타한 '카트리나'는 거대한 인명손실과 경제적 손실을 초래했다. 게다가 과학자들은 앞으로 이런 재앙이 더 자주 닥칠 것이라는 불안한 예고를 하고 있다. 이와 같은 상황 속에서 현대인들은 현대문명에 대한 위기의식을 느끼고 있으며, 이런 위기의식이 웰빙에 대한 관심으로 확대되고 있다.

둘째, 현대 사회를 지배하는 경제주의와 물질만능주의의 가치관은 인간소외의 결과를 초래한다. 그러므로 현대인들은 삶의 양적인 발전보다는 삶의 질에 더 많은 관심을 가지게 되며, 이런 관심이 웰빙 열풍으로 나타나고 있다. 왜냐하면 현대 사회를 지배하는 가치관에 충실한 삶을 살수록 인간 소외와 비인간화를 경험하게 되기 때문이다. 경제주의와 물질만능주의의 인간관은 인간을 끊임없는 욕망충족을 추구하는 존재로 규정하고 있다. 따라서 이런 가치관의 지배를 받게 되면, 개인은 삶에서 맹목적으로 경제주의와 물질만능주의를 추구하게 된다. 그 결과 개인들은 현대 사회를 지배하는 경제주의와 물질주의의 노예로 전락하는 삶을 살아가게 된다. 현대 사회에서는 얼마나 많은 연봉을 받는지, 얼마나 고가의 자동차를 소유하고 있는지가 그 사람을 판단하는 중요한 준거로 작용하고 있다.

그렇다면, 경제주의와 물질만능주의가 전제로 하는 인간관은 인간에 대한 정당한 평가일까? 홍승표(2002b)는 기존 사회학의 인간관은 "인간의 특성과 본성을 개념적으로 규정하지 않고, 현실에서 관찰되는 인간의 특성을 인간의 본성으로 간주하는 오류를 범하고 있다"고 지적한다. 그리고 인간을 사회구조의 피조물로 간주함으로써 인간의 자기실현이 사회의 구조적 요인에 의해서 결정되는 것으로 본다. 그리고 마르크스와 같은 사회학자는 인간을 노동하는 존재로 규정하고 있다. 이와 같은 기존 사회학에서의 인간에 대한 이해는 인간에 대한 단면적인 이해에 불과하다. 왜냐하면 인간의 도덕적이고 자기 초월적인 측면을 배제하기 때문에 온전한 인간에 대한 이해를 하는데 한계를 가지게 된다.

이런 문제점에 의해서 현대인들은 현대적 삶에 대한 회의를 경험하게 된다. 현대 사회를 지배하고 있는 경제논리의 지배를 받는 삶을 더 이상 원하지 않는 것이다. 높은 연봉보다는 삶의 여유를 추구할 수 있는 안정적인 직장을 선호하고 있으며, 일에서의 성공보다는 사랑이나 가족이 더 중요하다는 생각을 가지고 있는 젊은이들이 늘어나고 있다. 그들에게 삶의 질은 아주 중요한 의미를 가진다. 단순히 생존하는 것이 아니라, 잘 사는 것과 인생을 즐기는 것에 대한 관심이 증가하고 있다. 즉 웰빙을 추구하고 있다.

셋째, 현대 사회는 빠른 속도로 사회구조의 변화를 경험하고 있다. 이런 급속한 사회구조의 변화에 의해서 사회를 유지하는 축이 생산에서 소비로 이동하고 있다. 산업 사회는 생산이 중심이 되는 사회구조였다.

산업 사회에서는 얼마나 많은 상품을 생산해낼 수 있는지가 중요한 의미를 차지하고 있었다. 그러나 현대 사회는 생산 보다는 소비가 삶의 구조에서 더 중요한 위치를 차지하고 있다. 현대인의 삶에서는 유한한 시간과 물적 자원을 토대로 무엇을 어떻게 소비할 것인가가 중요하다.

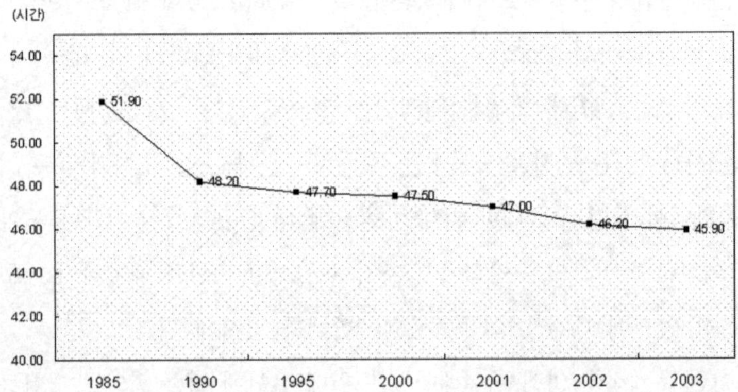

자료: 「한국의 사회지표」. 2004. 통계청.

<그림 1> 주당 근로시간

<그림 1>과 같이 한국 사회의 주당 근로시간은 1985년 51.90시간에서 1990년 48.20시간으로 급격히 감소한 이후 2003년 45.90시간으로 꾸준히 감소하고 있는 추세이다. 최근에는 주 5일 근무제가 공공기관을 중심으로 도입되었고, 초 · 중등학교까지 점진적으로 확대 시행하고 있는 경향이다.

이와 같은 사회구조의 변화는 생산 중심의 삶의 구조에서 탈피하여,

새로운 삶의 방식과 가치관에 대한 관심을 유발하고 있다. 노동 이외의 여가 시간을 어떻게 보낼 것인가에 대한 관심이 새로운 사회문화적인 트렌드를 만들고 있다. 이 또한 '웰빙, 즉 잘사는 것'에 대한 해답을 찾고자 하는 노력의 하나라고 할 수 있다.

이상과 같이 웰빙은 현대 사회를 이해할 수 있는 현실적이고 구체적인 사회현상 가운데 하나이다. 현대인들이 웰빙에 대해서 가지는 관심과 웰빙의 사회적 영향에 비교하면, 웰빙에 대한 사회학적인 관심이 매우 부족한 현실이다. 웰빙은 일시적으로 나타나는 사회적 현상으로만 치부하기에는 많은 사회적 함의를 담고 있다.

그러므로 현대 사회를 지배하고 있는 웰빙의 실태를 면밀히 분석하고, 웰빙에 대한 사회학적인 고민을 통해서 진정한 '잘 살기'에 대한 해답을 논의할 필요가 있다. 본 연구는 이런 문제의식을 가지고 웰빙의 한국적 상황을 분석하고, 현대 사회의 웰빙의 한계와 문제점을 고찰하고, 궁극적으로 잘사는 삶에 도달하기 위한 웰빙의 사상적 대안을 장자 사상에서 찾아보고자 한다.

2. 웰빙 트렌드의 형성과 한국적 상황

현대 사회는 웰빙을 열망하고 있다. 현대적인 삶이 개인에게 주는 긴장과 부담이 극대화되면서 삶의 안녕과 건강, 행복에 대한 열망이 높아지고 있다. 이런 열망이 웰빙에 대한 욕구로 표출되고 있다. 웰빙하기 즉 잘 사는 것에 대한 관심은 몸에 좋은 음식, 자연소재를 사용하는 주거환경, 자연친화적인 삶의 방식 등으로 나타나고 있다. 그러나 이런 경향은 웰빙 상품을 소비하는 것이 마치 잘산다는 것을 말하는 것처럼 인식되기도 한다. 과연 웰빙 상품을 소비하는 것이 잘 사는 것의 답이 될 수 있을까? 여기서 한국 사회를 지배하는 웰빙의 실태에 대해서 살펴보자.

한국 사회의 웰빙은 다음과 같은 경향을 가지고 있다. 첫째, 한국 사회의 웰빙 트렌드는 개인들이 주체적으로 선택한 적극적인 삶의 방식이기보다는 대중매체의 홍보와 기업의 전략적 상업화에 의해서 대중화되고 있다. 이런 현상은 서구사회에서 웰빙 개념이 확산되고 사회적인 의미를 가지게 되는 과정과 비교할 때, 매우 다른 양상을 보이는 것이다.

서구에서 웰빙은 1990년대 이후 사회대안운동의 하나로 등장하기 시작했다. 서구의 웰빙은 삶에 지친 현대인들이 대안을 모색하는 과정에서 삶에 대한 새로운 가치관을 형성하고 실천 운동을 전개하면서 웰빙이 확산되기 시작하였다. 따라서 서구에서의 웰빙은 사회 복지와 연관성을 가지면서 발전했고, 약자들의 복지와 관련한 실천적인 방안을 제기하는 데 많은 관심을 가지고 있다. 그렇기 때문에 웰빙 산업은 제한적인 시장을 확보하고 있을 뿐이다(전영옥 · 윤종언, 2005: 3).

그런가 하면, 한국 사회에서는 <표 1>과 같이 대중매체와 기업의 적극적인 개입으로 웰빙 트렌드가 형성되었다. 2000년 한국의 대중매체들은 적극적으로 웰빙 개념을 소개하기 시작했고, 웰빙의 철학적 개념이 삶의 새로운 지향으로 도입되었다. 그리고 웰빙 트렌드의 확산에는 마케팅 전략으로 웰빙을 선택한 기업들의 영향을 간과할 수 없다. 이렇게 한국 사회에서는 웰빙을 추구할 주체인 개인들보다는 대중매체나 기업에 의해서 웰빙이 사회적인 조류를 형성하고 있다. 오늘날에도 한국의 대중

<표 1> 웰빙 개념의 확산에 있어서 선진국과 한국의 차이점

구 분	구 미	일 본	한 국
본격적 등장 시기	· 1990년대 이후	· 1990년대 이후	· 2000년대 이후
등장 배경	· 사회대안운동 확산과 함께 생활 속에서 웰빙 개념 체득	· 건강붐 조성	· 대중매체의 적극적 개입 · 황사, 광우병 등 환경 재해에 대한 공포
사회적 웰빙과의 관련성	· 여성건강 및 복지와 관련	· 고령자, 장애인 등의 복지와 관련	· 복지와는 무관 · 개인적 웰빙추구에 집중
웰빙 시장의 범위	· 요가 관련 상품 · 유기농, 자연식품	· 건강식품 중심	· 식품, 가전, 섬유, 건설 등 전 분야에 영향

자료: 「웰빙 문화의 등장과 향후 전망」. 2005. 삼성경제연구소. pp. 11

매체들은 웰빙과 관련한 다양한 프로그램을 방영하고 있으며[1], 기업들은 기존에 생산하던 상품과는 가격 및 품질에서 차별화한 웰빙 상품[2]을 판매하고 있다(배주영, 2005).

1) 2005년 11월, 4대 공중파 방송국의 TV편성표를 분석해 보면 프로그램 제목에서부터 웰빙을 주제로 하는 프로그램이 각 방송국마다 몇 편씩 있다. SBS의 '생방송 잘 먹고 잘 사는 법', '건강 스페셜', '웰빙! 맛사냥', KBS의 '생로병사의 비밀', '비타민', '웰빙 건강 테크' 등이 대표적인 프로그램이다. 이와 같은 웰빙과 관련한 전문 프로그램 이외에도 토크쇼에서는 '스타들의 웰빙 생활' 혹은 '웰빙 식품' 등을 소재로 다루고 있으며, 이런 프로그램들에 대한 시청자 반응이 좋은 것을 나타나고 있다.

2) 2005년 8월 1일자 한국경제신문에 의하면, 올 상반기 TV홈쇼핑에서 히트 상품의 키워드는 '웰빙'과 '디지털'이라고 한다. 특히 요구르트 및 청국장 발효기, 스팀청소기, 족욕기, 두부 제조기 등 웰빙 상품의 판매가 높았던 것으로 나타났다(한국경제, 2005년 8월 1일자).

둘째, 한국 사회의 웰빙 트렌드는 소비양식의 변화를 야기하였다. 오늘날 소비의 모든 영역이 웰빙이라는 수식어를 전략적으로 이용하고 있다. '웰빙 아파트', '웰빙 음료수', '웰빙 패션', '웰빙 식단', '웰빙 가전제품', '웰빙 여행', '웰빙 화장품', '웰빙 금융상품' 등 그 종류가 매우 다양하다. 특히 최근에는 '웰빙 행정'을 공약으로 하는 정치인까지 있어서[3], 웰빙이라는 수식어를 이용하지 않는 영역이 없다고 해도 과언이 아니다.

웰빙 트렌드의 가장 직접적인 영향을 받는 부분은 식품이며[4], 특히 농산물의 생산과 소비에 그 영향이 크다고 할 수 있다.[5] 농림부는 농산물에 대한 웰빙 욕구의 영향으로 2001년 7월부터 친환경농업육성법에 준거한 '친환경농산물 인증제도'를 운영하고 있다. 친환경농산물의 생산이 꾸준히 증가하고 있으며, 친환경농산물 전문유통업소 및 매출액이 늘어

3) 2004년 부산시에서는 「웰빙 시정市政 추진계획」을 수립하고, 2005년 웰빙 시정을 추진하고 있다. 이 계획에서는 건강한 도시, 안전한 도시, 쾌적한 도시, 여유로운 도시, 활력있는 도시 등 5대 시책을 제시하고 있다. 추진사업으로 '산림욕장 조성 및 정비', '생활주변 소공원 조성', '솔밭 휴식공간 조성', '반딧불이 생태마을 조성', '산악자전거 코스 설치', '백양산악 마라톤 코스 개발' 등이 있다(안정화, 2005; 44-46).

4) 한국인의 '사회안전에 대한 인식도'를 살펴보면, 1997년과 2001년을 비교할 때 '교통', '건축물 및 시설물', '치안' 등의 분야는 1997년에 비해서 2001년에 '안전하다'는 인식이 높아졌다. 그러나 '식품'에 대해서는 1997년에 비해 2001년 조사에서 '안전하다'는 응답비율이 10.1%에서 8.6%로 낮아졌다(통계청, 2004). 이 수치를 통해서 일반인들이 느끼는 식품에 대한 위기의식을 알 수 있다. 이런 위기의식은 웰빙에 대한 관심으로 확대되기도 하고, 웰빙에 대한 관심이 위기의식의 확대에 영향을 미치기도 하는 것으로 보인다.

5) 웰빙에 대한 관심이 증가하면서 유기농 식품의 판매액은 지속적으로 증가하고 있으며, 무농약 재배를 할 수 있는 새싹 채소의 판매도 급증하고 있다. 미국의 경우, 유기농 시장 규모가 2002년부터 연평균 20%씩 성장하고 있으며 2007년에는 약 307억 달러에 달할 것으로 예측하고 있다(알앤디비즈, 2003).

나고 있다.

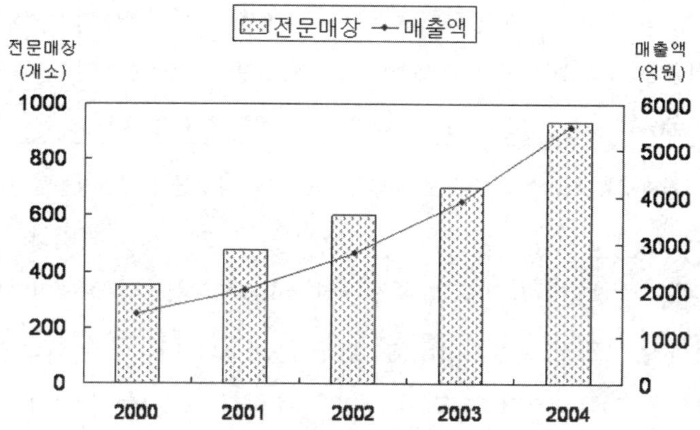

* 2004년 친환경농산물 매출액은 추정치임.

자료: 「친환경농산물 유통실태 조사결과」. 2004. 식량생산국 친환경농업정책과.

<그림 2> 친환경농산물 전문매장 및 매출액 추이

<그림 2>에 나타나듯이 친환경농산물 전문매장은 2000년 352개소, 2001년 477개소, 2002년 602개소, 2003년 701개소, 2004년 931개소로 늘어나고 있다. 그리고 친환경농산물의 매출액도 2000년 1,500억원, 2001년 2,000억원, 2002년 2,800억원, 2003년 3,900억원, 2004년 5,500억원(추정)으로 증가하였다. 이러한 수요의 증가는 친환경농산물의 생산동향에도 직접적인 영향을 미쳐서, <표 2>와 같이 친환경농산물의 공급도 크게 증가하고 있다.

<표 2> 친환경농산물 생산동향

	1999년	2000년	2001년	2002년	2003년
농가수(호)	1,306	2,448	4,678	11,892	23,309
생산량(톤)	26,643	35,406	87,279	200,374	365,849
비 중(%)	0.1	0.2	0.4	1.1	2.2

자료: 「친환경농산물 유통실태 조사결과」. 2004. 식량생산국 친환경농업정책과.

웰빙은 식생활뿐만 아니라 주생활의 소비패턴에도 영향을 미쳤다. 얼마 전까지 주거지 결정의 중요한 변수는 교통의 편리성과 학군이었다. 그러나 최근에는 자연친화적인 생활을 추구할 수 있는 산이나 공원이 있는지, 조망권과 일조권이 충분한지가 중요한 요인으로 작용하고 있다.

자연친화적인 주거공간에 대한 추구는 <그림 3>과 <그림 4>와 같은 건설회사의 광고 전략에서도 잘 드러나고 있다. <그림 3>을 보면,

<그림 3> 현대아파트 광고 포스터

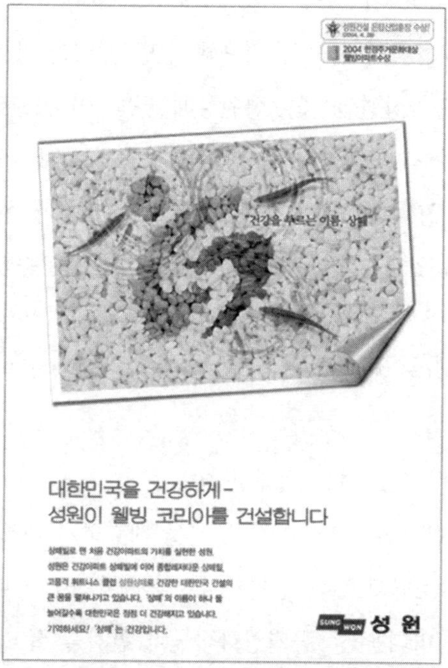

<그림 4> 성원건설 광고 포스터

광고 카피에 사용되고 있는 키워드가 '숲', '바람', '새소리' 등으로 자연친화적인 요소들이다. 즉 아파트의 입지조건으로 수목원과 인접해 있다는 것이 매우 유리하게 작용하고 있음을 잘 보여주고 있다. 이런 자연친화적인 환경을 마케팅 전략으로 선택하고 있는 사례는 신일건설의 '해피트리'의 경우도 마찬가지다. 신일건설에서도 광고 카피에서 '자연을 담은 첨단 아파트'라는 개념을 전략적으로 사용하고 있다.

그리고 웰빙 개념을 전면에 부각시키는 건설회사의 경우도 증가하고 있다. 예를 들어서, 에이스종합건설의 '에이스 리버티움'은 "친환경 마감재 도입과 층간 방음설계 등을 적용해 웰빙 개념을 강화"했다는 것을 강조하고 있다. 또, 성원건설의 '성원상떼빌'은 "아파트를 건강테마파크로 조성"하는 등 웰빙 욕구에 부응하는 상품을 선보이고 있다.

<그림 4>의 성원건설 광고를 통해서 알 수 있듯이, 성원건설은 기업이미지를 웰빙에 초점을 맞추고 있다. '건강 아파트', '종합레저타운', '휘트니스 클럽' 등을 통해서 건강과 웰빙의 아파트 이미지를 형성하는데 주력하고 있다. 이런 건설회사들의 전략의 변화는 웰빙 트렌드의 실태를 잘 보여주고 있다.

아파트 생활을 주로 하는 현대인들이 주거 공간에서 자연을 접할 수 있는 기회는 제한되어 있다. 이런 문제를 해결하기 위해서 현대인들은 테라리움이라는 소규모 실내 정원가꾸기를 선호하고 있다고 한다. 특히 산세베리아나 심비디움 등 공기정화식물이 인기를 끌고 있다(헤럴드경제신문, 2005년 10월 12일자).

이런 한국 사회의 웰빙 트렌드는 패션에서도 잘 나타나고 있다. 정재철(2004)은 국내패션 산업에 나타난 웰빙 문화현상의 특성을 자연주의 스타일과 친자연주의 소재의 사용, 자연주의적 느낌의 뉴트럴 컬러와 파스텔 컬러의 사용 등에서 찾았다. 특히 대나무와 콩 등을 소재로 하는 웰빙 패션은 웰빙화의 현실을 잘 반증하고 있다.

셋째, 한국 사회의 웰빙 트렌드는 요가나 명상 등 정신적인 수양에 대한 관심이 확대되어 새로운 여가 문화에 영향을 미치고 있다. 웰빙 트렌드의 대표적인 특징은 물질적인 것에 비중을 두던 삶의 가치를 정신적인 것으로 옮겨가는데 있다. 즉 생활양식의 변화가 일어나고 있다. 현대 사회를 지배하는 잘 사는 것의 기준이 되는 물질적인 풍요로움은 이제 더 이상 현대인들에게 만족감을 제공해 주지 못한다. 물질적 풍요보다는 여유로운 삶에 대한 욕구가 늘어가고 있다.

전영옥 · 윤종언은 '웰빙 문화의 등장과 향후 전망'에 대한 연구에서 웰빙족의 특징을 다음과 같이 지적하고 있다. "웰빙족은 육체적 · 정신적 건강을 추구하고 물질적으로는 덜 풍족하더라도 행복한 삶을 위해 시간을 투자한다. … 그 가운데 한 가지가 바로 요가 · 단전호흡 등 명상과 관련된 운동을 하면서 건강을 추구한다(전영옥 · 윤종언, 2005)." 즉 웰빙은 생활 스타일 자체의 변화에 직접적인 영향을 미치는 것으로 보인다.

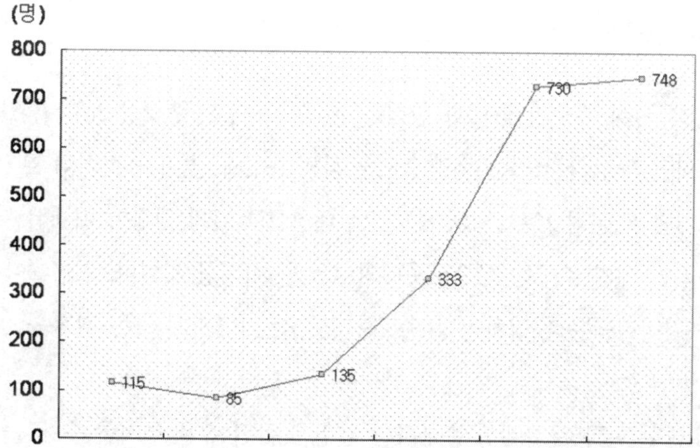

자료: 사단법인 한국요가협회제공.

* '요가지도자 자격과정'의 등록자는 사단법인 한국요가협회의 특별회원으로 요가지도자가 되기 위해서 전문과정을 신청한 인원을 지칭한다.

<그림 5> 한국요가협회 연도별' 요가지도자 자격과정' 등록자 수

<그림 5>에 나타나듯이 한국 사회에 웰빙 트렌드가 형성되기 시작하면서 한국요가협회에 요가지도자 자격과정을 신청한 등록자 수는 급격하게 증가하고 있다. 2002년 135명에서 2003년 333명, 2004년에는 730명으로 급증하였다. <그림 5>의 요가지도자 자격과정 등록자들은 일반적인 수련과정을 어느 정도 거친 후에 지도자가 되기 위한 전문과정을 등록한 자들이라는 점을 감안하면, 일반회원들의 수적 증가도 쉽게 예측할 수 있을 것이다. 사단법인 한국요가협회의 회장은 인터뷰를 통해서, "정확한 수치를 제시하기는 힘들지만 웰빙 트렌드가 형성되기 시작한 2002년을 고비로 일반적인 요가 인구는 100만 가까이 증가했다"고 말했다.

3. 현대 사회의 웰빙, 문제점

현대 사회의 웰빙에 대한 관심은 본말이 전도된 현상을 보이고 있다. 상업화된 웰빙의 소비는 외적으로는 삶의 수준을 높이는 것처럼 보일지 모르지만, 근본적으로 잘 산다는 것에 대한 가치관의 정립이 배제된 채로 맹목적인 웰빙 추구는 삶으로부터의 소외를 야기할 것이다. 웰빙해야 한다는 강박관념은 웰빙하는 삶으로부터 점점 멀어지게 하는 결과를 초래할 것이다.

오늘날 한국 사회에서 추구하는 웰빙은 삶의 질을 높여줄 수 있는 대안으로써 의미를 가지고 있는가? 웰빙의 지향이 현대 사회가 직면한 삶에 대한 철학적 반성과 그 맥락을 같이 하고 있는가? 그러므로 현대 사회의 웰빙 트렌드에 대한 비판적 검토가 요구된다. 한국 사회의 웰빙 트렌드는 다음과 같은 문제점을 안고 있다.

첫째, 잘사는 것, 즉 웰빙을 실현하는 것은 진정한 자신과의 만남을 통해서 가능하다. 그러나 오늘날 한국 사회의 웰빙은 주체가 결여된 채로 대중매체 혹은 상업주의의 영향으로 사회적으로 확산되는 경향이 있다. 그러므로 아주 짧은 시간에 사회적인 트렌드를 형성했지만, 웰빙을 실현하는 개인의 삶의 차원에서의 고민이 충분하지 못하다는 문제점이 있다.

그러므로 웰빙의 실현이 마치 개인이 일상생활에서 좋은 식품을 먹고, 친환경적인 공간에서 주거하고, 몸에 좋은 소재의 옷을 입는 등 웰빙 상품을 소비하는 것으로 인식되고 있다. 그러나 이런 웰빙의 양상은 개인적인 욕구를 충족시키는 데에는 충분할지 모르지만, 궁극적인 웰빙을 추구하지는 못하게 한다. 진정한 웰빙의 철학적 의미는 다른 것에 의미를 두고 있기 때문이다.

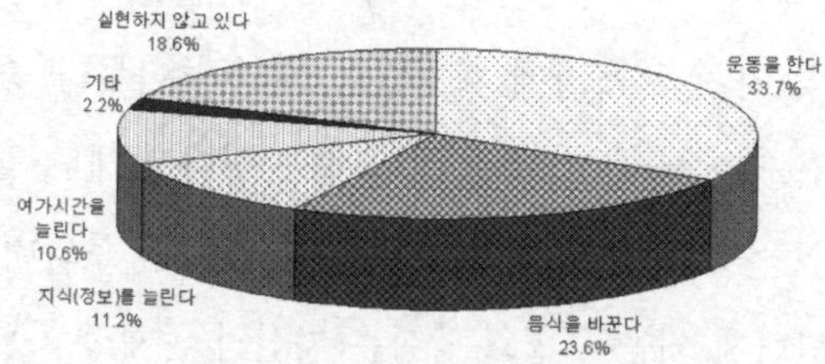

자료: 「한국 사회에서 웰빙 현상의 실태와 사회적 의의」. 2005. 안정화. p. 54

<그림 6> 웰빙의 실현방법

<그림 6>은 현대인들이 웰빙을 어떻게 실현하고 있는지에 대해서 잘 보여주고 있다. 안정화(2005)의 연구에서 조사대상자들은 웰빙을 실

현하는 방법으로 '운동을 한다'에 33.7%가 응답하였다. 다음으로는 '음식을 바꾼다'고 23.6%가 응답했다. 현대인들의 절반 이상은 웰빙이 건강을 위한 운동이나 식사 조절 등으로 실현되는 것으로 인식하고 있음을 알 수 있다. 그러나 웰빙은 건강이나 장수로 설명되지 않는 삶의 차원을 전제로 한다.

웰빙의 철학적 의미에 대한 논의를 통해서 보면, 웰빙에서의 좋음이란 주관적이고 사적인 것을 넘어서는 인식을 전제로 하고 있다. 따라서 웰빙이 단순히 개인적인 욕구를 충족시키고 만족감을 주는 것으로 달성된다고 인식하는 것에는 문제가 있다. 사회적 상황에 따라 웰빙이 어떤 형식으로 논의가 되고 실현되더라도 궁극적으로는 잘 산다는 것에 대한 아리스토텔레스가 제시하는 행복을 달성하는 데 대한 관심이라는 것을 의식해야 할 것이다(이태수, 2004).

다시 말해서, 존재적 차원에서의 문제의식이 결여된 웰빙은 허구에 불과하다. 현대적 가치와 욕망에 빠져있는 개인이 아무리 좋은 음식을 먹고, 환경이 좋은 집에서 살고, 좋은 옷을 입고 있다고 해도, 삶의 가치와 지향이 '잘 산다는 것'에 초점을 맞추고 있지 않다면 무의미한 것이다. 오늘날 우리가 만나게 되는 웰빙의 양상은 자신의 존재적 차원의 웰빙은 결여한 채로 외적인 것에 그 관심이 집중되어 있다는 문제를 안고 있다.

둘째, 현대 사회의 웰빙은 소비지향적이고 상품화되어 있다. 위에서 살펴본 바와 같이 웰빙을 실천해야 하는 주체의 문제의식에 의해서 웰빙 트렌드가 형성된 것이 아니라, 웰빙을 판매하는 대중매체와 기업의 주도에 의해서 웰빙 트렌드가 형성되었기 때문에 소비지향적인 경향이 강하다. 사회구조의 변화로 인해서 현대인들의 삶은 변화하고 있다. 그러므로 현대인들은 사회구조적 변화에 부합하는 웰빙에 대한 답을 찾고자 한다. 그러나 현대 사회에서 나타나는 웰빙의 양상은 그런 해답을 제시하지 못하고 있다.

오늘날 웰빙이라는 포장을 하고 있는 상품들은 고부가가치를 창출하는 상품이다. 치열한 시장에서 소비자들의 시선을 끌기 위한 전략으로 웰빙이 사용되고 있다. 웰빙이라는 수식어를 달고 있는 식품, 인테리어, 여가 프로그램, 가전제품 등은 판매액이 증가하고 있다. 웰빙 트렌드는 웰빙 산업과 결합하면서, 새로운 산업적 전략으로 부각되고 있다. 웰빙의 본래 의미와는 무관하게 일반적인 소비와 차별화하고 특별한 계층의식을 형성하는데 웰빙 트렌드가 작용하고 있다. 웰빙을 추구하는 것이 자신을 타인과 차별화시켜주는 욕구의 표출로 이용되는 경향이 있다(안정화, 2005).

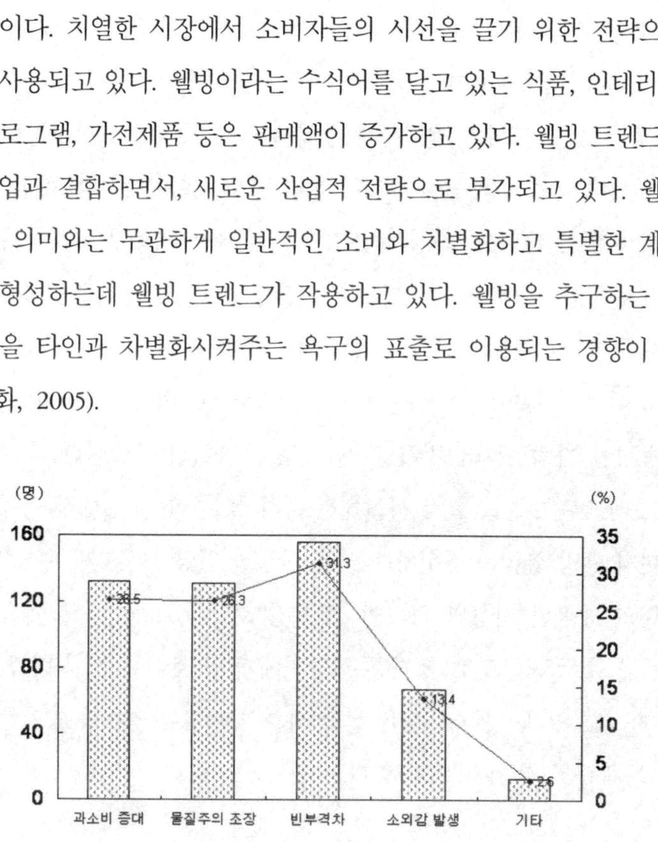

자료: 「한국 사회에서 웰빙 현상의 실태와 사회적 의의」. 2005. 안정화. p. 54

<그림 7> 웰빙으로 인한 부작용

웰빙 트렌드로 인한 소비생활의 문제점에 대한 조사에서 응답자들은 <그림 7>과 같이 웰빙 문화의 문제점을 지적하고 있다. 웰빙 트렌드로 인하여 '빈부격차'가 심해졌다고 응답자의 31.3%, '과소비 증대'에 26.5%, '물질주의 조장'에 26.3%, '소외감 발생'에 13.4%가 응답하였다. 이 조사결과는 현대 웰빙 문화의 상업적이고 소비적인 특징을 잘 보여주고 있다(안정화, 2005).

셋째, 현대 사회의 웰빙은 여전히 현대적 가치를 달성하는데 목표를 두고 있다. 집중력을 높여서 업무를 더 잘 수행하거나 시험성적을 높이기 위해서 명상을 하고, 건강하게 장수하고 날씬한 몸매를 가지기 위해서 요가를 한다. 이런 목표를 가지고 명상을 하고 요가를 하는 것이 웰빙을 실현하는 길이 될 수 있을까? 웰빙의 진정한 목표는 이런 것에 국한되는 것이 아니다. 웰빙의 목표는 현대적 삶에서 추구하는 부, 명예, 권력 등의 세속적인 가치로부터 벗어날 때 비로소 실현되는 것이다.

그러므로 오늘날 한국 사회에서 흔히 볼 수 있는 현대적 가치에 집착하면서 웰빙 상품을 소비하는 삶은 진정한 웰빙이라고 할 수 없다. 특히 웰빙의 왜곡된 지향의 하나인 '웰루킹(Well-Looking)'은 삶에서 스스로 만족을 추구하는 것보다, 다른 사람들에게 잘 보이는 것에 더 많은 관심을 가지고 있다. 이런 현상은 한국 사회의 웰빙이 직면하고 있는 근본적인 문제점을 잘 보여주고 있다.

4. 장자 소요유에 나타난 웰빙

현대 사회의 웰빙의 요체는 무엇인가? 그것은 이 세계로부터 근원적으로 분리된 개아個我로서의 나의 웰빙이다. 장자莊子의 웰빙관은 이와 근본적으로 다르다. 장자의 웰빙관은 세계와 상통하며 궁극적으로는 하나인 나의 웰빙이다.

현대 사회의 웰빙의 목표는 건강하게 살기, 오래 살기에 대한 관심이다. 삶의 여유를 지향하거나 정신적인 풍요로움을 지향하는 웰빙과 만날 수도 있다. 이와 같이 웰빙은 '작은 나'에 대한 관심을 벗어나지 않는다.

현대 웰빙의 주된 관심은 건강하게 장수하는 것이다. 이런 웰빙에 대한 관심은 장자 사상에도 잘 드러나고 있다. 양생養生에 대한 도가적 관심이 그것이다. 그러나 이런 육체적, 정신적 건강을 유지하고 장수하는 것에 대한 관심을 넘어서는 웰빙의 새로운 차원을 장자 사상에서 엿볼 수 있다.

그것은 세속적인 기준과 욕망으로부터 자유로운 삶을 살아가는 것이다. 시대를 지배하는 세속적인 기준과 욕망은 인간의 삶을 소외시킨다. 그것으로부터 자유로울 수 있다면 진정한 웰빙을 추구할 수 있을 것이다. 현대적인 삶의 많은 문제는 장자 사상에서 그 해답을 찾을 수 있다. 장자 사상에 나타난 웰빙관은 다음과 같이 요약할 수 있다.

첫째, 대자유의 삶을 사는 것으로서 새로운 웰빙에 대한 모델을 제시해 준다. 장자 사상은 세상 어떤 것에도 구애되지 않는 자유로운 삶의 경지를 제시하고 있다. 부와 명예, 권력에 대한 가치부여는 인간의 삶을 구속한다. 이런 것들에 대한 집착으로부터 벗어났을 때, 인간은 비로소

참된 자유와 행복을 얻게 된다.[6)]

『장자』, 「소요유逍遙遊」에는 다음과 같은 이야기가 있다. 기산箕山에서 은자隱者로 살던 허유許由는 자신을 대신하여 천하를 다스려 달라는 요堯임금의 요청에 다음과 같이 답한다.

> 그대는 천하를 이미 잘 다스리고 있소. 그런데 내가 그대를 대신하다니, 천자라는 명목名目을 얻기 위해서 대신한단 말인가요? 명목이란 실질의 손(客)[7)]에 지나지 않습니다. 나 더러 그런 손이 되란 말인가요? … 내게는 천하란 아무 소용도 없소.[8)]

장자는 허유의 대답을 통해서 세속적인 부와 지위가 실질적인 것이 아니라, 일시적인 가상의 것이라고 충고하고 있다. 현대 사회에서는 삶의 가치를 부자가 되거나 높은 지위에 오르는 것에 두는 경우가 많다. 심지어 '부자 되세요'라는 말이 덕담으로 사용되기도 한다. 그러나 장자는 이런 현대적인 삶의 가치로부터 자유로운 새로운 삶의 차원을 제시하고 있다.

> 지인至人에게는 사심私心이 없고, 신인神人에게는 공적功績이 없으며,

---

6) 왕선겸王先謙도 『莊子集解』에서 "사물에 얽매인 현실을 초월하여 대자연의 무궁한 품속에서 자유로이 노닒을 뜻한다"고 소요유편에 주를 달고 있다(안동림, 2001; 재인용).

7) 여기서 손(客)은 실질에 수반해서 찾아드는 일시적인 가상물을 말한다(안동림, 2001).

8) 『莊子』, 「逍遙遊」, "子治天下, 天下旣已治也. 而我猶代子, 吾將爲名乎? 名者實之賓也. 吾將爲賓乎? … 予无所用天下爲!"

성인聖人에게는 명예가 없다.[9]

천하가 아무 소용도 없다고 할 수 있었던 장자가 추구한 것은 세상의 일에 어떤 집착이나 얽매임이 없는 삶이었다. 지인, 신인, 성인은 세속적인 부나 명예, 권력으로부터 자유로운 삶을 산다. 그런 삶이 바로 잘 사는 삶, 즉 장자의 웰빙인 것이다.

『장자』, 「소요유」의 유遊는 마음의 유이며, 편안하고 한가롭게 마음이 자적自適하는 것이다. 따라서 유遊에는 정신적 자유라는 의미가 있다. 소요유하는 주체는 마음이며, 소요유의 실현은 속세에서 정신적인 평화를 가능하게 한다(리우샤오간, 1998). 천치아오잉(陳鼓應, 1997)은 소요유는 현실적인 차원의 삶을 정신적인 차원의 삶으로 확대할 수 있다고 한다. 즉 소요유란 '끝없이 광활한 내면세계와 비할 데 없이 드넓은 정신공간'에서 어떤 세속적인 가치에도 방해받지 않는 '정신의 해방을 통한 대자유'의 삶이라고 설명한다.

둘째, 장자는 외적인 성취를 지향하고 획득한 것을 즐기는 삶이 아니

---

9) 『莊子』, 「逍遙遊」, "至人无己, 神人无功, 聖人无名."
「도교사상사전」에서는 지인至人은 도가道家에서의 이상적인 인물을 말한다. 신인神人은 중국철학에서 상대 유한의 세계를 벗어버리고 절대적 무한의 세계를 소요하는 사람을 말한다. 성인聖人은 인격과 품덕이 가장 높은 사람이며, 최고의 이상인격理想人格, 지덕知德의 최고의 표준을 말한다(김승동, 1996). 그러나 장윤수(2000)는 지인至人은 충분히 덕을 쌓은 사람, 신인神人은 신묘한 능력을 갖춘 사람, 성인聖人은 자득통달自得通達한 사람으로, 세 경우 모두 이상적 인격을 가리킨다고 한다. 여기서 장자의 이상적 인간상에 대한 개념해석의 미묘한 차이를 구별할 필요는 없을 것 같다. 다만 간과할 수 없는 부분은 장자가 제시한 이상적 인간상은 개인적인 이익을 추구하거나 공적을 쌓고 명예를 추구하는 것으로부터 자유로운 경지를 말하고 있다는 점이다.

라 내적인 자기발견을 지향하고 '참된 자기'의 자연을 즐기는 삶을 주창함으로써, 새로운 웰빙의 모델을 제시하고 있다. 소요유에서 삶의 목적은 삶 그 자체를 즐기는 것이다. 장자에게 있어서 사회적 성공이나 업적 등은 더 이상 삶의 목적이 될 수 없다. 외물外物에 얽매이지 않으면서, 삶 그 자체를 향유하는 삶을 장자는 주창하였다.

> 저 열자列子는 바람을 타고 다니니 가뿐하고 좋다. 15일이 지나서야 비로소 돌아온다. 그는 편하게 복을 갖다 주는 것(바람)을 좇아 허둥지둥하지는 않는다. 이는 스스로 걷는 불편은 면했으나 역시 기대는 데가 있다. 그러나 만약 천지 본연의 모습을 따르고 자연의 변화에 순응하여 무한의 세계에 노니는 자가 되면 대체 무엇을 의존할 게 있으랴.[10]

위의 구절에서 장자는 열자의 경지가 세속적인 복을 구하는 데는 연연하지 않지만, '기대는 데가 있다'는 점을 비판한다. 장자가 말하는 최고의 경지는 세속적인 어떤 것에도 의존하지 않으며, 천리에 따르고 자연과 합일하는 경지를 말한다. 그것은 자연과의 합일을 통한 나의 실현을 통해서 경험할 수 있으며, '참된 자기'를 자유롭게 향유하는 높은 수준의 탈현대적 삶의 전형으로서의 가치가 있다(홍승표, 2002a).

> 송영자宋榮子는 이런 인물을 싱긋이 비웃는다. 그리고 세상 모두가 칭찬한다고 더욱 애쓰는 일도 없고, 세상 모두가 헐뜯는다고 기氣가 죽지도

10) 『莊子』, 「逍遙遊」, "夫列子御風而行, 冷然善也, 旬有五日而後反. 彼於致福者, 未數數然也. 此雖免乎行, 猶有所待者也. 若夫乘天地之正, 而御六氣之辯, 以遊无窮者, 彼且惡乎待哉."

> 않는다. 다만 내심內心과 외물外物의 분별을 뚜렷이 하고 영예와 치욕의 경계를 구분할 뿐이다. 그는 세상일을 좇아 허둥지둥하지 않는다.[11)]

송영자는 세속적인 출세와 입신을 추구하는 사람을 보면, 그 덧없음을 인식하고 있기 때문에 가벼이 비웃는다. 그는 세상의 평가나 가치에 흔들림이 없는 사람이다.[12)] 자신이 처한 상황 속에서 그 삶을 그대로 즐기는 것이 바로 소요유의 경지이다. 장자가 주창하는 소요하는 삶이란 '편안하고 한가롭게 자족'하는 것을 말한다. 자신의 삶 자체를 향유하며 노니는 웰빙의 지혜를 말하고 있다.

셋째, 장자는 낙도樂道하는 삶으로서의 새로운 웰빙의 모델을 제시하고 있다. 도道는 없는 곳이 없다. 낙도하는 삶이란 우주만물에 편재하는 도와 하나가 되어 이를 즐기는 삶이다. 자연과 조화를 이루는 삶, 자연의 이치에 따르는 삶, 이것이 바로 낙도하는 삶의 의미이다.

> 드넓은 들판, 그 주변을 아무런 목적 없이 자족하며 거닌다. 소요하다가, 편안히 나무 아래 몸을 눕힌다.[13)]

위의 문구에는 장자의 소요유가 잘 형상화되어 있다. 낙도하는 삶의 모습이 잘 그려져 있다. 현대의 우리들은 자신과 아무런 관련도 없는 것

11) 『莊子』, 「逍遙遊」, "宋榮子猶然笑之. 且擧世而譽之而不加勸, 擧世而非之而不加沮. 定乎內外之分,辯乎榮辱之境, 斯已矣. 彼其於世未數數然也."

12) 장자는 송영자의 경지가 세상의 평가에 흔들리지 않는 무명의 경지이기는 하지만, 내심과 외물을 분별하고 영예와 치욕을 구분하고 있음에 대해서는 비판을 한다(장윤수, 2000).

13) 『莊子』, 「逍遙遊」, "廣莫之野, 彷徨乎无爲其側, 逍遙乎寢臥其下."

을 부질없이 쫓아 다니면서, 삶을 낭비하고 있다. 너무나도 소중한 시간을 흘려보내고 있다. 장자는 자신과 이 세계의 경이로움을 만나고, 그 안에서 즐기는 새로운 삶의 방식을 주창하고 있다. 이는 노동과 소비에 중독되어 인생을 허비하는 현대인에게 주는 값진 교훈이며, 새로운 웰빙의 의미이다.

도가의 관점에서 인간은 '우주적 자기를 내재하고 있는 존재'이다. 그러므로 삶의 궁극적인 목적이 외물의 추구에 있는 것이 아니라, 자신에게 내재해 있는 우주적인 자기를 자각하고 향유하는 것이 된다. 바로 소요유하는 삶을 말하는 것이다. 소요유의 삶은 구도求道와 낙도樂道를 통해서 삶의 궁극적인 가치를 추구할 수 있다(홍승표, 2002b).

5. 장자 웰빙관의 현대적 함의

'잘 산다는 것'(웰빙)은 누구에게나 중요한 문제이다. '잘 산다는 것'의 의미가 참으로 중대한 것임을 고려할 때, 현대인들은 너무 쉽게 현재의 웰빙 트렌드를 수용하는 경향이 있는 것 같다. 현대 사회의 웰빙은 자신을 주인이 되는 삶으로부터 소외시키는 측면이 있다. 유기농 식품을 먹고, 황토집에서 산다는 것을 통해서 웰빙하고 있음에 만족할 수는 없다. 스스로가 주인이 되는 삶을 위해서는 진정한 웰빙 하기의 시도가 필요하다.

웰빙, 즉 잘 산다는 것의 기준은 매우 주관적이며 철학적 지향에 따라서 다른 답을 제시할 수 있을 것이다. 김선욱(2005)은 웰빙의 답을 철학적 주체로서 웰빙, 즉 자유의 웰빙을 추구하는 것이라고 규정하고 있다. "자유란 필연성에 얽매이지 않고 선택할 때 주어지는 것이다. 우리가 생의 필연성으로부터 벗어날 수 없지만, 생의 필연성에 기초한 시스템에 얽매일 필요는 없는 것이다. 경제가 중요하지만 경제지상주의에 매여 살 필요는 없는 것이다. 웰빙의 의미가 전해주는 진정한 좋은 삶이란 자유의 삶이다."

그런가 하면, 문성원(2005)은 "즐김과 행복을 '잘-있음'으로 규정하는 것은 우리 삶의 열린 관계를 사물화하고 고정시켜 파악하게 될 위험이 있다"고 한다. 즉 있음에 집착하는 것이 아니라, 그것을 넘어선 '참살이'를 추구해야 한다고 한다. '잘 있음'을 향한 노력보다는 타자와의 관계가 우리의 삶에서 훨씬 더 큰 의미를 가진다. 그러므로 윤리가 관계를 조정하고 질서짓는 중요한 위치를 차지하게 된다.

웰빙에 대한 대표적인 철학적 접근은 육체와 정신적인 측면에서의 건강을 추구하는 것, 육체와 정신의 행복을 지향하는 것으로 웰빙을 정의하고 그에 대한 방법을 모색하는 입장이 다. 이런 관점은 가장 일반적인 웰빙 논의의 하나이다. 육체적 건강을 추구하기 위해서 양생법을 사용하고 정신적 건강을 위해서 고도의 수행을 시도한다.

"정신을 고도로 집중한 상태 속에서 주어진 환경과 완전한 일체감을 느끼고, 신체를 외부 환경의 이법에 조응시키는 것이다. 즉 의식의 주체적 · 능동적인 활동을 일체 배제시킨, 그리고 주관에 의해 왜곡되지 않은 '대상에 대한 전일적全一的 인식'이라고 해도 좋을 것이다. … '양신적養神的 양생養生'을 통하여 확인할 수 있으며, 그것은 결국 초월적 삶의 차원을 지향하는 양생관이라는 것을 알 수 있다(김용수, 2005)."

이상에서 논의하는 웰빙에 대한 접근은 현대 사회에 드러나는 웰빙을 잘 해석하고 있다는 점에서는 의의를 가지고 있다. 하지만, 웰빙이 어떤 지향을 가져야 하는가에 대해서는 대안을 제시하고 있지 못하다. 여기서는 '새로운 웰빙'에 대한 지혜를 장자에게서 찾아보았다. 장자는 현대 사회를 살아가는 우리들에게 진정한 웰빙에 대한 새로운 관점을 제공해 주고 있다.

첫째, 장자 사상은 새로운 웰빙의 모델을 한국 사회에 제공해 줄 수 있다. 한국 사회에서 웰빙은 철학적인 문제의식이 약한 상태에서 개인적인 차원에서 추진되었고, 웰빙 시장은 산업의 전분야에 걸쳐서 형성되었다. 따라서 한국 사회에서 웰빙의 양상은 상업화의 경향이 두드러지고, 본래의 철학적 의미를 상실한 채 혼돈에 빠져있다. 이런 현실 속에서, 장자의 웰빙관은 현대 사회를 살아가는 우리들에게 진정한 웰빙에 대한 새로운 관점을 제시해 줄 수 있다.

어떻게 사는 것이 웰빙하는 것인가에 대한 답을 장자 사상에서는 친절하게 제시하고 있다. 세속적인 기준에 지배받지 않고 인간다운 삶을 추구할 수 있는 대자유의 삶을 지향하는 새로운 웰빙관이 바로 그것이다. 현대적인 가치에 얽매이게 되면 비인간적인 삶을 경험하게 되고, 스스로의 삶의 주인이 되기보다는 삶으로부터 소외되는 결과를 초래한다. 즉 삶의 궁극적인 목표를 상실한 채, 마치 세속적인 부와 명예가 목표인 것 같은 혼돈에 빠지게 된다. 이런 문제를 극복할 수 있는 대안이 바로 장자 사상 속에 있다.

둘째, 장자 사상은 자기 초월적인 존재로서의 웰빙에 대한 새로운 관점을 제시해 준다. 현대 사회에는 웰빙 트렌드는 형성되어 있지만 주체가 결여된 채, 웰빙 상품의 소비가 확대되고 웰빙을 추구하는 여가 문화가 확대되는 양상을 보이고 있다. 그러나 진정한 웰빙은 참된 자기와의 만남을 가능하게 해주고, 삶의 목표가 욕망충족이라는 소아를 극복할 수 있을 때 가능한 것이다. 이런 웰빙의 관점을 장자 사상에서 풍부하게 찾을 수 있다.

웰빙을 포함한 삶에 대한 현대 사회의 고민은 대부분 '나'라는 소아의 문제에 국한되는 경향이 있다. 나의 행복과 나의 건강에 대한 관심은 극도로 확대되고 있지만, 이러한 고민은 '나'에 집착하면 할수록 문제해결과는 멀어지는 결과를 초래한다. 소아를 극복한 대아에 대한 관심과 소아에 대한 집착을 벗어나는 웰빙 하기를 통해서 진정한 자아와 만날 수 있게 된다. 이와 같은 자기 만남의 지혜를 장자 사상의 자기 초월적인 존재 인식에서 엿볼 수 있다.

셋째, 장자 사상은 낙도라는 오래되었지만, 미래적인 대안이 될 수 있는 웰빙의 모델을 제시해준다. 현대 사회의 웰빙은 장수와 건강을 목적으로 한다. 그러나 인생에 있어서 장수와 건강은 목적이 아니라, 진정한 삶을 위한 도구에 불과하다. 그렇다면 진정한 웰빙은 무엇일까? 이에 대한 해답을 장자 웰빙관은 낙도라는 답으로 제시해 준다. 분리된 개체로서의 욕망 충족적인 삶을 영위하는 웰빙이 아니라 우주만물과 하나가 되어 낙도하는 삶으로서의 웰빙이 진정으로 잘 사는 삶이다.

세상과 분리되지 않은 우주만물 속의 나에 대한 자각은 인위적인 자연친화적인 삶을 통해서 얻을 수 있는 장수와 건강과는 차이가 있다. 자연에 순응하는 삶을 추구하는 과정에서 얻어지는 장수와 건강은 삶의 일차적인 목표가 아니라, 웰빙 하기를 통해서 얻을 수 있는 부가적인 것임을 잊어서는 안된다. 우리의 삶의 목표는 장수나 건강이 아니라 인간적이고 행복한 삶이 되어야 하는 것이다. 장자가 제시하는 낙도라는 웰빙관은 바로 이런 목표를 달성할 수 있는 방법을 제시하고 있다.

지금까지 장자 사상에서 새로운 웰빙의 모델을 살펴보았다. 장자의 웰빙관은 현대적인 문제를 해결할 수 있는 진실한 대안을 제시하고 있다. 그렇다면 장자의 웰빙관을 현대인들이 대중적인 차원에서 전면적으로 받아들이고 수용할 수 있을까? 그것은 어려운 일일 것이다. 장자의 웰빙관을 현대인들이 실천하고 수용하는 데는 한계가 있을 것이다. 그러나 이 한계는 장자 웰빙관의 현대적 가치를 제한하는 요소가 되지는 못할 것이다. 왜냐하면, 지금 현재 우리들에게 절실히 필요한 것은 진정한 웰빙의 이정표를 찾아내는 일이다. 이런 맥락에서 볼 때, 장자 사상은 오랜 시대의 간극을 뛰어넘어, 우리의 현재와 미래 속으로 들어올 수 있는 충분한 자격을 갖추고 있다.

참고문헌

김선욱, 「웰빙 라이프의 정치적 구조」, 『철학연구』 95집: 1-20, 2005

김승동, 『도교사상사전』, 부산대학교출판부, 1996

김용수, 「'웰빙'(Wellbeing)과 도교 '양생'(道教 養生)」, 「대한철학회 2005 봄 학술대회」: 33-49, 2005

리우샤오간 지음, 최진석 역, 『장자철학』, 조합공동체 소나무, 1998

문성원, 「웰빙에서 윤리로-잘 있음과 있음 넘어서기-」, 『철학연구』 95집: 93-110, 2005

맹제영, 「장자의 「소요유」라는 행위에 대한 의미분석」, 『인간연구』 제1권 1호: 108-158, 2000

박수정, 「웰빙과 여가 문화」, 『문화와 인간』, 인하대학교 출판부, 2005

배주영, 「웰빙 제품에 대한 소비자 만족이 소비자 삶의 질에 미치는 영향」, 연세대학교 대학원 경영학과 석사학위논문(미간행), 2005

서일윤, 「G-웰빙족의 발견」, 『웰빙과 여가 문화』, 2004년도 한국여가 문화학회 · 조선일보 공동주최 산학협동 학술대회, 2004

쉬푸관 지음, 권덕주 외 역, 「중국예술정신 주체의 정현-장자의 재발견」, 『중국예술정신』, 동문선, 1997

신철호 · 한지연, 「웰빙과 웰빙산업」, 『웰빙과 여가 문화』, 2004년도 한국여가 문화학회 · 조선일보 공동주최 산학협동 학술대회, 2004

안정화, 「한국 사회에서 웰빙(Well-Being)현상의 실태와 사회적 의의」, 부산대학교 대학원 사회학과 석사학위논문(미간행), 2005

알앤디비즈 편집부, 『유기농산물&가공식품<신시장리포트>』, 알앤디비즈 출판사, 2003

오병무, 「장자의 「소요유」에 관하여-천인합일이 어떻게 가능한가?-」, 『순천대학교 논문집』 제3집: 491-504, 1984

윤은기, 「웰빙시대의 時테크」, 『웰빙과 여가 문화』, 2004년도 한국여가 문화학회 · 조선일보 공동주최 산학협동 학술대회, 2004

이강수, 『도가사상의 연구』, 고려대학교 민족문화연구소, 1995
______, 『노자와 장자』, 길, 1997
이미숙, 「생활양식으로서의 웰빙(Well-Being): 이론과 적용의 뿌리 찾기」, 『한국생활과학회지』 제13권 제3호: 477-484, 2004
이정주, 「웰빙 라이프스타일이 패션상품에 미치는 영향」, 『혜전대학 논문집』 2004: 261-276, 2004
이태수, 「웰빙의 철학적 의미」, 『웰빙과 여가 문화』, 2004년도 한국여가 문화학회 · 조선일보 공동주최 산학협동 학술대회, 2004
장윤수, 「자유의 스승 장자」, 『동양사회사상』 제3집: 265-291, 2000
장자 지음, 안동림역주, 『莊子』, 현암사, 2001
전영옥 · 윤종언, 『웰빙문화의 등장과 향후 전망』, 삼성경제연구소, 2005
정재철, 「국내패션 산업에 나타난 웰빙 문화현상의 특성에 관한 연구」, 국민대학교 테크노디자인 전문대학원 석사학위논문(미간행), 2004
천치아오잉 지음, 최진석 역, 「'소요유': 정신 세계의 개방과 가치 전환」, 『노장신론』, 조합공동체 소나무, 1997
조동성, 「웰빙의 경영학」, 『웰빙과 여가 문화』, 2004년도 한국여가 문화학회 · 조선일보 공동주최 산학협동 학술대회, 2004
통계청, 『한국의 사회지표』, 통계청, 2004
한영호, 「현대 소비사회에서 웰빙 트랜드의 개념과 소비성향 분석」, 중앙대학교 신문방송대학원 신문학과 석사학위논문(미간행), 2004
홍승표, 「장자 사상의 탈현대적 의미」, 『철학연구』 제84집: 405-422, 2002a
______, 『깨달음의 사회학』, 예문서원, 2002b
황갑연, 「유가의 조화지향적인 삶의 방식을 통해서 본 현대 웰빙문화의 반성-선진유학을 중심으로」, 『철학연구』 95집: 417-436, 2005
한국경제, 「홈쇼핑 10년, 올 히트 키워드는 '웰빙&디지털'」, 2005년 8월 1일자
헤럴드경제신문, 「산세베리아 · 심비디움 가습 · 아토피에 효과」, 2005년 10월 12일자

제6장 불교의 여가관

박 수 호

1. 불교의 여가관은 무엇인가

2005년은 주5일 근무제가 본격적으로 시행되는 해이다. 우리나라의 주5일 근무제 도입 논의는 정책적 · 경제적 · 문화적 동인에 의해 추동되어 왔다(문숙재 · 윤소영 · 차경욱 · 천혜정, 2005; 이한메, 2003). 국제적 수준의 노동환경을 조성함으로써 국민들의 삶의 질을 향상시키고자 하는 정부의 정책기조와 실업대책의 일환으로 제시된 노동계급의 일자리 나누기 요구, 진정한 자아정체성 추구 및 풍요로운 삶의 향유 수단으로서의 여가에 대한 관심 등이 적지 않은 사회적 반발에도 불구하고 주5일 근무제의 전면적인 실시를 앞당기게 하는 주요한 요인이 되었다.

주5일 근무제 도입 논의가 본격화되기 시작한 2000년대 초반부터 주5일 근무제 도입의 사회문화적 파급효과를 검토하기 위한 연구들이 다양

한 학문 영역에서 이루어져 왔고, 여가에 대한 연구도 주요한 축으로 자리 잡아 왔다(이우현, 2005; 김문겸, 2004; 이한숙 · 노용구, 2004; 이한메, 2003; 이정희, 2002; 이천희 · 김민석 2001). 이는 주5일 근무제의 전면적인 도입이 특히 여가에 대한 사람들의 관심과 욕구를 증대시키고 있다는 판단에 기인하고 있다. 사실 기술 발달과 생산력의 증대는 가처분 소득과 시간의 증가, 정서적 욕구의 증대, 고정성에서 유연성으로의 전환, 문화적 가치의 발견 등 탈산업 사회적 여건을 성숙시켰고, 그 결과 산업화 시기의 물질주의 · 성장주의 가치관이 쇠퇴하고 보다 다양한 삶의 부문에 대한 사람들의 관심이 급증하였다(이한메, 2003). 이러한 변화는 2002년 한국여가 문화학회가 실시한 '주5일 근무제 실시 이후 직장인 생활변화에 대한 조사' 결과에서 연봉감소를 가정한 주5일 근무제 실시에 대한 찬성의견이 압도적이었던 것으로도 미루어 짐작할 수 있다(김현주 · 이창현 · 박소라, 2002).

주 5일 근무제의 본격적인 시행으로 인해 여가는 선택의 문제가 아닌 필수 과제가 되었다. 즉, 절대적으로 주어진 여가를 어떻게 활용할 것인가의 문제가 개인의 삶의 질을 결정하는 핵심과제로 등장하게 된 것이다. 이처럼 여가 생활에 대한 관심이 커져가는 상황 속에서 우리의 여가 문화에 대한 성찰적 비판도 부단하게 제기되고 있다(곽한병, 2005; 최석호, 2005; 이장영 외, 2004; 오순환, 2000; 김문겸, 1993). 늘어나는 여가 시간에도 불구하고 여가 시간의 상당 부분을 텔레비전 시청으로 보내고 있는 여가 문화의 단조로움[1], 여가의 상품화로 인한 계층간 갈등 및 소비주의

1) 통계청에서 실시한 2004년 국민생활시간 조사 결과에 의하면 수면 · 식사 등 필수 생활시간은 10시간 34분, 노동시간은 8시간 13분, 여가 생활 시간은 5시간 13분

의 확산, 여가의 향락화 등은 현대 한국 사회가 당면하고 있는 여가 문화의 부정적 측면으로 자주 지적되고 있는 것들이다.

본 연구는 이처럼 점증하는 여가에 대한 기대를 충족시키기 위해서는 부정적 여가 문화의 극복이 무엇보다 우선되어야 하며, 우리 전통 문화(보다 구체적으로는 불교 사상 및 문화)에 대한 재해석이 긍정적인 기여를 할 수 있을 것이라는 기대에서 출발하고 있다. 즉, 불교 사상 및 문화가 현대 한국 사회의 부정적 여가 문화를 개선할 수 있는 잠재력을 가지고 있음을 전제하고 있는 것이다. 이러한 전제 위에서 여가 활동을 새롭게 이해할 수 있는 이론적 틀을 제시하고, 불교 사상 및 문화와 여가 활동 사이의 친화성을 밝힘으로써 불교가 여가 문화에 기여할 수 있음을 드러내고자 한다.

2. 여가와 종교의 관계에 대하여

1) 여가의 개념 및 기능

(1) 여가란 무엇인가

현대 사회에서 여가는 인간의 기본권으로 인식되고 있으며, 정신적 휴식과 재생산 및 삶의 질을 향상시키는 중요한 수단으로 여겨진다(Schulz, 2001; 오순환, 2000). 더욱이 전술한 바와 같이 노동활동을 중심

이었다. 5시간 남짓한 여가 생활 시간 중에서 텔레비전 시청 시간은 약 2시간 39분(평일 2시간 6분, 토요일 2시간 38분, 일요일 3시간 14분)으로 여가 생활 시간의 절반 정도를 차지하고 있는 것으로 조사되었다.

으로 하는 물질주의·성장주의 가치관에서 여가를 중심으로 삶의 풍요로움을 추구하는 탈물질주의적 가치관으로 지배적 가치관이 변화되면서 여가에 대한 학문적 관심은 더욱 커지고 있다.

여가에 대한 기존 연구는 주로 관광이나 스포츠, 레저 등 여가 활동을 대상으로 하는 경우와 여가의 성립과 본질, 기능 등을 연구하는 사회학적 연구 등이 각각의 흐름을 형성해 왔다(최석만, 2005). 이러한 접근 방식의 차이는 여가 개념에 대한 다양한 정의를 낳게 하는 결과를 가져왔다.

기존 연구들이 정의하고 있는 여가 개념은 대체로 다섯 가지 정도로 압축된다(송해룡·김원제, 2003). 첫째는 일상생활에서 사회적, 생리적 생존을 위한 시간을 제외한 여분의 시간으로 여가를 정의하는 시간론적 정의를 찾아볼 수 있다. 노동으로부터 발생하는 스트레스와 피로를 해소하고 재생산을 가능하게 하는 수단으로 여기는 수단론적 정의, 시간적 여가 개념을 바탕으로 하면서 자유의지를 강조하는—즉, 자유 시간에 아무런 조건 없이 이루어지는 자발적 활동으로 여가를 정의하는 활동론적 정의, 어떤 여가 활동을 하든지 그 자체에서 느끼는 즐거움과 만족을 강조하는 심리적 정의, 사회관계 속에서 자신의 부나 지위를 과시하려는 계급론적 정의 등이 그것이다.

이와 같은 여가의 정의들은 여가를 특정 활동이나 단편적인 기능 위주의 현상 중심으로 이해한다는 점에서 복잡다단한 여가의 특성을 포괄하지 못하는 한계를 가지고 있다. 이러한 한계를 극복하기 위해 와킨스는 기존의 여가 연구자들을 행동주의자, 인지주의자, 개인적 구성주의자, 사회적 구성주의자 등으로 구분하고 이들을 각각 비판한 후, 여가를 포괄적으로 조망할 수 있는 경험적 패러다임을 제시하였다(Watkins, 2000). 그에 따르면 여가는 해야 할 일이 없는 여유로운 시간 보내기, 개개인이 즐기거나 하고 싶은 일을 할 수 있는 자유 시간을 갖는 것, 삶의 압력에서 벗어나 긴장을 완화하는 것, 행복과 성취감을 느끼는 기회 등으로 이해된다(Watkins, 1999). 이와 같은 와킨스의 논의의 내용은 다음 <표 1>과 같이 정리될 수 있다.

<표 1> 여가의 범주와 특성

범 주	맥락	목 적	시 간	행 동	감정상태	결 과
시간보내기 (passing time)	여유 시간	빈 시간을 채우는 것	나머지	정주적 (sedentary)	육체적 이완과 재미(fun)	자아 오락 (self entertainment)
선택 (exercising choice)	의무	통제력을 얻는 것	자유 시간	자율적 (autonomy)	즐거움과 감정적 이완	자기 결정 (self determination)
압력 벗어나기 (escaping pressure)	압력	벗어나는 것	중간 휴식	해방적 (disengage)	정신적 이완과 쾌락	자아 유지 (self maintenance)
성취 (achieving fulfillment)	기회	만족하는 것	초시 간적	성찰적 (reflection)	행 복	자아실현 (self actualization)

출처: Schulz(2001: 57)

(2) 여가를 통해 얻는 것은 무엇인가

여가의 기능은 개인적 기능과 사회적 기능으로 구분할 수 있다. 휴식과 기분전환, 자기계발은 대표적인 여가의 개인적 기능이다. 한편 여가는 사회통합과 문화 창달, 학습 및 사회화 등과 같은 사회적 기능도 가지고 있다(곽한병, 2005; 조현호, 1994; Murphy, 1981; Dumazedier, 1967).

여가의 개인적 기능을 살펴보면, 우선 여가는 과중한 육체노동으로 인한 피로나 정신적 스트레스를 해소하는 휴식의 기능을 수행한다. 특히 현대 사회에 들어서면서 정신적 피로를 풀어주는 기능의 중요성이 커지고 있다. 기분전환의 기능은 오락이나 취미활동, 스포츠 등의 여가 활동이 반복적이고 권태로운 일상생활에서 벗어나 삶의 의욕을 되찾게 해주는 것을 의미한다. 여가는 일상적 사고나 행동으로부터 벗어나 인간적인 삶을 추구할 수 있게 해준다는 점에서 자기계발의 기능을 수행하고 있다. 즉, 여가 활동을 통해 심신을 도야하고 자신의 능력을 계발할 기회를 얻게 된다.

여가 활동을 통해 집단 구성원에게 소속감과 일체감을 심어줌으로써 사회통합을 이끌어내고, 개인들에 의해 수행되는 다양한 여가 활동은 문화의 양적 · 질적 발전을 초래한다. 아울러 여가 활동을 통해 규범을 습득하고 자기표현 방법이나 창의성, 사회성 등을 학습하게 되고, 그 결과 한 사회의 구성원으로 온전히 살아갈 수 있게 된다.

(3) 여가를 이해하는 새로운 방법

앞서 살펴본 여가의 개념적 정의나 기능들은 서로 중첩되는 부분이 존재하고 있다. 이를 여가의 기능을 중심으로 통합적으로 이해하기 위한 틀로서 '기능적 체계'로서의 여가를 검토할 수 있다.

체계란 상호연관된 요소들의 집단을 의미하는데, 여가는 이완(relaxation), 단련(training), 자아성찰(self-reflection), 체험(experiment)이라는 기능을 수행하는 기능적 체계로 이해할 수 있다. 즉, 현재의 시점에서 정신적으로 과도한 긴장을 풀어주고(이완), 부족한 능력을 개발 · 강화하는(단련) 과정과 과거에서부터 현재에 이르기까지의 자신의 삶에 대한 성찰을 통해 부조화의 요인을 발견하고 다양한 체험을 통해 현재와 미래의 삶의 풍요와 의미를 추구하는 과정이 복합적으로 어우러진 체계가 여가이다(<그림 1>).

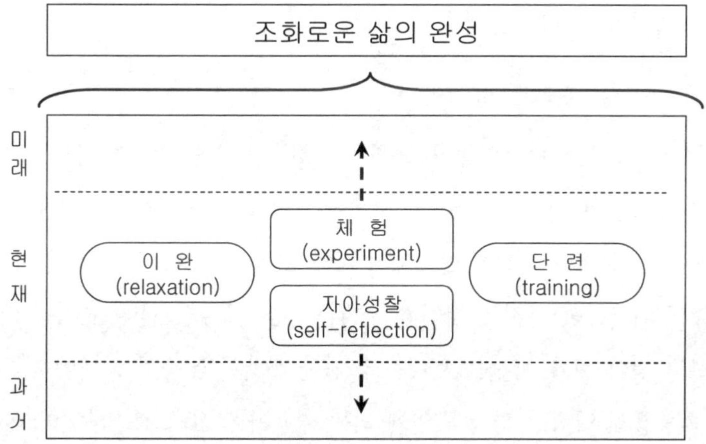

<그림 1> 여가의 기능적 체계

여가를 이러한 기능적 체계로 이해하게 되면 여가는 곧 '조화로운 삶을 추구하는 기회'로 규정할 수 있다. 사실 일반적으로 개인이 선택하는 여가 활동은 대체로 자신에게 부족하다고 느끼는 것이 된다. 고된 노동으로 지친 사람은 휴식과 재충전의 기회로 여가를 이용할 것이고, 꽉 짜여진 조직의 구성원으로서 자율성을 박탈당했다고 생각하는 사람은 자유의지에 따른 활동으로 여가를 보내고자 할 것이다. 자본주의적 생산관계

속에서 정체성을 상실한 채 표류하는 사람은 삶의 즐거움과 만족을 추구하는 여가 활동을 통해 자아실현의 욕구를 충족시키려 할 것이다. 따라서 여가를 '조화로운 삶을 추구하는 기회'라는 관점으로 이해하면 기존의 여가 개념인 활동론적 정의와 수단론적 정의, 심리적 정의 등을 모두 포괄할 수 있게 된다.

2) 여가와 종교의 관계

(1) 여가와 종교는 유사하다

주5일 근무제가 시행중인 서구의 교회들은 주일예배 참례자의 감소, 교회 소속감의 약화 등 부정적 변화를 경험하였다(이한메, 2003). 이와 같은 서구 교회의 경험에 근거해 한국의 기독교 단체들은 여가의 확대가 종교의 위기를 심화시킬 것이란 우려를 하고 있다. 또한 종교 활동에 참여하는 것이 여가 시간을 보내는 다양한 선택사항 중의 하나이고, 여가 활동을 통해 영적인 경험을 얻게 되는 경우가 보고되기도 하였다(Schulz, 2001). 이러한 현상들을 통해 근본적으로 유사한 삶의 요소들을 다루고 있는 여가와 종교가 서로 관련이 없는 개념으로 인식되거나 여가의 확대가 종교의 쇠퇴를 초래할 것이란 인식이 일반화되었다.

그러나 위와 같은 일반적 인식에도 불구하고 여가와 종교 사이의 관련성을 지적하는 다수의 연구 결과들도 찾아볼 수 있다(Durkheim, 1992; Huizinga, 2003; 조현호, 1994; Godbey, 2003; Kelly & Freysinger, 2000).

우선 뒤르켐은 성聖과 속俗은 같은 시간, 같은 공간 속에 공존할 수 없으며, 대표적 속된 행위인 노동에 대비되는 여가는 성스러운 영역의 행위가 된다고 언급한 바 있고, 호이징하는 놀이의 궁극적 목표는 신성한 것과 연결되어 있음을 지적하면서 유희적인 것과 성스러움을 동일시하고 있다. 사실 여가를 '인간다운 삶'을 추구하기 위한 모든 정신적 · 육체적 활동을 포용하는 것으로 이해하면 여가와 종교생활은 떼어놓고 생각할 수 없으며, 종교활동이 이루어지는 시간이 속俗의 의미를 지닌 노동시간이 아니라는 점에서 종교활동은 여가 활동이 된다.

한편 갓비, 켈리와 프레이징어 등은 여가 활동이 삶의 의미를 추구하고 자아실현과 관련될 때에 여가와 종교 사이에 높은 유사성이 있음을 밝히고 있다. 특히 갓비는 종교 및 여가 활동이 개인의 자유의지에 의해서만 가능하다는 점, 삶의 의미를 주고 사회통합의 기능을 수행한다는 점, 개인적 안녕과 자아실현을 추구한다는 점 등을 들어 여가와 종교의 유사성이 높다고 주장하고 있다(Godbey, 2003).

(2) 여가와 종교의 역사적 관계

현대 사회에서 여가 활동의 대부분은 일요일을 포함한 주말에 이루어지고 있다. 여가 활동의 주요 시간적 배경인 일요일의 기원은 유대교의 안식일 전통에서 영향을 받은 것이다. 또한 중세까지 여가 활동의 주된 동기이자 계기를 만들어 주었던 각종 '축일'(holy-days)의 기원 역시 종교로부터 유래하고 있다(박재환 · 김문겸, 1997). 안식일에는 철저히 노동과 관련된 활동을 금했고, 종교적 사건을 기념하기 위한 다양한 축제에서의 활동은 곧 여가 활동이자 종교활동이었다.

종교개혁 이후 여가가 게으름 혹은 신의 소명을 수행하는 데 장애가 되는 것으로 인식되면서 여가는 죄악시되었다. 그 결과 19세기 후반까지도 여가는 제한과 통제의 대상이었다. 그런데 교회가 가난한 이들의 생활 조건을 개선하는데 관심을 가지게 되면서부터 여가에 대한 교회의 부정적 시각이 바뀌기 시작하였다. 사람들은 여가를 삶의 일부분으로서 개인이 누려야 할 권리로 인정하기 시작했고, 교회가 가난한 사람들의 여가 활동 공간을 제공해야 한다는데 동의하였음에도 불구하고, 사회가 점차 세속화되면서 일상생활에 대한 종교의 영향력이 쇠퇴한다는 일반적 통념에 의해 종교와 여가는 서로 무관한 영역으로 분리되어 인식되기 시작하였다(Schulz, 2001).

그러나 사람들이 여전히 재충전을 하기 위해 다양한 종교활동을 하고 있고, 종교활동을 하기 위해 여가를 원하거나 여가경험을 종교성을 표현하는 기회로 인식하는 사람들이 늘어나고 있다는 여러 연구 결과들에서 알 수 있듯이 여가와 종교는 여전히 밀접한 관계를 유지하고 있다(Kelly, 1996).

(3) 종교는 어떻게 여가에 영향을 미치는가

한편 종교는 다양한 방식으로 여가 행동의 지침을 정해놓고 있으며, 이를 통해 사람들이 여가를 보내는 방법에 대해 강력한 영향력을 행사하고 있다(Godbey, 2003).

여가에 대한 종교의 영향력은 세 가지 차원에서 나타난다(Sessoms & Henderson, 1994). 첫째는 개인의 여가 인식의 차원이다. 종교는 개개인의 삶에 의미를 부여하는 기능을 수행한다. 즉, 종교가 삶을 해석하는 의미틀(framework for interpreting life)을 제공함으로써 개인의 여가 인식에 영향을 주게 된다. 둘째 차원은 정책적 영향이다. 비록 종교의 세속화로 인해 종교의 공적 영향력이 줄어들기는 했지만, 사회·문화 영역에서 종교기관은 여전히 일정한 권위를 인정받고 있다. 이러한 권위에 근거하여 종교기관은 적절한 여가 활동과 관련한 정부의 정책이나 법률에 지속적인 압력을 행사함으로써 여가에 영향을 미치고 있다. 셋째 차원은 여가 서비스 제공의 차원이다. 종교기관은 주요한 여가 서비스 제공자의 하나이다. 즉, 종교기관이 직접 여가 서비스를 제공함으로써 여가 문화에 일정한 영향력을 유지하고 있는 것이다. YMCA 같은 종교기관에서 주관하는 다양한 스포츠·교양 프로그램 등은 종교기관이 제공하는 대표적인 여가 서비스이다.

3. 불교는 여가를 어떻게 이해하는가

여가 개념의 형성은 근대적 노동이 출현하는 시기와 맞물려 있다. 그런데 불교의 경우 근대사회의 출현 이전에 이미 종교문화적·사상적 기반을 완성하였기 때문에 현대적 의미에서의 여가 개념을 불교 교리 상에서 찾아볼 수는 없다. 다만 여가 개념이 노동 개념과 불가분의 관계에 놓여 있으므로 불교의 노동관에 대한 검토 속에서 불교의 여가관을 유추해 볼 수는 있을 것이다.

1) 불교의 노동관은 어떠한가

(1) 초기불교의 노동관

기본적으로 출가자는 수행을 통해 열반을 얻는 것이 궁극적인 목표이며, 이를 위해 장애가 되는 것은 최대한 제거해야 하는 삶을 살아간다. 반면에 재가자는 가족 부양의 책임과 출가자를 외호하는 의무를 함께 지니고 있기 때문에 출가자와는 다른 삶을 살아갈 수밖에 없다. 따라서 불교의 노동은 출가자와 재가자로 구분해 이중적인 접근을 해야 한다.

출가자의 기본 생활은 수행이므로 계율에 의해 수행에 필요한 최소한의 재화만이 허락되었다. 탐욕을 수행의 가장 큰 장애로 여겼기 때문이다. 소욕지족小欲知足을 기본적인 생활윤리로 삼고, 먹는 것과 입는 것은 탁발에 의해 해결하도록 되어 있었기 때문에 출가자들에게는 생계유지를 위한 노동의 필요성이 크지 않았다. 사분율과 같은 율장에서는 출가자의 육체노동을 금하는 계율들을 발견할 수 있는데(윤호진, 1988; 박경준, 1999), 그런 계율이 만들어진 것은 불살생계를 범하거나 수행의 가장 큰 장애인 탐욕을 일으킬 수 있는 우려가 있기 때문이지 노동을 부정적으로 평가했기 때문은 아니다. 또한 출가자들의 육체노동을 금하고 있기는 하지만, 직업적인 생산노동이 아닌 출가공동체의 생활에 필요한 최소한의 일과 노동에 대해서는 상당부분 허용되고 있었다는 연구 결과도 보고된 바 있다(박경준, 1999).

한편『숫타니파타』에서는 '마음 밭(心田)'을 가꾸는 농부로 자신을 설명하고 있는 석가모니의 이야기를 찾아볼 수 있다(법정, 1991: 30-32). 비록 석가모니가 육체노동에 종사하고 있지는 않지만, 출가수행이 육체

노동과 다르지 않으며 해탈에 이르는 신성한 정신노동임을 지적하고 있는 부분이다. 이와 함께 석가모니 당시의 인도사회에서 출가집단을 사문으로 부르고 있음을 알 수 있는데, '사문'이라는 말은 '정려자精勵者, 근로자'의 의미를 갖는다. 즉 이들이 노동을 외면하고 부정하는 것이 아니라 정신적인 세계에서 열심히 노력하고 일하는 사람들임을 나타내고 있는 것이다(宮坂有勝, 1991).

직업적인 생산노동이 출가자에게는 엄격히 금지되었던 것과 달리 재가자에게는 적극적으로 장려되고 있음을 여러 경전에서 찾아볼 수 있다(윤호진, 1988; 박경준, 1998). 선생경善生經에서는 게으름을 재산을 잃게 하는 주요 원인으로 설명을 함으로써 열심히 일해야 한다는 것을 강조하고 있다. '자카타'에서는 기술을 배운 후에 자신의 업무에 힘써야 하는데, 이때에는 꿀벌이 꽃의 꿀을 채취하듯 열심히 노력해야 한다고 가르치고 있다. 재가자에게 행해진 노동에 대한 권장은 다음과 같은 경전 내용에서 보다 명확하게 드러난다.

> "어떤 것이 정근精勤인가. 그 직업을 따라 가계를 세워 생활하는 것이다. 혹은 왕의 신하가 되거나 혹은 농부가 되거나 혹은 치생治生을 하거나 혹은 목자가 되거나 그 업을 따라 괴로움을 싫어하지 않고, 또 춥거나 덥거나 바람이 불거나 비가 오거나 배가 고프거나 목이 마르거나, 또 모기·깔다귀·파리·벌 때문에 괴로움이 있을지라도 그 업을 버리지 않고 그 업을 성취하기 위하여 애써 나아가는 것을 정근이라고 한다."(박경준, 1998: 135)

이 경전에 따르면 재가자들의 노동은 단순히 열심히 일하는 것이 아니라, 어떤 고통이 있더라도 포기하지 말고 성취하기 위해 노력해야 하는 높은 가치를 가진 것이다.

(2) 불교 노동관의 특성

엄격한 의미에서 불교에는 맑스의 노동 개념에 상응하는 것을 찾아볼 수 없다. 다만 노동 역시 인간의 행위의 한 유형이란 점에서 불교의 행위 개념인 업業과 직업과 관련한 윤리 등을 서구적 노동 개념과 연관지어 생각해 볼 수 있을 것이다.

우선 서구의 노동 개념과 불교의 업은 인간의 의식적 행위라는 점에서 유사성을 보이고 있다. 불교의 업은 신업身業, 구업口業, 의업意業으로 구분된다. 이 중에서도 생각으로 짓는 업인 의업은 신업과 구업에 선행하는 것으로 이해된다(박경준, 1998). 즉, 사람의 언행은 그의 의도에 따라 나타나게 되므로 노동이 의식적이고 합목적적인 인간 행동이라는 서구의 노동 개념과 일치하는 부분이 있다는 것이다.

한편 인간의 의지에 의한 심신의 활동을 의미하는 업은 그에 상응하는 과보를 수반한다. '선인낙과善因樂果 악인고과惡因苦果', 즉 선한 행위는 즐거운 결과를 가져오고, 악한 행위는 괴로움을 초래한다는 인과응보의 법칙이 바로 그것이다. 이런 연유로 불교에서는 재가자의 직업 선택의 중요성을 강조한다. 즉 해도 좋은 직업과 해서는 안 되는 직업을 구분하고 있는 것이다(유승무, 2001; 윤호진, 1988). 불교에서 금지하고 있는 직업은 직간접적으로 남에게 해로움을 주는 직업들이다.[2] 남에게 해로움을

2) 경전에서 금하고 있는 직업들로는 고기잡이, 사냥, 도살업, 무기판매, 술장사 등이 있다(윤호진, 1988).

주는 것 자체로도 문제가 되지만, 인과응보의 법칙에 따라 결국은 자신에게도 해가 되기 때문이다.

또한 업설에 근거를 둔 불교의 노동관은 노동의 생산성보다는 노동의 내용에 더 큰 의미를 두게 된다(정영근, 1998). 무슨 일을 하느냐보다 어떻게 하느냐가 더 중요하다는 것이다. 이것은 해도 좋은 직업을 가지고 있더라도, 올바르지 않은 방식으로 그 직무를 수행하는 것은 악업이 되기 때문이다. 따라서 불교의 노동관은 기본적으로 자리이타自利利他의 정신을 실현하는 도덕적 노동관이라고 할 수 있다.

불교의 모든 행위는 이고득락離苦得樂의 열반을 지향한다는 점에서 노동 역시 열반을 목표로 하고 있다. 이것은 궁극적으로 불교가 노동을 수행의 한 방편으로 보고 있음을 의미한다. 백장청규에서 찾아볼 수 있는 노동이 단적인 예이다. 노동을 수행으로 이해하는 것은 노동을 자아실현의 수단이자 과정으로 간주하는 것이다. 불교의 수행은 '참 나(眞我)'를 찾아가는 과정이기 때문이다. 이런 점에서 불교의 노동관은 근대 서구의 노동 개념과 유사하다고 할 수 있다.

이와 함께 『숫타니파타』에서 찾아볼 수 있는 마음 밭을 가는 석가모니의 이야기는 불교가 인간의 정신노동에 대해 매우 큰 가치를 부여하고 있음을 알 수 있다.

2) 불교의 수행관은 어떠한가

노동을 수행의 방편으로, 즉 '참 나'를 찾아가는 과정으로 이해하고 있는 불교의 노동관은 수행관에 대한 검토의 필요성을 제기한다. 불교에서 수행에 대한 태도를 어떻게 규정하고 있는가를 확인해야만 불교의 여가관을 유추해 볼 수 있기 때문이다.

불교 교리에서 발견할 수 있는 수행에 관한 태도는 팔정도八正道의 하나인 정정진正精進에서 우선 찾아볼 수 있다. 팔정도는 욕락과 고행 등의 극단을 떠난 중도中道이며, 온갖 번뇌를 끊고 열반을 성취하는 가장 합리적이고 올바른 여덟 가지 방법으로 석가모니가 처음으로 설법한 내용이다. 이 중에서 정정진은 열반 혹은 깨달음을 향해 쉼 없이 매진하는 것을 의미한다. 특히 다른 일곱 가지 항목에 정정진이 더해지지 않으면 팔정도가 완성되지 않는 것으로 이해되고 있어 그 의미가 각별하다. 즉, 정정진의 항목이 충족되지 않는다면 불교의 이상인 열반의 획득은 불가능한 것이 되는 것이다. 따라서 불교에서의 수행은 백척간두에 서 있어도 물러섬이 없는 나아감이자 용맹정진인 것이다.

원효의 발심수행장發心修行章[3]은 불교 신자의 수행 자세에 대한 가르침을 전하고 있다. 수행의 지표이자 신앙생활을 비추는 거울과도 같은 이 글에서 원효는 다음과 같은 구절들을 통해 부단한 수행을 당부하고 있다.

> 모든 사람이 산 속에 들어가 도 닦을 생각이 없으랴만
> 마음을 내지 못하는 것은 애욕에 얽혀 있기 때문이니,
> 비록 산에 들어가 마음은 닦지 못할지라도

---

3) 원효의 발심수행장은 보조국사 지눌이 지은 계초심학입문誡初心學入文, 야운의 자경문自警文과 함께 『초발심자경문初發心自警文』이라는 책에 실려 있다. 이 책은 출가자들에게는 출가하자마자 배워서 평생을 지송하며 수행의 지표로 삼아 왔고, 재가자들에도 신행생활을 북돋아주고 반추하는 거울과 같은 역할을 해왔다고 평가된다(지묵, 2002).

자신의 힘을 따라 선행을 버리지 마세.

백 년이 잠깐인데 어찌 배우지 않으며,
일생이 얼마나 된다고 닦지 않고 놀기만 하려는가.

부서진 수레는 구르지 못하고, 사람도 늙으면 닦을 수 없네.
누우면 게으름만 생기고 앉으면 생각이 어지럽네.
몇 생을 닦지 않았거늘 헛되이 나날만 보내고,
이 몸이 얼마나 살 수 있어 한 평생을 공연히 지내는가(혜능, 2000: 315-319).

3) 불교의 여가관은 어떠한가

이상에서 살펴본 불교의 노동관이나 수행관 속에서 여가에 대한 인식의 단초를 찾아보기란 쉽지 않다. 노동까지도 하나의 수행이 되는 불교적 전통 속에서 출가자들에게 일과 생리적 활동으로부터 자유로운 여분의 시간이라는 관념은 존재할 수 없기 때문이다. 다만 '비록 산에 들어가 마음은 닦지 못할지라도 자신의 힘을 따라 선행을 버리지 마세'라는 원효의 발심수행장 속 구절에서 재가자들의 수행과 관련한 단초를 엿볼 수 있다.

사실 출가자들에게 있어서 생리적 생존을 위한 시간을 포함한 모든 시간이 수행을 위한 시간으로 규정된다. 그러나 사회적 시간(노동)을 삶에서 배제할 수 없는 재가자들에 대해서는 생리적 시간과 사회적 시간을 제외한 여가 시간을 상정할 수 있고, 바로 그 시간을 수행으로 채워야 한다는 것이다. 즉, 불교신자들에게 있어 여가 시간은 곧 수행의 시간이 된다.

이는 다양한 형태의 불교문화 및 수행이 여가 활동의 내용이 되고, 여가 생활의 지향점은 '참 나'를 깨달아 자아실현을 완성하는 것을 의미한다.

또한 화엄경에 나타난 '일즉다一卽多 다즉일多卽一'의 사상이나 대기설법對機說法 및 방편설方便說, '일체유심조一切唯心造' 사상 등의 불교적 전통에 따르면 사회적 활동이나 생리적 활동 역시 수행의 한 방편이 될 수 있다. 따라서 불교의 여가관은 자아실현을 향한 초시간적 불교 수행을 통해 이고득락의 경지인 열반에 이르는 것으로까지 확장될 수 있다.

4. 불교문화 및 수행과 여가

불교 수행의 기본 목적은 나도 깨닫고 다른 이도 깨닫게 하며, 나도 안락하고 다른 이도 안락하게 하는 것이다(종범, 2003). 이를 통해 '참 나'를 찾고 최상의 행복을 얻는 것이 불교가 지향하는 바이다. 불교의 수행은 번뇌, 삼독三毒[4], 집착 등으로 인해 발생하는 괴로움과 고통을 제거하는 것이다.[5] 이렇게 얻어진 최상의 행복은 자유롭고 해방된 삶을 누리는 상태이다(붇다팔라, 2001: 317-320).

여가 활동의 실질적 내용이 되는 불교의 다양한 수행들과 불교문화에 대해 어떤 의미를 부여할 수 있을 것인지 검토할 필요가 있다. 보다 구체적으로는 이들 불교문화와 수행이 '여가'라는 틀 내에서 어떤 기능을 담

---

4) 삼독이란 탐냄(貪), 성냄(嗔), 어리석음(癡)을 말한다.

5) 석가모니는 수행의 기본적인 방법으로 팔정도를 제시하였고, 이후 불교가 성장 · 발전하는 과정에서 염불, 참선, 기도, 다도, 주력, 절 등 다양한 수행 방법이 나타났다.

당하고 있는지를 살펴보았다.[6)]

1) 다도茶道와 기도祈禱: 이완의 기능

복잡다단한 현대 사회를 살아가면서 과도하게 받게 되는 정신적 긴장을 풀어주는 것을 이완의 기능이라고 할 수 있다. 불교문화와 수행 중에서 이완의 기능을 담당하고 있다고 여겨지는 것으로는 다도와 기도가 있다.

불교에서는 특히 차를 끓여 마시는 것과 참선하는 것은 분위기와 마음 상태가 서로 비슷하며, 차를 끓이고 마시는 과정을 통해서 속세의 망상을 떨치고 자아의 집착을 덜어주고, 차가 선禪 수행을 돕는다는 점 등을 들어 다도를 수행의 중요한 부분으로 인정해 왔다.

<그림 2> 다 도

6) 이 장에 소개한 다양한 불교 수행법들에 대해서는 불교 포털 사이트 부다피아(http://www.buddhapia.com), 선무도대금강문(http://www.sunmudo.com), 한국불교문화사업단 템플스테이 사이트(http://www.templestay.com) 등을 참고하였다. 또한 각 그림의 출처는 참고문헌 말미에 밝혀두었다. 자료 이용을 허락해주신 모든 분들께 감사드린다.

'차나 한 잔 드시오(喫茶去)'라는 조주 스님의 공안이나 '선다일미禪茶一味'로 대표되는 불교의 차 문화는 불교 수행에서 차가 차지하는 비중을 짐작할 수 있게 해준다.

기도는 근심, 걱정 등 번뇌를 제거하고 몸과 마음을 맑고 밝게 하며, 두려움 없이 장애를 극복케 하고, 당당함과 자신감으로 살아가게 한다. 특히 기도에 열중하다보면 일체의 번뇌가 사라지고 산만하고 불안하던 마음이 안정을 찾게 된다. 이렇게 기도를 해나가다 보면 정신이 맑고 고요해지면서 시간과 공간도 사라지고 나조차 없어져 버리는 삼매체험을 하게 된다. 삼매체험은 선정禪定에 이르는 중요한 관문이다. 즉, 불교는 기도를 통해 깨달음의 경지에 이를 수 있음을 인정하고 있는 것이다.

2) 선무도와 절: 단련의 기능

조화로운 삶을 추구하는 과정에서 정신적 스트레스의 해소 못지않게 중요한 것이 부족한 능력을 개발·강화하는 신체적 단련과정일 것이다. 신체적 단련과 관련해 살펴볼 수 있는 불교문화 혹은 수행 방법으로는 선무도, 선체조, 절하기 등을 꼽을 수 있다.

선무도는 한마디로 몸과 마음과 호흡의 조화로 작게는 심신의 평화로운 안정과 크게는 깨달음을 향한 구도적 수행법이고, 선체조는 참선수행을 원활하게 하기위한 심신단련 수행법이다. 선무도와 선체조는 잘못된 습관과 섭생법 등으로 생긴 신체의 불균형을 바로잡아 기혈이 원활하게 흐르도록 해서 선정에 들 수 있는 정진력을 얻기 위한 방법으로 오랫동안 전래되어 왔다.

<그림 3> 선무도 <그림 4> 선체조

부처님께 올리는 절은 오체투지五體投地의 큰 절을 원칙으로 하며 오체투지는 몸의 다섯 부분(즉, 두 팔꿈치와 두 무릎과 이마)을 땅에 닿도록 납작하게 엎드려 절하는 예법이다. 온 몸을 땅에 던져 절을 하면서 공경하는 이의 발을 두 손으로 떠받드는 인도의 예법에서 유래된 이 오체투지의 예는 자신을 무한히 낮추면서 상대방에게 최대의 존경을 표하는 몸의 동작으로서 가장 경건한 예법이라 할 수 있다. 이 때문에 불교에서는 절을 대상에 대한 예경의 표현 외에 아만我慢에 가득 찬 자신을 낮추어 하심下心할

<그림 5> 절하기(오체투지)

수 있는 좋은 방편으로 적극 권장하는 기초수행법 중의 하나이다.

또한 108배 등을 꾸준하게 한다면 신체 면역력 증가 등의 생리적 효과도 얻을 수 있는 것으로 알려져 있다.

3) 선禪: 성찰의 기능

과거에서부터 현재에 이르기까지의 자신의 삶에 대한 성찰을 통해 부조화의 요인을 발견하는 것 역시 조화로운 삶을 위한 필수적 과정이 된다. 선은 성찰의 기능을 가진 대표적 불교문화이자 수행 방법이다.

선은 마음을 가다듬고 정신을 통일하여 무아정적無我靜寂의 경지에 도달하는 정신집중의 수행 방법이라 할 수 있으며, 지혜와 깨달음의 체득을 그 목표로 한다. 자기가 자신의 자성을 봄으로써 참된 자신의 본질을 파악할 수 있도록 하는 것이 바로 선이다.

<그림 6> 참 선

인간의 본능적 욕망을 무제한으로 확대하고 그것을 성취하기 위해서 무제한적인 성장원칙을 고수하려는 자본주의로 인해 현대인은 본래적인 자기로부터 소외되고 있다는 지적은 맑스 이래로 여러 사람들에 의해 끊임없이 제기되는 자본주의에 대한 비판이다. 불교에서는 이러한 자기로부터의 소외를 극복하기 위한 방법으로 선을 제시한다. 선 수행을 통해 본래면목의 '참 나'를 되찾게 되면 소외를 극복할 수 있다는 것이다.

4) 템플스테이와 수련법회: 체험의 기능

이완, 단련, 성찰과 함께 다양한 체험을 통해 삶의 풍요와 의미를 추구하는 과정이 수반되어야 비로소 조화로운 삶을 완성할 수 있다. 불교문화 중에서는 템플스테이와 수련법회가 종합적인 불교 체험의 장으로 활용되고 있다.

템플스테이는 자연환경과 불교문화가 어우러진 사찰에서 수행자의 일상을 체험하며 마음의 휴식과 불교의 전통문화를 체험하는 프로그램으로 다도와 예불, 108배(절하기), 참선, 발우공양, 사찰순례 등을 기본프로그램으로 하여 사찰에서의 일상생활을 경험할 수 있도록 구성되어 있다.

<그림 7> 템플스테이(예불, 발우공양, 울력)

새벽 4시에 시작되는 새벽예불을 필두로 108배, 참선, 발우공양, 울력 등 스님들의 생활을 그대로 체험하는 템플스테이는 본래 내 모습을 찾고, 마음의 풍요로움을 갖고 일상으로 돌아갈 수 있는 기회를 제공한다. 사찰의 특성에 따라서 대장경의 인경과 탁본, 선무도 체험도 함께 할 수 있다.

<그림 8> 발우공양

<그림 9> 인경

수련법회는 참여자들에게 단기간 동안 교리 교육과 수행 및 공동체 생활을 동시에 압축적으로 경험하게 하는 종합적 신행 프로그램이다. '(정신이나 학문, 기술 따위를) 닦아서 단련함'이라는 사전적 의미를 갖는 수련修練은 종교적 의미로서는 일상성에 대한 종교적 성찰을 통해 바른 마음가짐과 생활 자세를 익히는 것을 말한다. 그런데 종교적 의미의 수련을 실천하기 위해서는 일상생활을 영위하는 과정에서 많은 장애를 경험할 수밖에 없다(박수호, 2003). 일상에서 분리된 성스러운 공간인 사찰에서의 일정 기간 교육과 수행을 통하여 신앙적 체험을 함으로써 신앙을 확고히 하는 기회를 제공하고(정토출판 편집부, 1995), 이를 통해 중생들

의 고뇌와 불행을 소멸시켜 보다 차원 높은 안락한 삶을 심어주는 것이 바로 수련법회이다(법인, 2003).

대부분의 수련법회는 교리교육과 참선·절하기 등의 수행, 법문, 공동체 경험 등의 프로그램들을 중심으로 구성된다. 즉, 불교 수행 및 문화를 종합적으로 경험하게 함으로써 불자다운 삶을 영위할 수 있는 기회를 제공하고 있다.

한편 위에서 검토한 다양한 불교문화 및 수행법들이 담당하고 있는 여가적 기능들은 와킨스가 제시한 여가의 경험적 패러다임과도 일맥상통하고 있음을 알 수 있다. 선무도·선체조·절 등은 자기 오락self entertainment의 기능, 기도는 자기 결정self determination의 기능, 다도, 수련법회, 템플스테이 등은 자아 유지self maintenance의 기능, 선 수행은 자아실현self actualization의 기능을 수행하는 것으로 이해할 수 있다.

[선체조, 따라해 봅시다]

신체의 유연성과 균형, 탄력성을 조화롭게 가꿀 수 있는 합리적으로 체계화된 선체조는 명상이나 참선, 선무도 등 여러 수행의 준비 및 정리운동으로서도 꼭 필요하다. 18개 동작으로 구성된 선체조를 간단한 그림과 함께 소개한다.[7)]

---

7) 여기 소개하는 선체조는 선무도 서울지원의 홈페이지(http://www.sunmudoseoul.com/prog_01.htm)에서 인용하였다.

(1) 발가락운동: 엄지발가락을 밀었다 당긴다.

(2) 발목운동: 발목을 안으로 밖으로 10회, 밖에서 안으로 10회씩 돌린다.

(3) 다리흔들기: 무릎을 손으로 잡고 좌우로 흔든다

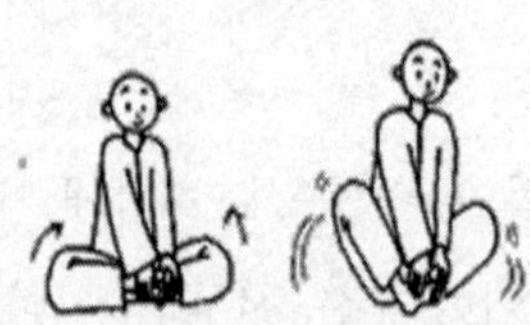

(4) 무릎흔들기: 용천혈을 쥐고 양무릎을 흔든다

(5) 손가락운동: 주먹을 10회씩 쥐었다 폈다 한다.

(6) 윗몸 숙이기: 발끝을 앞으로 밀어 10회, 당겨서 10회하고 숨을 내쉬면서 내려간다

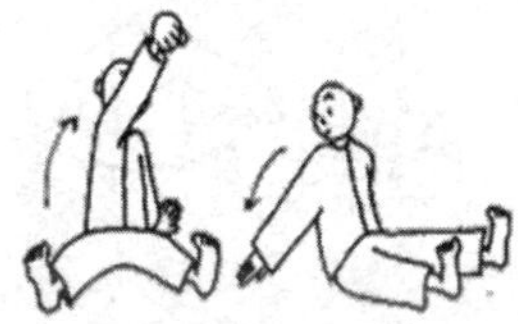

(7) 옆구리운동: 한 손을 뒤로 짚고 주먹 쥐고 흔든다.

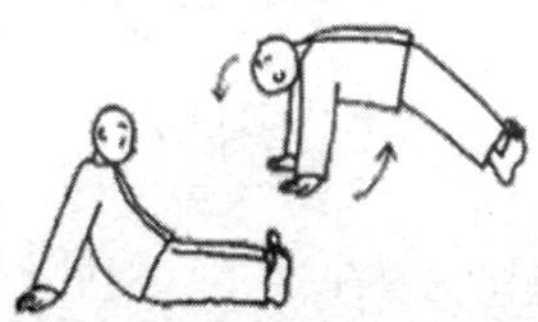

(8) 허리들기운동: 두손을 뒤로 짚고 허리를 든다

(9) 목운동: 천천히 크게 돌린다.

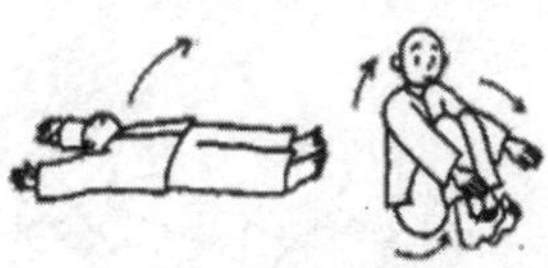

(10) 복근운동: 무릎을 세우면서 윗몸을 동시에 일으킨다.

(11) 등구르기: 발목을 깍지 끼어 잡고 뒤로 구른다.

(12) 다리벌리기: 무릎을 펴고 뒤로 구르면서 다리를 양쪽으로 최대로 벌린다.

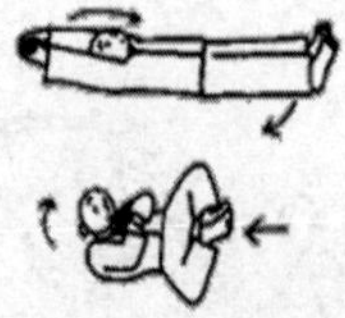

(13) 손발머리당기기: 머리를 들면서 가슴에 합장하고 발바닥을 붙여 끌어당긴다.

(14) 팔다리 흔들기: 팔과 다리를 위로 들어 편하게 흔든다.

(15) 손짚고 발뻗기: 양손과 발을 땅에 대고 대각선으로 뻗는다.

(16) 척추펴주기: 허리를 젖혀 하늘을 본다.

(17) 몸통 틀어돌리기: 팔을 벌려 허리를 크게 틀고 마지막에 몸을 돌린다.

(18) 뒤꿈치 들고 다리운동: 뒤꿈치 들고 팔을 45도로 벌리면서 앉았다가 일어난다.

5. 현대 여가와 불교문화

불교를 무소유와 소욕지족小慾知足의 가르침을 통해 개인의 욕망을 통제하고, 그 과정에서 참된 자아를 찾아 절대자유를 추구하는 종교로 이해한다고 하면, 불교문화와 수행법들은 현대 여가 문화의 부정적인 면들-여가 문화의 단조로움, 여가의 상품화로 인한 계층간 갈등 및 소비주의의 확산, 여가의 향락화 등을 극복하는 데 유용할 것으로 판단된다.

특히 소비적이고 향락적인 여가 생활은 인간을 삼독에 빠트림으로써 인간 소외를 발생시키는 요인이 된다. 따라서 불교 수행을 통해 여가 생활을 영위하는 것은 진정한 자유로움을 누릴 수 있는 해탈적 여가로 나아갈 수 있는 계기가 될 것이다.

불교는 인간을 연기적 존재로 이해한다. 다른 생명들과의 관계 속에서만 존재가치를 찾을 수 있는 연기적 존재(즉, 사회적 존재)인 인간의 여가 활동은 개인적 삶의 완성을 넘어서 사회적 가치의 실현을 추구하는 존재이어야 한다. 대승불교의 핵심 교리로 이해되는 자비와 보시의 사상은 사회적 가치의 실현을 위한 구체적 행동지침이다. 이를 통해 불교가 추구하는 최종적인 목표인 '자타일시성불도自他一時成佛道'의 경지를 달성할 수 있다. 이것은 불교문화가 여가에 의해 수행되는 사회통합 기능을 넘어서는 사회적 기능을 가지고 있음을 의미한다.

한편 앞으로의 여가 문화는 건강지향, 시간소비 중심, 정보 활용, 체험 및 자아실현 등의 특성을 중심으로 형성되어 갈 것으로 전망되고 있다(곽한병, 2005; 문숙재 외, 2005).

현대 자본주의 사회가 강제하고 있는 치열한 생존경쟁은 사람들에게 극심한 육체적·정신적 스트레스를 주고 있고, 인구의 고령화와 삶의 질과 웰빙(Well-being)에 대한 관심으로 인해 여가 활동에 있어서도 건강이 주된 관심사로 부상할 것으로 예측되고 있다. 크게 늘어난 여가 시간을 어떻게 활용하느냐에 따라 삶의 질에 대한 만족도가 달라지기 때문에 여가 시간을 적극적으로 소비함으로써 개개인의 삶을 풍부하게 하려는 시도도 더욱 커질 것이다. 정보화의 진전과 더불어 여가와 관련한 다양한 콘텐츠들이 생산되고, 이를 활용해 효율적인 여가 생활을 영위하려는 사람들이 늘고, 체험을 중시하는 문화의 확산과 자아실현에 대한 욕구가 커지면서 이를 수용할 수 있는 여가 문화들이 발달할 것이란 전망들이 제기되고 있다.

불교문화 및 수행법들은 이러한 미래의 여가 활동에서 요구되는 특성들을 고루 갖추고 있다는 점에서 향후 여가 문화의 주요 부분으로 등장할 것으로 기대된다.

물론 종교백화점이라 일컬어지는 한국 사회에서 여가 생활을 불교적 방법에 의해 영위해야 한다는 주장을 하고자 하는 것은 아니다. 다만 여가 생활의 궁극적 의미를 조화로운 삶의 완성을 추구하는 데 둔다면, 불교문화 및 수행법이 긍정적으로 기여할 부분이 많음을 보여주고자 할 따름이다.[8)]

---

8) 사실 앞서 예시한 불교문화 및 수행법의 대부분은 불교색을 탈각시킨 다양한 형태의 기능적 대체물들을 가지고 있거나, 우리 사회에 일반화되어 있는 것들이다. 다도는 이미 불교와 무관하게 사회 전반에 걸쳐 확산되어 있으며, 최근 웰빙 열풍과 함께 급속히 확산되고 있는 요가나 명상 등은 불교의 선 수행이나 선체조 등을 대체할 수 있는 여가 활동이다. 템플스테이 역시 불교문화의 체험이라는 측면보다는 우리의 전통문화 체험이라는 차원에서 접근하는 경우가 늘고 있고, 다른 종교의 경우에도 수련회는 핵심적인 종교활동의 하나로 평가되고 있다.

참고문헌

곽한병, 『여가 문화론』, 대왕사, 2005

김문겸, 『여가의 사회학: 한국의 레저문화』, 한울, 1993

김문겸, 「주5일 근무제 확대에 따른 여가 생활 변화와 정책적 과제」, 『부산발전포럼』 86: 7-13, 2004

김현주·이창현·박소라, 「주5일 근무제 실시에 따른 직장인들의 주말 여가 문화 이용 행태 변화」, 『제1회 여가 문화포럼』, 2002 (http://www.lculture.net/infodesk/논문정보 참조)

문숙재·윤소영·차경욱·천혜정, 『여가 문화와 가족』, 신정, 2005

박경준, 「불교의 노동관 소고」, 『불교학보』 35: 129-148, 1998

박경준, 「인도불교계율에 있어서의 노동 문제: 소승율장을 중심으로」, 『대각사상』 2: 149-170, 1999

박수호, 「수련법회의 현실과 포교론적 의미」, 『승가』 19: 155-172, 2003

박재환·김문겸, 『근대사회의 여가 문화』, 서울대학교 출판부, 1997

법인, 「수련법회 기획자는 무엇을 관찰해야 하는가?」, 《제1차 수련법회(사찰체험) 운영사찰 운영자 워크숍》 자료집, 대한불교조계종 포교원, 4: 10-11, 직지사, 2003

법정, 『숫타니파타』, 샘터, 1991

붇다팔라, 『불교 수행의 이론과 실제』, 근본불교학교 출판부, 2001

송해룡·김원제, 「정보미디어·서비스의 여가적 수용에 관한 시론적 연구」, 『방송연구』 22(1): 167-195, 2003

오순환, 『한국 여가 문화의 이해』(개정판), 일신사, 2000

유승무, 「불교의 노동관과 불교적 노사 갈등 해법」. 『중앙승가대학교 교수논문집』 9: 241-256, 2001

윤호진, 「불교의 노동관」, 불교신문사 편, 『불교에서 본 인생과 세계』, pp. 239-250, 홍법원, 1988

이우현, 「주5일 근무제와 여가 문화의 변화: 한일 관광교류를 중심으로」, 『일본연구』 12: 1-10, 2005
이장영 외 12인, 『여가』, 일신사, 2004
이정희, 「주5일 근무제에 따른 여가사회의 변화」, 『여행학연구』 16: 87-105, 2002
이천희 · 김민석, 「주 5일 근무제에 따른 여가의 전망과 대책」, 『한국여가레크리에이션학회지』 20: 113-122, 2001
이한메, 「주 5일 근무제의 도입과 사회문화적 과제」, 『참여불교』 15: 107-131, 2003
이한숙 · 노용구, 「여가환경 변화에 따른 여가정책 연구」, 『한국여가레크리에이션학회지』 26: 149-159, 2004
정영근, 「한국의 전통문화와 노동관」, 한국노동교육원 편, 『21세기를 대비한 직업과 산업윤리』, pp. 109-130, 한국노동교육원, 1998
정토출판 편집부, 『청소년 불교 수련의 길잡이』, 정토출판, 1995
조현호, 「속俗에 대응하는 성聖으로서의 여가에 관한 탐색적 연구」, 『관광연구논총』 6: 125-149, 1994
종범, 「한국불교의 수행전통: 교계의 유통불전을 중심으로」, 《불교와 그리스도교의 수행》 (씨튼연구원 종교대화 10주년 기념 심포지엄 자료집), 2003. 11. 5., 중앙승가대학교
지묵, 『초발심자경문 강설』, 우리출판사, 2002
최석만, 「장자의 소요유逍遙遊에서 본 현대의 여가 사상」, 《여가의 과거와 미래》 (2005 한국학연구원 기획학술대회 자료집), 2005. 11. 18., 계명대학교
최석호, 『한국 사회와 한국여가』, 한국학술정보(주), 2005
혜능, 『재가불자를 위한 계율 강좌』, 여시아문, 2000
宮坂有勝(미야사카 유쇼), 여래 편집부 옮김, 『불교에서 본 경제사상』, 여래, 1991
Dumazedier, Joffre, Tow*ard a Society of Leisure,* The Free Press, 1967
Durkheim, Emile, 노치준 · 민혜숙 역, 『종교생활의 원초적 형태』, 민영사, 1992
Godbey, Geoffrey, *Leisure in Your Life: An Exploration*, Venture Publishing, Inc., 2003
Huizinga, Johan, 김윤수 역, 『호모 루덴스』, 까치, 2003

Kelly, John, R. & Freysinger, Valeria J., *21st Century Leisure: Current Issues,* Allyn and Bacon, 2000

Kelly, John, R., "Weber Revisited: Leisure, Values and Religion," Paper presented at the World Leisure and Recreation Association 4th World Congress, Cardiff, Wales, 1996

Murphy, James, F., *Concepts of Leisure*(2nd ed.), New Prentice-Hall Inc., 1981

Schulz, John, "The Window through which We view the World: The Association of Religion and the Meaning of Leisure in Contemporary Australia," a Ph.D. dissertation, Griffith University, 2001

Sessoms, H. & Henderson, K., Leisure Services(7th ed.), Venture Publishing, 1994

Watkins, M., "An Application of the Phenomenographic Approach to Exploring Variation in People's Experiences of the Meaning of Leisure," a Paper presented at the ANZALS, University of Waikito Hamilton, New Zealand, 1999

Watkins, M., "Ways of Learning about Leisure Meanings," Leisure Sciences 22: 93-107, 2000

사진출처

그림 2 대한불교조계종 포교원

그림 3 선무도대금강문(sunmudo.com) [자료실-갤러리-일반수련] "TV촬영"

그림 4 불교신문(buddhistnews.net) 제2146호(2005. 7. 16) "[템플스테이] 금정산 범어사"

그림 5 미황사 홈페이지
http://mihwangsa.com/technote/board/mihwangsa13/upimg/1105427907.jpg

그림 6 금산사 산사체험 뜰 앞의 잣나무(sansa.geumsansa.org) [체험후기-포토 갤러리]
2004-04-11. http://sansa.geumsansa.org/attach_File/photo_bbs/DSC02955.JPG

그림 7 템플스테이(templestay.com) [템플스테이 가이드-프로그램 소개]
http://templestay.com/ guide/program.asp

그림 8 해인사(haeinsa.or.kr) [해인사-종무소-갤러리]
http://www.haeinsa.or.kr/maroo/upfile/gallery_dsc01514.jpg

그림 9 대한불교조계종 포교원

제7장 수행과 낙도로서의 여가

홍 승 표

1. 삶의 구조가 바뀌고 있다

노동이 삶의 주변으로 밀려나고, 여가가 삶의 중심을 차지하는 새로운 사회가 다가오고 있다. 그리고 우리들은 한탄하는 마음으로 이 변화를 지켜보고 있다.

'하루에 6시간만 노동하면 되는 사회'를 토마스 모어(Thomas More, 1478~1535)는 유토피아 사회의 한 가지 특징으로 제시하였다.[1] 노동자들이 하루 6시간만 일하면 되는 사회란 그 당시로서는 꿈과 같은 이야기였다. 하지만 지금 우리는 평균적으로 하루 6시간을 일하지 않으면서도 과거에는 상상하기조차 힘들었을 물질적 풍요를 누리고 있다. 더군다나 계속되는 기술 혁신의 결과로 노동시간은 지금도 줄어들고 있다.

1) More, Thomas, 황문수 옮김, 『유토피아』(범우사, 2005), p. 95 참조.

이미 1994년에 리프킨(Jeremy Rifkin)은 『노동의 종말』이라는 의미심장한 제목의 책을 출간하였다. 리프킨은 이 책에서 최근의 기술적 변동이 생산 현장에서 인간의 노동력에 대한 필요를 급진적으로 감소시키고 있음을 설득력 있게 주장하고 있다.[2] <표 1>에서 보듯이, 과거의 산업혁명이 인간의 근력筋力을 기계력으로 대치시켰다면, 지금의 신기술 혁명은 인간의 지력知力을 인공 지능으로 대체시킴으로써, '노동 없는 세계'라는 새로운 사회의 출현을 예고하고 있다.[3]

<표 1> 기술혁신과 노동에 대한 수요의 감소

	과거의 산업 혁명	현재의 기술 혁신
기술 혁신	기계화: 기계력의 사용	자동화: 인공 지능의 사용
노동의 감소	인간의 근력 → 기계력	인간의 지력 → 인공 지능

이에 따라서 일생 중 생산노동에 참여하는 시간은 현저하게 줄어들고 있다. 많은 사람들이 대학을 졸업한 이후에야 노동시장에 진입하며, 퇴직 이후 긴 시간을 생산노동에 참여하지 않고 지낸다. 노동자의 일일 노동시간이나 일 년 중의 노동 일수 등이 모두 감소하고 있다. 또한 전반적으로 정년퇴직의 시기가 앞당겨지고 있을 뿐만 아니라 명예퇴직이나 정리해고 등으로 노동시장에 참여하는 기간이 줄어들고 있다. 청년 실업도

2) Rifkin, Jeremy, 이영호 옮김, 『노동의 종말』(민음사, 1996), pp. 21~33 참조.

3) 홍승표, 『깨달음의 사회학』(예문서원, 2002), p. 204 참조.

급속히 증가하고, 시간제 근로와 임시직과 같은 비정규직이 많아지고 있다.4)

요약하면, 노동시간은 감소하고 있고, 이에 비례해서 여가 시간은 증가하고 있다. 빠른 속도로 여가가 새로운 삶의 중심을 차지해가고 있는 것이다. 과거의 삶에서 여가가 삽화적인 것에 불과했다면, 미래의 삶에서는 노동이 삽화적인 것으로 변모하게 될 것이다.

여가의 증가를 바라보는 현대인의 모습은 1810년대 영국 섬유공업 지역에서 일어났던 러다이트운동(Luddite Movement)에 가담했던 화난 노동자들을 연상시킨다. 기계화로 인해서 자신의 일터를 빼앗긴 숙련노동자들은 기계의 파괴를 통해서 역사의 운동을 정지시키고자 하였다.

러다이트운동 이후에도 기계화는 계속 진척되었듯이, 우리들이 지금의 변화를 어떤 시각에서 바라보건 '여가의 증가' 라고 하는 현재의 추세는 멈추지 않을 것이다. 이에 따라서, 여가가 중심이 되는 '새로운 삶의 양식에 우리들이 어떻게 대응할 것인가' 하는 것은 참으로 중대한 문제가 되었다. 우리의 선택은 '노동 중심의 삶을 살 것인가?' 아니면 '여가 중심의 삶을 살 것인가?' 하는 것이 아니다. 우리의 선택은 '어떤 형태의 여가 중심의 삶을 살 것인가?' 하는 것이다. 앞으로 우리들이, '개인적으로 행복한 삶을 살 것인가' 또 '문명의 차원에서 아름다운 미래 사회를 건설할 수 있을 것인가' 하는 문제는 '증가하는 여가를 어떤 식으로 사용하는 가'에 달려있다고 해도 과언이 아니다.

이제는 과거가 되어가고 있는 '노동 중심의 사회'에서는 '어떤 일을 하는가?' 하는 것이 참으로 중요하였다. 사회적 지위와 소득이 높은 일에

4) 같은 책, pp. 204~205 참조.

종사하는 사람들은 자신을 대단하게 여겼으며, 일자리를 잃은 사람은 인생에서 소중한 모든 것을 잃은 양 비통해 하였다.

하지만 빠른 속도로 현재가 되어가고 있는 미래의 '여가 중심의 사회'에서는 '어떻게 여가를 보내는가?' 하는 것이 참으로 중요해 질 것이다. '얼마나 인생을 잘살고 있는가?' 하는 문제에 대한 평가는 '얼마나 창조적인 방법으로 여가 시간을 보내는가?' 하는 것과 직결될 것이다.

하지만, '지금 인류가 증가하는 여가를 창조적으로 사용하고 있는가?' 하는 질문에 대한 대답은 회의적이다. 현대인의 여가 생활을 돌아보면, 단순한 오락이나 소비활동으로 여가 시간을 보내는 경우가 대부분이다. 이런 여가의 오용은 개인적으로는 삶의 불행을, 문명의 차원에서는 문명의 파탄을 초래할 심각한 문제이다.

인류가 오락과 소비활동으로서의 여가 생활을 계속하게 된다면, 우리는 더 많은 것들을 생산해야만 한다. 이것은 지구생태계가 감당할 수 없는 일이 될 것이다. 또한 우리들이 생산과 소비에 몰두하는 삶을 살아가는 동안, 인간은 존재의 아름다움을 잃어버린 채, 자본주의 체제에 예속된 추악하고 불행한 존재로 전락해 버릴 것이다. 희소자원을 차지하지 위한 쟁탈은 심화되고, 그 결과 모든 사회관계는 더욱 악화될 것이다. 더 많은 생산과 소비가 치러야 하는 대가가 이토록 혹독한 대신에, 이를 통해서 우리가 얻을 수 있는 것은 무엇인가? 그것은 '지금보다 조금 더 편리함'일 따름이다.

그렇다면 현 인류는 왜 이런 어리석은 삶의 방식을 청산하지 못하는가? 그 이유는 현대인이 근대적 세계관에 고착되어 있기 때문이다. 근대적 세계관의 관점에서 보았을 때, 인간이란 욕망의 만족을 추구하는 욕망의 주체이다. 욕망의 주체로서 인간을 전제하였을 때, 더 나은 삶과 문명이란 욕망 충족적인 삶과 문명을 의미하게 된다. 그리하여 현 인류는 더욱 더 욕망 충족적인 삶과 문명의 건설을 향한 맹목적인 돌진을 계속하고 있고, 여가 생활 역시 욕망 충족적인 활동으로서의 여가 생활이 지배하고 있는 것이다.

현재 우리들은 근대적 세계관이라고 하는 낡은 세계관에 얽매여서, 음울한 시선으로 현재의 변화를 지켜볼 뿐, 새로운 시대의 변화에 창조적으로 응전하지 못하고 있다. '노동을 통해서 자신의 인간적 본질을 실현한다'는 근대적 노동관의 관점에서 보면, 노동이 사라져가는 현실의 변화를 평온한 마음으로 받아들일 수는 없다. 더군다나 새로운 현실에 대한 창조적인 응전이란 생각할 수도 없는 것이다.

돌이켜보면, 우리가 미래를 향해서 나아가는 것을 가로막고 있는 근대적 노동관이란 기묘하기 짝이 없는 것이다. 근대적 노동관은 노동에 대한 열정을 불러일으킴으로써, 현대 문명을 건설할 수 있는 에너지를 얻어낼 수 있었다. 하지만 어떻게 노동을 통해서 그것도 노동을 통해서만 우리가 인간다움에 이를 수 있다는 말인가! 이것은 인간을 욕망 덩어리로 전제하는 근대적 세계관의 틀 안에서만 타당성을 가질 수 있는 명제이다. 노동은 욕망 충족의 대상물을 생산하는 활동이기 때문에, 욕망 덩어리로서의 인간의 인간다움을 이루는데 기여할 수 있기 때문이다.

바로 이런 구시대의 납득할 수 없는 인간관과 노동관에 사로잡혀서, 현재의 변화를 비관적인 눈으로만 바라본다면, 이건 정말 우스운 일이 아닐 수 없다. 현재의 변화를, 파괴적으로도 창조적으로도 해석할 수 있는데, 인간 억압으로도 인간 해방으로도 해석할 수 있는데, 우리가 굳이 파괴적이고 억압적인 측면만을 보고자 한다면 참으로 이상한 일이다. 우리들은 바로 이런 우스꽝스럽고 기이한 현실에 직면해 있다. 왜 그런 것일까? 낡은 세계관이 여전히 현대인의 의식을 지배하고 있기 때문이다.

그렇다면 인류는 어떻게 이런 어리석은 상태에서 벗어날 수 있겠는가? 어떻게 창조적인 여가 생활을 누릴 수 있겠는가? 그 답은 '세계관의 근본적인 전환을 통해서'이다. 근대적 세계관으로부터 통일체적 세계관으로의 세계관의 전환이 일어났을 때, 우리들은 새로운 삶과 문명 건설을 위한 세계관적 기초를 가질 수 있다. 통일체적 세계관의 관점에서 보았을 때, 삶의 궁극적인 목적은 '참된 자기'를 깨닫고 이를 즐기는 것이기 때문이다. 이 때, 바람직한 여가 생활이란 참된 자기를 깨닫기 위한 활동으로서의 수행修行과 이를 즐기는 활동으로서의 낙도樂道가 된다.

노동에 대한 새로운 해석이 근대 문명의 초석이 되었듯이, 여가에 대한 새로운 해석은 탈근대 문명의 초석이 될 것이다. 이 글은 새로운 세계관으로서의 통일체적 세계관의 바탕 위에서 미래의 사회구조와 창조적으로 조응할 수 있는 여가의 새로운 의미를 탐구하고자 한다.

이 글에서는, 첫째, 근대적 세계관과 현대 사회에서 여가의 오용 간의 상관관계를 밝히고자 하며, 둘째, 미래의 새로운 문명 기획의 핵심적인 부문으로 '창조적인 여가 생활'의 진정한 의미를 통일체적 세계관의 관점에서 탐구하고자 한다.

2. 현대 사회와 여가의 소외

현대인이 가장 두려워하는 것은 '여가 시간의 증대'가 아닐까? 사회 구조의 변동에 따라서 여가 시간은 지속적으로 증가하고 있지만, 자신에게 주어진 시간에 대해서 현대인은 부담과 고통을 겪고 있는 것 같다. 일찍이 에릭 프롬(Erich Fromm, 1900~1980)은 현대인이 '자유로부터 도피'하고 싶어 하는 심리적 욕구를 갖고 있음을 지적하였다. 이와 유사하게, 현대인은 자기에게 주어진 시간을 '자신과 대면하는 것으로부터 도피'하고 싶어 하는 것 같다. 이것이 바로 현대인의 소외된 여가 생활의 단적인 특징이 아닐까 한다.

마르크스(Karl Marx, 1818~1883)는 그의 시대 속에서 '소외된 노동'을 말했다. 하지만, 나는 지금의 시대 속에서 '소외된 여가'를 말하고자 한다. 마르크스는 '노동의 소외'야말로 자신의 시대가 직면하고 있는 가장 심각한 사회 문제라고 하였다. 하지만, 나는 지금 '여가의 소외'야말로 이 시대가 직면하고 있는 가장 심각한 사회 문제라고 말한다.

여가란 인간의 인간다운 본질을 실현시켜나가는 가장 창조적인 활동일 수 있다. 하지만 현대인의 여가 생활은 지극히 소외되어 있다. 여가의 소외는 삶을 황폐화시키고, 문명을 위험으로 몰아넣는 근원이 되고 있다. 현대 사회의 여가 생활이 이처럼 깊은 소외를 겪고 있는 근본적인 원인은 무엇일까? 이 시대를 지배하고 있는 근대적 세계관이 여가의 소외를 야기 시키는 근본 원인이다. 이 장에서는 근대적 세계관의 특징을 밝히고, 어떻게 근대적 세계관이 현대 사회에서 여가의 소외의 근원이 되고 있는가를 서술하고자 한다.

1) 여가 소외의 세계관적 근원은 무엇인가

서구 근대기에 출현한 근대적 세계관은 오늘날 세계를 바라보는 주도적인 관점이 되었다. 근대적 세계관의 핵심적인 특징은 '모든 존재들 간의 근원적 분리'를 전제한다는 점이다. 근대적 세계관의 관점에서 보았을 때, 각각의 인간은 세계로부터 근원적으로 분리된 개체로 인식된다. 이 때, 인간은 욕망의 주체이며, 합리적으로 자신의 욕망 충족의 극대화를 추구하는 존재이다.

이런 근대적 인간관의 관점에서 볼 때, 인간에게 있어서 중요한 활동은 노동과 소비이다. 왜 현대 사회에서 노동과 소비가 그렇게 중요한 의미를 갖게 되는가? 노동이란 인간의 욕망 충족의 대상물을 생산하는 활동이며, 소비란 바로 그 생산물을 이용하여 욕망을 충족시키는 활동이기 때문이다. 이렇게 볼 때, 근대적 관점에서의 여가 생활이란 두 가지 의미만을 갖게 된다. 하나는 소비 활동으로서의 여가 생활이며, 다른 하나는 노동을 위한 재충전의 시간으로서의 여가 생활이다.

<표 2> 근대적 세계관과 여가관

근대적 세계관	모든 존재들 간의 근원적 분리를 전제
근대적 인간관	인간은 세계로부터 근원적으로 분리된 개체로서 욕망의 주체
근대적인 의미에서 이상적인 삶	욕망 충족적인 삶
근대적인 삶의 중심	1. 노동: 인간의 욕망 충족의 대상물을 생산하는 활동
	2. 소비: 노동 생산물을 이용하여 욕망을 충족시키는 활동
근대적인 여가관	1. 소비 활동으로서의 여가 생활
	2. 노동을 위한 재충전 활동으로서의 여가 생활

근대적 세계관이 태동한 것은 14~16세기 르네상스기였다. 이 시기를 살았던 근대 문명의 선구자들은 고대 그리스와 로마 문명에서 미래의 새로운 문명 건설을 위한 비전을 보았다(홍승표, 2002: 26). 르네상스기를 거치면서, 중세적 세계관으로부터 근대적 세계관으로의 세계관의 대전환이 이루어진 것이다. 근대적 세계관은 인간과 세계를 바라보는 새로운 관점을 제공하였으며, 삶의 의미와 목적에 대한 새로운 해답을 제시하였다.

이 시기에 이르러, 인간이란 더 이상 자신이 속한 집단의 일원으로서가 아니라 자신의 개성과 주체성을 갖고 있는 개인으로 인식되기 시작였다. 인간은 자신을 둘러싸고 있는 세계와 근원적으로 분리된 개체이며, 합리적으로 자신의 욕망 충족의 극대화를 추구하는 욕망의 주체로 간주되었다. 이와 같은 존재론적 특징을 갖고 있는 개인은, 더 이상 자신이 속한 집단이나 친밀한 사람들과의 관계를 통해서 자신의 정체성을 파악하고 삶의 의미를 발견하며 자신의 삶을 헌신할 수 없게 되었다. 개인에게 남아있는 유일한 삶의 의미는 외부 세계와 분리된 자기 자신뿐이다. 이 때, 인간이란 시간과 공간 속의 유한한 존재이며, 자기의 실체는 바로 자신의 욕망이다(홍승표, 2002: 29).

'인간이란 욕망을 추구하는 존재' 라고 하는 근대적 인간관은 다양한 형태로 표출되었다. 정치학에서는 홉스(Thomas Hobbes, 1588~1679)와 마키아벨리(Niccolò Machiavelli, 1469~1527)가 '권력을 추구하는 존재' 로서의 인간에 대한 인식을 발전시켰다. 인간이란 자연 상태에서 권력을 포함해서 무한한 욕망을 추구하는 존재라고, 이들은 주장하였다. 이들의 관점은 근대적 인간관의 형성에 커다란 영향을 끼쳤다. 아담 스미스(Adam Smith, 1723~1790)를 비롯한 고전경제학자들은 인간이란 '이윤을 추구하는 존재'라고 하는 경제인(homo economicus)의 개념을 발전시켰다. 또 심리학의 영역에서는 프로이드(Sigmund Freud, 1856~1939)가 중심이 되어 성적 쾌락을 위시하여 '본능의 만족을 추구하는 존재'로서의 인간관을 발전시켰다.

욕망을 추구하는 존재로서의 근대적 인간관은 상기한 학문의 세계에서 뿐만 아니라 문학을 위시한 예술의 세계에서도 널리 퍼져나갔다. 『적과 흑』(1830)에서 자신의 정열과 욕망을 추구하는 청년 쥘리앙 소렐, 『카라마조프가의 형제들』(1879)에서 수전노이며 자신의 욕망만을 추구하는 영감 표도르 카라마조프 등과 같이 세계로부터 분리되어서 자신의 욕망의 추구에 몰두하는 인간상들이 근대 문학의 세계에 빈번하게 출현한다. 그리고 마침내, 근대적 인간관은 일반인들의 보편적인 인간 인식의 형태로 확산되었다.

이런 근대적 인간관의 관점에서 볼 때, 자신을 둘러싸고 있는 세계란 무엇인가? 외부 세계는 자신에게 아무런 본래적인 의미가 없다. 외부 세계란 오직 자신의 욕망 달성을 위해서 이용·지배·착취해야 할 대상일 따름이다. 인간은 대상 세계를 이용하거나 지배하여 욕망 충족적인 삶의 목표를 달성하고자 한다. 근대적 인간관의 관점에서 보았을 때, 인간다운 삶의 의미는 욕망 충족적인 삶이며, 이상적인 사회의 모습은 욕망 충족적인 사회이다.

그렇다면 어떻게 근대적인 의미에서 이상적인 삶과 문명의 상태에 도달할 것인가? 그 대답은 '노동을 통해서'이다. 노동이란 인간의 욕망 충족에 적합한 형태로 자연을 변형시켜나가는 활동이다. 그러므로 욕망 충족적인 삶과 문명을 가능하게 하는 것은 다름 아니라 생산 활동으로서의 노동이다. 이리하여 노동은 인간다운 삶을 가능하게 하는 활동으로서의 의의를 갖게 되며, 현대 사회에서 노동의 의미는 한껏 고양되게 되었다.

근대 이전의 역사를 돌이켜보면, 노동은 비천한 것으로 회피되어왔으며, 피할 수 없는 고역으로 치부되어왔다. 『성경』의 「창세기」를 보면, 노동의 기원은 금단의 열매를 따먹은데 대해 신이 내린 처벌이었다(『베스트 성경』, 1995: 5). 고대 그리스 사회에서도 유사한 노동 기원설이 있었다. 프로메테우스가 불을 훔쳐간데 대해, 제우스신이 인간에 내린 벌이 노동이었다(淸水正德, 1983: 27). 동아시아의 사회에서도 노동이란 신분적으로 낮은 사람들이 살기 위해서 어쩔 수 없이 해야만 하는 고역으로 간주되었다.

이런 처벌과 고역으로서의 노동관에 근본적인 변화를 일으킨 것은 루터(Martin Luther, 1483~1546)나 칼뱅(John Calvin, 1509~1564)과 같은 종교 개혁가들이었다. 이들은 수도원에서 무위도식하는 삶을 비난하고, 세속적인 노동과 직업 활동이야말로 이웃 사랑의 표현이자 신의 뜻에 부합하는 가장 숭고한 인간 활동이라고 주장하였다. 이들의 주장에 힘입어서 노동은 종교적으로 고귀한 활동으로서의 의미를 갖게 되었다(신준식, 1994: 120~123).

노동에 부여하는 긍정적인 의미는 헤겔(Georg Wilhelm Friedrich Hegel, 1770~1831)과 마르크스에 이르러서 '노동을 통해서 자신의 본성을 실현 한다'는 명제에까지 이르게 되었다. 헤겔에게 있어서 노동이란, "주체가 자기 자신을 가능성의 밤으로부터 현존의 낮으로 옮겨 놓는 것과 같으며, 전개되지 않은 존재 형식을 전개된 존재 형식으로 이전시키는 것이다"(Popitz, 1983: 84).

헤겔의 노동관을 이어받은 마르크스는 '참된 노동을 통해서 인간은 자신의 인간적 본질을 실현하게 된다'고 하여 노동에 궁극적인 가치를 부여하였다. 마르크스는 노동이란 단순히 생계유지를 위한 수단적인 활동에 그치는 것이 아니라, 인간의 보편적인 본성을 발전시키는 실존적인 활동이라고 보았다(정문길, 1978: 69). 이런 과정을 거치면서, 노동은 현대 세계에 이르러서 지극히 긍정적이며 적극적인 의미를 갖게 되었다.

<표 3> 노동관의 변천

근대 이전의 노동관	종교 개혁가들의 노동관	헤겔과 마르크스의 노동관
-신이 내린 처벌로서의 노동 -생존을 위한 고역으로서의 노동	-신의 영광을 지상에 실현하는 활동으로서의 노동 -이웃 사랑의 표현으로서의 노동	-인간의 보편적인 본성을 실현하는 실존적인 활동으로서의 노동

2) 현대 여가 생활은 얼마나 소외되어 있나

삶의 구조는 급속하게 여가 중심적인 것으로 바뀌어가고 있지만, 여전히 노동 중심적으로 삶을 바라보는 근대적 세계관이 현 시대를 지배하고 있다. 근대적 세계관에 바탕을 둔 노동 중심적인 인생관과 신기술 혁신이 창출하는 유한有閑적인 삶의 구조는 점점 더 심각한 균열을 일으키고 있는데, 이것이야말로 낡은 근대적 세계관과 새로운 사회 구조가 일으키는 대표적인 문명 충돌 현상이다. 이로 인해서, '참된 여가 활동을 통해서 인간적인 본질을 실현' 한다는 탈근대적인 삶의 목표는 훼손되고 있다.

현대 사회를 지배하고 있는 근대적 세계관의 관점에서 볼 때, 노동은 궁극적인 것임에 반해서 여가란 부수적인 것에 불과한 것이었다. 현대 사회는 근면을 커다란 덕성으로 고취하였으며, 노동을 소홀히 하면서, 무위도식하는 삶의 방식은 혹독히 비판하였다.

현대 사회에서 여가의 의미에 대해서, 김광득은 기존의 여러 가지 개념 규정들을 종합하여 다음과 같이 정의하고 있다.

> 여가는 개인이 가정, 노동 및 기타 사회적 의무로부터 자유로운 상태하에서 휴식, 기분전환, 자기계발, 사회적 참여를 이루기 위하여 활동하게 되는 시간으로 정의할 수 있다(김광득, 2003: 26).

이런 여가에 대한 규정에서 볼 수 있듯이, 근대적 세계관의 관점에서 보았을 때, 여가란 세 가지 의미를 가질 수 있다. 첫째, 여가란 노동 생산물을 소비하는 활동이다. 둘째, 여가란 새로운 노동을 위한 재충전의 시간이다. 셋째, 여가란 자유로운 자기계발의 시간이다. 이 각각의 여가가 무엇을 의미하는가에 대해서 조금 더 상세하게 서술하고, 그 문제점을 논의하도록 하겠다.

첫째, 소비 활동으로서의 여가란 생산 활동을 통해서 벌어들인 수입을 노동 생산물을 소비하는 데 사용하는 활동으로 여가를 보내는 것을 가리킨다. 이것은 자본주의 사회에서 볼 수 있는 전형적인 형태의 여가 활동이다. 여기에는 다양한 형태의 오락이나 소비 활동이 포함된다. 쇼핑과 같은 상품 구매활동, 외식, 텔레비전 시청, 영화 관람, 전자오락, 신문 구독, 운동이나 스포츠 관람, 음주와 가무, 도박, 여행 등이 이 범주에 속한다.

소비 활동으로서의 여가는 다음과 같은 문제점을 갖고 있다. 첫째, 더 많은 소비는 더 많은 생산을 부추기며, 생산과 소비의 과정에서 많은 쓰레기를 배출함으로써 환경오염과 생태계의 붕괴를 가속화시킨다. 둘째, 소비 활동이 증가하면 할수록, 자원고갈의 문제가 심화된다. 셋째, 이것은 가장 근본적인 문제인데, 의식이 소비의 대상에 쏠려있는 동안, 사람들은 자본가들이 만들어낸 욕망의 노예가 되며, 자신에 내재해 있는 '참된 자기'와는 더욱 소원해지게 된다.

둘째, 노동 재충전의 시간으로서의 여가란 휴식을 취하고, 이를 통해서, 노동능력을 회복시키는 활동을 가리킨다. 여기에는 낮잠, 운동, 여행, 텔레비전 시청 등과 같은 활동이 포함된다.

노동 재충전의 시간으로서의 여가 생활에는 근본적인 전도의 문제가 내재하여 있다. 이것은 마치 왕이 시녀에게 봉사하는 것과 같은 것이다. 현 시대 속에서 '노동을 위한 여가인가?' 아니면 '여가를 위한 노동인가?'라는 질문을 던졌을 때, 양자 간의 정상적인 관계는 후자에 해당한다. 노동이란 인간다운 삶을 위한 수단을 마련하기 위한 활동이며, 근본적으로 도구적인 활동이다. 반면에, 여가란 인간다운 삶을 실현하는 활동이며, 근본적으로 목적적인 활동이다. 그러므로 노동을 위한 재충전의 시간으로서의 여가 생활이란 그 자체로서 전도의 문제를 갖고 있다.

셋째, 자기계발 활동으로서의 여가란 노동으로부터 해방되어 자발적으로 자기계발에 몰두하는 활동을 가리킨다. 여기에는 직업과 무관한 여러 가지 교습 활동, 음악 감상, 독서, 글쓰기, 스포츠 활동, 댄스, 공예, 그림 그리기, 원예 등과 같은 활동이 포함된다.

이것은 근대적 인간관의 관점에서 보았을 때, 최상의 여가 활동이라고 하겠지만, 통일체적 세계관에서의 진정한 여가 활동과는 근본적으로 다른 것이다. 여기서 자기계발의 '자기'가 가리키는 것은 이 세계로부터 분리된 고립된 자아를 가리키며, 자기계발이란 자아가 갖고 있는 잠재적 능력의 계발을 의미할 따름이다. 이런 형태의 자기계발을 통해서, '참된 자기'에 접근하는 것은 불가능하다. 그러므로 이 세 번째 유형의 여가 활동 역시 창조적인 여가 활동이라고 볼 수는 없다.

이상에서 요약한 세 가지 유형의 여가 활동은 모두 근대적 인간관에 바탕을 두고 있다. 근대적 인간관은 세계로부터 분리된 개체로서의 인간을 전제하며, '참된 자기'를 내재하고 있는 우주적인 존재로서의 인간에 대한 관점을 근원적으로 배제한다. 그러므로 현대적 여가 활동은 한 마디로 '참된 자기'로부터 소외된 활동이 될 수밖에 없다.

전반적으로 현대인들은 여가를 창조적으로 보내지 못할 뿐만 아니라 여가의 증가 자체를 음울한 시선으로 바라본다. 청년실업을 겪고 있는 사람들은 물론이려니와 정년퇴직을 하고 난 사람들마저도 직장의 상실에 우울해하는 모습을 많이 볼 수 있다. 이것은 자신의 직업을 자신과 동일시하기 때문에 생겨나는 현상이다. 많은 현대인들에게 직장의 상실은 자신의 존재 의미의 상실을 뜻한다.

이와 같이, 근대적 노동관은 우리들의 의식세계에 깊은 뿌리를 내리고 있다. '열심히 일해서 소득을 많이 올리는 것이야말로 인간다운 삶을 살아가는 것'이라고 하는 비합리적이고 비현실적인 근대적 관점이 우리를 지배하고 있다. 이런 사고방식을 받아들였을 때, 여가 시간의 증대란 인간다운 삶의 기회의 축소를 의미할 뿐이다. 근대적 노동관은 급속히 증가하고 있는 여가 시간을 창조적으로 사용하는 것을 불가능하게 하는 근본적인 요인이다.

노동이 이렇듯 궁극적인 것으로 떠받들려지는 현대 사회에서 여가란 무엇인가? 현대 사회에서 여가란 격이 떨어지는 것이다. 현대 사회에서는 노동하지 않고 여가만을 즐기고자하는 사람을 사회의 기생충과 같은 존재로 여긴다. 현대 사회에서 여가가 목적적인 의미를 가질 수 있는 것은 오직 노동에 의해서 생산된 욕망 충족의 대상물을 소비하는 활동으로서이다.

바로 이와 같은 이유에서, 현대 사회에서 여가가 가질 수 있는 의미는 지극히 한정된다. 여가는 노동을 위한 재충전의 시간으로서의 수단적인 의미와 욕망 충족적인 활동으로서의 목적적인 의미를 가질 수 있을 따름이다. 인간을 욕망의 주체로 한정시켰을 때, 여가는 위의 두 가지 의미를 벗어날 수 없다. 이에 따라서, 여가 중심의 새로운 사회로 나아가는 지금, 현대인의 여가 생활은 전면적으로 소외된 활동이 되어버렸다.

3. 새로운 여가의 의미를 찾아서

여가가 삶의 중심을 차지하는 새로운 시대를 맞이하면서, 창조적인 여가 생활을 위한 새로운 여가관의 모색은 긴급하고 중요한 과제가 되었다. 근대가 새로운 노동관의 기초 위에서 새로운 삶과 문명을 건설하였듯이, 현재 우리는 새로운 여가관의 기초 위에서 탈근대의 새로운 삶과 문명을 건설하여야 한다. 새로운 노동관이 중세적 세계관으로부터 근대적 세계관으로의 전환에 바탕 하여 출현할 수 있었듯이, 새로운 여가관은 근대적 세계관으로부터 통일체적 세계관으로의 전환에 바탕 하였을 때만 출현할 수 있는 것이다. 이 장에서는 새 시대의 새로운 세계관으로서 통일체적 세계관의 특징을 서술하고, 통일체적 세계관에 바탕 해서 여가의 새로운 의미를 구성해 보고자 한다.

1) 새롭게 바라보기

의상義湘은 『화엄일승법계도華嚴一乘法界圖』에서 통일체적 세계상을 다음과 같이 표현하였다(Chang, 1998: 219).

일一 가운데 일체一切가 있고 다多 가운데 일一이 있으며	一中一切多中一
일一이 곧 일체一切요 다多가 곧 일一이다.	一卽一切多卽一
한 티끌 속에 시방十方을 포함하고	一微塵中含十方
일체一切 티끌 중에도 이와 같다.	一切塵中亦如是
무량한 먼 겁이 곧 일념이요,	無量遠劫卽一念
일념이 곧 무량겁이다.	一念卽是無量劫

위의 구절은 모든 존재들이 시공간적으로 상즉相卽(mutual identity) · 상입相入(mutual penetration)하는 통일체적 세계상을 잘 서술하고 있다.

통일체적 세계관이란 세계를 바라보는 어떤 관점을 지칭하는 것일까? 통일체적 세계관이란 시공간적으로 '모든 존재들 간의 근원적인 통일성'을 전제하는 세계인식 원리이다(홍승표, 2002: 64). 분석적인 측면에서 보았을 때, <표 4>에서와 같이, '모든 존재들 간의 근원적인 통일성'에는 시간적인 통일성과 공간적인 통일성이라고 하는 두 가지 차원이 존재한다.

시간적인 차원에서의 통일성이란 순간과 영원이 서로 상즉·상입하여 통일체적 존재 양식을 취하는 것을 말한다(홍승표, 2002: 67). 위에서 인용한 『화엄일승법계도』의 "무량한 먼 겁이 곧 일념이요, 일념이 곧 무량겁이다"라는 구절에서와 같이, 짧은 한 순간과 영원한 시간이 서로를 품고 있다는 식으로 사유하는 방식을 시간적 차원에서의 통일체적 세계 인식이라고 할 수 있다. 예를 들어서 말하자면, 통일체적 세계관의 관점에서 보았을 때, 지금 우리가 맞이하는 '이 겨울'에는 시작을 알 수 없는 까마득한 과거로부터 끝을 알 수 없는 아득한 미래로까지의 모든 겨울이 담겨 있는 것이다.

공간적인 차원에서의 통일성이란 부분과 전체가 서로 상즉·상입하여 통일체적 존재 양식을 취하는 것을 말한다(홍승표, 2002: 68). 『화엄일승법계도』의 "일一 가운데 일체一切가 있고 다多 가운데 일一이 있으며 일一이 곧 일체一切요 다多가 곧 일一이다. 한 티끌 속에 시방十方을 포함하고 일체一切 티끌 중에도 이와 같다"라는 구절에서와 같이, 공간 속의 한 점과 무한한 대우주가 서로를 품고 있다는 식으로 사유하는 방식을 공간적 차원에서의 통일체적 세계 인식이라고 할 수 있다. 예를 들어서 말하자면, 통일체적 세계관의 관점에서 보았을 때, '대구의 겨울'에는 지구상의 모든 지역의 겨울이 담겨 있는 것이다.

<표 4> 통일체적 세계관의 두 가지 차원

시간적인 차원에서의 통일체적 세계관	시간의 한 점 속에는 영원한 시간이 담겨 있음
공간적인 차원에서의 통일체적 세계관	공간의 한 점 속에는 무한한 대우주가 담겨 있음

통일체적 세계관의 관점에서 보면, 사람, 동물, 식물, 그리고 원자에서 대우주에 이르기까지, 모든 존재는 우주적인 도道가 여러 가지 형태로 나타난 것이다(볼린, 1994: 12～13). 그러므로 우주적인 도의 관점에서 볼 때, 나와 너, 인간과 자연, 원자와 대우주, 과거와 현재와 미래는 모두 하나인 것이다.

그렇다면, 통일체적 세계관에서 바라보는 인간의 모습은 어떤 것인가? 통일체적 세계관의 관점에서 볼 때, 인간이란 자신 안에 대우주를 품고 있는 우주적인 존재이다. 세계가 나를 품고 있듯이, 인간의 마음은 본래부터 온 우주를 그 안에 담고 있다(서윤길, 1996: 194). 내 안에는 까마득한 과거로부터 머나먼 미래에 이르기까지 우주적인 시간이 내재하여 있다. 내 안에는 아주 작고 미세한 것에서부터 아주 크고 거대한 것에 이르기까지 우주적인 공간이 내재하여 있다.

인간에 내재해 있는 전체 우주를 '참된 자기'라고 부른다. 『대학大學』에서 말하는 '명덕明德', 『중용中庸』에서 말하는 '성性', 공자孔子나 맹자孟子의 '인仁', 불성佛性, 진아眞我, 여래장如來藏, 융(C. G. Jung)의 '자기(self)' 같은 개념들은 모두 내 안에 내재하고 있는 '참된 자기'를 가리키는 개념들이다.

인간은 수행을 통해서 '참된 자기'를 자각할 수 있으며, 이런 자각을 '깨달음'이라고 말한다. 통일체적 세계관의 관점에서 볼 때, 인간다운 인간이란 '참된 자기'를 깨닫고 이를 즐기는 사람이다. 이런 맥락에서 볼 때, 깨달음은 삶의 궁극적인 목적이다. 우주적인 존재로서의 자신을 깨닫기 위한 노력이 수행이며, 자신의 깨달음을 즐기는 것이 낙도이다. 수행이란 인간이 자신의 인간적인 본질을 실현하기 위한 활동이며, 낙도란 자신의 인간적인 본질을 즐기는 활동이다.

근대적 세계관의 관점에서 볼 때, 인간적인 본질을 실현해나가는 활동은 노동이며, 인간적인 본질을 즐기는 활동은 소비이다. 이에 반해서, 통일체적 세계관의 관점에서 볼 때, 인간적인 본질을 실현해나가는 활동은 수행이며, 인간적인 본질을 즐기는 활동은 낙도이다. 이에 따라서, '시간을 어떻게 사용하는 것이 바람직한 것인가?' 하는 문제에 대한 해답은 세계관에 따라서 전혀 달라진다. 통일체적 세계관의 관점에서 볼 때, 수행과 낙도야말로 가장 창조적인 여가 활동으로서의 의미를 갖는다.

2) 여가의 새로운 의미는 무엇인가

'바람직한 삶과 여가 생활'의 의미는 세계관에 따라서 크게 달라진다. 통일체적 세계관의 관점에서 보았을 때, 이상적인 삶은 어떤 것일까? 낙도樂道하는 삶이다. 낙도하는 삶이란 어떤 것일까? '참된 자기'의 자연을 즐기는 삶이다. 낙도하기 위해서는 어떻게 해야 하는가? '참된 자기'를 깨닫기 위해서 수행해야 한다. 이렇게 본다면, 통일체적 세계관에서 창조적인 여가 생활의 의미는 분명하다. 그것은 수행과 낙도로서의 여가 생활이다.

<표 5> 통일체적 세계관과 여가관

<table>
<tr><td>통일체적 세계관</td><td>모든 존재들 간의 근원적인 통일성을 전제</td></tr>
<tr><td>새로운 인간관</td><td>인간은 '참된 자기'를 내재하고 있는 존재</td></tr>
<tr><td>이상적인 삶</td><td>낙도하는 삶</td></tr>
<tr><td rowspan="2">새로운 삶의 중심</td><td>1. 수행: '참된 자기'를 깨닫기 위한 활동</td></tr>
<tr><td>2. 낙도: '참된 자기'를 즐기는 활동</td></tr>
<tr><td rowspan="2">새로운 여가관</td><td>1. 수행 활동으로서의 여가 생활</td></tr>
<tr><td>2. 낙도 활동으로서의 여가 생활</td></tr>
</table>

수행과 낙도의 의미에 대해서는 부연 설명이 필요하다. 수행이란 무엇인가? 수행이란 '참된 자기'를 자각하기 위해서 노력을 기울이는 것을 의미한다. 수행이란 내 안에 잠들어 있는 '우주적인 나'를 깨우고 활동하게 하기 위한 노력이다. '수행이란 무엇인가' 하는 질문에 대해서, 틱낫한(Thich Nhat Hanh)은 다음과 같이 답한다.

> 수행이란 전념을 다한 호흡과 보행의 도움으로 마음과 몸으로 돌아가서 우리 자신을 부활시키는 것이니까요. '바로 지금 여기'의 우리의 진정한 존재를 자각하는 것입니다. 다시 살게 되는 것이지요. 죽은 사람이 다시 태어나는 것처럼 말입니다(Thich, 2003: 139).

> 수행을 한다는 것은 형식을 흉내 내는 것이 아닙니다. 우리의 지혜로움과 기법을 사용해 내 안에 풍요로움과 변화를 만들어내는 것이며 나를 둘러싼 사람들에게 풍요로움과 변화를 전파하는 것을 뜻합니다(Thich,

2003: 164).

수행이란 '참된 나'와 무관하며 '참된 나'를 억압하는 무의미한 삶의 양식으로부터 벗어나서, 그 때까지 방치해 왔던 자기 자신을 따뜻한 시선을 갖고서 바라보는 것이다. '수행 한다'는 것은 뒤집어서 말한다면 이제 더 이상 자신을 함부로 대하지 않는다는 것을 의미한다. 수행이란 지극한 존경심과 자비심을 갖고서 자신과 세계를 미소 지으며 바라보는 연습이다.

'수행한다'는 것은 우리들이 자신의 참모습을 아는 것을 방해하는 활동들에 투입되었던 정신 에너지를 빼돌려서 '참된 자기'의 아름다운 자연을 발견하는 작업에로 돌리는 것을 의미한다. 또한 외부 세계를 변형시키는 활동(노동)에 투입되었던 정신 에너지를 빼돌려서 자신의 내면 세계를 발견하는 활동으로 돌리는 것을 의미한다. 수행의 요체는 마음을 고요하게 하여 그 때까지 욕망에 가려져 있던 본래의 자연 본성을 회복하는 것이다.

수행의 목표는 무엇인가? 궁극적인 차원에서의 삶을 살아가는 것이다. 낙도하는 삶을 살아가는 것이다. 틱낫한은 이렇게 말한다.

> 우리 안에는 무생무사無生無死의 세계가 들어있다. 그런데 우리가 그것을 결코 접하지 못하는 까닭은 다만 기존의 생각에 묻혀 살아가고 있기 때문이다. 이러한 생각들을 떨쳐버리고 궁극적 차원, 즉 열반, 하나님, 무생무사의 세계를 접하는 것이 바로 수행이다(Thich, 2004: 164).

수행을 통해서 우리는 모든 것이 무상無常함을 자각하게 되며, 무상함을 자각하였을 때, 우리는 집착에서 벗어나서 진정한 자유를 누릴 수 있게 된다. 장자莊子의 「소요유逍遙遊」에서와 같이 소요하는 삶을 살 수 있게 된다.

그렇다면, 어떻게 수행할 것인가? 동아시아 사상을 대표하는 유가儒家, 도가道家, 불가佛家 사상들은 수많은 수행 방법을 제시하고 있다. 유가에서는 경敬공부, 진심盡心, 존심양성存心養性, 신독愼獨, 택선고집擇善固執, 계신공구戒愼恐懼, 격물치지성의정심格物致知誠意正心 등의 수행 방법을 제시하였고, 도가에서는 멈춤과 비움(虛靜)을 강조하여, 욕망에 얽매인 삶으로부터 벗어날 것을 제시하였다. 불가에서는 좌선坐禪, 행선行禪, 공안公案 등의 수행 방법을 제시하였다.

수행이 새로운 여가 생활의 중심이 된다고 하였을 때, 빈번하게 부딪히는 어려움이 있다. '수행은 어렵다', '수행은 고통스럽다' 등과 같은 수행에 대한 편견이 바로 그것이다. 이것은 역사적으로 궁극적인 깨달음을 얻기 위한 수행의 방법으로 고행苦行이라고 해도 좋을 수행 방법들이 많이 사용되었기 때문일 것이다. 하지만 이것은 사실이 아니다. 수행은 쉽고 즐거운 것일 수 있으며, 누구나 할 수 있는 것이다.

예를 들어서 말하자면, 나는 틱낫한이 제시한 '웃기 수행'을 하고 있다. '웃기 수행'이란 부처님의 눈으로 작은 나(小我)와 세계를 미소 지으며 바라보는 것이다. 나는 아침에 눈을 뜰 때 미소 짓는다. 그러면 평범하고 일상적인 하루가 갑자기 신선하고 새로운 하루가 되어서 나에게 다가온다. 화가 날 때, 나는 화를 내는 나를 보며 미소 짓는다. 그러면 화가 사그라진다. 자신에 대해서 우쭐하는 마음이 들 때, 나는 우쭐대는 나를 보며 미소 짓는다. 그러면 겸손한 마음이 생겨난다. 겁이 나고 마음이 움츠려들 때, 나는 움츠려드는 나를 보며 미소 짓는다. 그러면 자신감이 생겨난다. 조급한 마음이 들 때, 나는 조급한 나를 보며 미소 짓는다. 그러면 마음에 여유가 생겨난다.

'웃기 수행'은 쉽고 즐겁다. 내가 미소 지을 때마다, 내 속에 있던 부처님이 잠에서 깨어나 활동하게 된다. 그래서 나는 점점 더 행복하고 아름다운 사람이 되어간다. 수행이란 쉽고 즐거운 것이며, 누구나 그리고 언제나 우리는 수행하는 삶을 시작할 수 있다.

틱낫한은 불교의 전통적인 수행 방법을 현대인의 일상적인 삶 속으로 끌어오기 위해서 많은 노력을 기울였다. 그는 현대인들이 일상적인 생활 속에서 수행할 수 있는 방법들을 많이 계발하였다. 걷기 수행, 숨쉬기 수행, 깊이 들여다보기 수행, 미소 짓기 수행 등을 제시하였는데, 생활의 어떤 상황에서도 이런 수행을 할 수 있음을 강조하였다. 예를 들어서, 운전 중이나 직장에 출근하는 길에, 잠에서 깨어날 때나 양치질을 하면서, 손을 씻거나 샤워를 하면서, 청소나 빨래를 하면서 등과 같이 생활의 모든 순간에 수행할 수 있으며, 수행해야 한다고 그는 말하였다.

낙도란 무엇인가? 수행의 결과로 발견한 눈부시게 아름다운 나와 이 세계를 즐기는 것이다. 낙도란 궁극적인 차원에서 삶을 살아가는 것이다. 낙도란 지금 여기에서 영원한 시간과 무한한 공간을 느끼고 행복에 잠기는 것이다. 틱낫한은 이렇게 말했다.

> 우리가 어느 곳에 있든지 어느 시간이든지 우리는 햇빛을, 서로의 존재를, 그리고 우리 호흡의 감각까지도 즐길 수 있습니다(Thich, 1992: 14).

낙도란 매 순간 내 자신과 모든 존재의 아름다움과 위대함을 느끼며 살아가는 것이다. 낙도란 욕망의 노예 상태에서 해방되어 진정으로 자기의 주인이 되어 자유를 즐기며 살아가는 것이다. 낙도란 사랑의 눈으로 모든 것을 바라보면서 즐거움을 느끼는 것이다.

낙도란, 아름다운 음악을 들으면서, 저녁노을을 바라보면서, 어린아이의 웃음소리를 들으면서, 산속에서 피어있는 들꽃을 보면서, 친구와 함께 차를 마시면서, 꿈같이 아름다운 봄 길을 걸으면서, 마음을 집중해서 호흡하면서, 맛있는 밥을 먹으면서, 아내의 새로운 아름다움을 발견하면서, 하찮은 일에 화를 내는 자신을 미소 지으며 바라보면서, 느끼는 맑고 지속적인 즐거움이다.

통일체적 세계관의 관점에서 볼 때, 수행과 낙도는 여가를 가장 창조적으로 보내는 방식이다. 여가가 삶의 중심을 차지하는 탈현대적 삶에서, 통일체적 세계관은 창조적 여가 보내기에 대한 새로운 해답을 제공해 줄 수 있다. 수행과 낙도로서의 여가 생활은, 현대인의 삶을 고통과 불행으로부터 즐거움과 행복감에 충만한 삶으로 바꾸어 놓을 것이며, 막다른 골목에 이른 현대 문명에 희망의 출구를 제공할 것이다.

4. 새로운 여가관의 탈현대적 함의

생산의 자동화와 평균 수명의 증가로 인해서, '노동 중심의 삶'으로부터 '여가 중심의 삶'으로, 삶의 구조는 빠른 속도로 바뀌어가고 있다. 하지만, 우리들의 의식은 여전히 노동이 삶의 중심을 차지하는 과거의 세계에 묶여 있다. 일종의 문화지체 현상이 발생하고 있는 것이다. 바로 이런 이유로 해서, 노동이 줄어드는 시대를 살아가는 현대인들은 이중적인 고통을 겪고 있다. 하나는 일자리가 줄어듦에 따라 노동을 할 수 없게 되는 데서 오는 고통이고, 다른 하나는 늘어나는 여가 시간을 창조적으로 사용할 수 없는데서 오는 고통이다. 그리고 이 두 가지 고통은 모두 현대가 근대적 세계관에 고착되어 있음에서 비롯되는 것임을 밝혔다.

현대 사회가 갖고 있는 여가관의 핵심은, 첫째, 노동의 산물을 소비하는 활동으로서의 여가이며, 둘째, 노동을 위한 재충전의 시간으로서의 여가이다. 이런 현대적 여가관으로는 여가가 삶의 중심을 차지하는 새로운 삶의 구조에 창조적으로 대응할 수 없다.

행복한 삶과 아름다운 문명 건설을 위해서 지금 우리들이 해야 할 가장 시급한 일은 '창조적인 여가 보내기'에 대한 새로운 답을 발견하는 것이다. 현대인들이 하고 있는 바와 같이, 단순한 '시간 때우기'나 '자기로부터 도피하기'로 여가를 보낸다면, 이것은 자신과 세계에 대해서 심각한 폭력을 가하는 것이다. 여가 시간이 '아름다운 자신과 세계를 발견하고 즐기기'로 이어질 때, 우리 자신과 세계는 새로운 모습으로 태어나게 될 것이다.

현대 문명은 새로운 노동관 위에 건설되었다. 노동에 궁극적인 가치를 부여하는 새로운 노동관은 사람들의 열정과 헌신을 노동 활동에 투입시키는데 커다란 기여를 하였다. 탈현대의 새로운 문명은 새로운 여가관 위에 건설될 것이다. 수행과 낙도로서의 여가는 삶에서 궁극적인 가치를 갖는 활동이 되고, 사람들의 열정과 헌신을 수행과 낙도 활동에 투입시키는 데 커다란 기여를 할 것이다.

마르크스가 보았던 세계는 노동의 세계였다. 마르크스에게 있어서, 노동은 삶의 중심을 차지하는 것이었고, 인간적인 본질의 실현은 참된 노동을 통해서 가능한 것이었다. 그래서 그는 자본주의 사회에서의 노동의 소외를 신랄하게 비판하였고, 공산 혁명을 주창하였다. 공산주의 사회란 모든 사람들이 참된 노동 활동을 통해서 각자가 자신의 인간적인 본질을 실현할 수 있는 사회이다.

<표 6> 근대적 세계관과 통일체적 세계관의 여가관 비교

	근대적 세계관	통일체적 세계관
인간관	분리된 개체로서 욕망의 주체	'참된 자기'를 갖고 있는 존재
이상적인 삶	욕망 충족적인 삶	낙도하는 삶
삶의 중심	1. 노동 : 인간의 욕망 충족의 대상물을 생산하는 활동	1. 수행 : '참된 자기'를 깨닫기 위한 활동
	2. 소비 : 노동 생산물을 이용하여 욕망을 충족시키는 활동	2. 낙도 : '참된 자기'를 즐기는 활동
여가관	1. 소비 활동으로서의 여가 생활	1. 수행 활동으로서의 여가 생활
	2. 노동을 위한 재충전 활동으로서의 여가 생활	2. 낙도 활동으로서의 여가 생활

지금 우리들이 맞이하고 있는 새로운 세계는 여가의 세계이다. 여가가 삶의 중심을 차지하기 시작하였고, 통일체적 세계관의 관점에서 보았을 때, 인간적인 본질의 실현은 참된 여가 활동을 통해서 가능한 것이다. 그래서 우리는 현재 사회에서의 소외된 여가를 비판하고, 참된 여가 생활

의 의미를 궁구하였다. 우리가 꿈꾸는 미래는 모든 사람들이 참된 여가 생활을 통해서 각자가 자신의 인간적인 본질을 실현할 수 있는 사회이다.

지금 우리가 살고 있는 시대는 문명의 대전환기이다. 우리는, '노동의 세계로부터 수행의 세계로', '소비의 세계로부터 낙도의 세계로', 문명의 대전환을 이루어내어야만 한다. 근대적 성취의 기반 위에서, 인류의 존재 수준을 수직적으로 상승시키는 것, 이것이야말로 새로운 문명의 가장 중요한 목표이다. 이런 목표를 달성하는 데 있어서, 창조적인 여가 생활은 그 핵심적인 위치를 차지하고 있다. 현대 문명이 인간의 노동 위에 건설된 욕망 충족적인 세계라고 한다면, 미래의 새로운 문명은 모든 사람들의 수행 위에 건설된 낙도의 세계가 되어야 할 것이다. 인류가 창조적인 여가 생활을 즐기게 될 때, 우리는 진정한 행복을 얻을 것이고, 문명은 조화로운 발전을 이루게 될 것이다.

참고문헌

『베스트 성경』, 성서교재간행사, 1995

김광득, 『21세기 여가와 현대 사회』, 백산출판사, 2003
서윤길, 「天台宗의 心性論」, 『東洋哲學』 제7집, 한국동양철학회, 1996
신준식, 『宗教社會學: 막스 베버의 宗教·經濟關係論』, 문예출판사, 1994
장자 지음, 안동림 역주, 『莊子』, 현암사, 1993
정문길, 『疎外論 硏究』, 문학과 지성사, 1978
홍승표, 『깨달음의 사회학』, 예문서원, 2002

清水正德, 한마당 편집부 옮김, 『노동의 의미』, 한마당, 1983

Chang, Garma C. C., 이찬수 옮김, 『華嚴哲學』, 경서원, 1998
More, Thomas, 황문수 옮김, 『유토피아』, 범우사, 2005
Popitz, Heinrich, 「史的唯物論의 哲學的 기초」, 김창호 편역, 『마르크스의 人間觀』, pp. 95-145, 동녘, 1983
Rifkin, Jeremy, 이영호 옮김, 『노동의 종말』, 민음사, 1996
Thich, Nhat Hanh, 강옥구 옮김, 『평화로움』, 장경각, 1992
______, 허문명 옮김, 『죽음도 없이 두려움도 없이』, 나무 심는 사람, 2003
______, 진현종 옮김, 『아! 붓다』, 반디미디어, 2004

▌저자소개

박수호는 고려대에서 정보사회학을 전공하고, 「인터넷 이용과 종교의식」으로 박사학위를 취득하였다. 현재 한국학술진흥재단의 지원을 받는 「사회적 과시의 한국적 특수성」 연구 프로젝트에 참여하고 있으며, 사이버문화연구소 책임연구원으로도 활동하고 있다. 인터넷과 사이버문화, 여가 및 미디어, 불교사상의 현대적 적용 등과 관련한 연구에 관심을 가지고 있으며, 「정보사회의 가족 관계 변화와 불교적 가족가치관의 검토」, 「사회운동으로서의 조계종 종단개혁운동」, 「사례분석을 통해 본 한국인의 인터넷 종교경험과 종교의식」 등의 논문과 역서로 『사이버파워』가 있다.

E-mail: foramita@chol.com

신종화는 고려대학교 졸업, 영국 워릭대학 사회학박사, 현재 고려대학교 한국 사회연구소 연구조교수. 역사사회학과 사회이론, 서양사상을 동양사회사상의 전통과 접목하고자 '현대성'이론에 관심을 집중하고 있다. 박사학위논문 *The Historical Formation of Modernity in Korea: Events, Issues and Actors* (University of Warwick)과 더불어 *European Journal of Social Theory*, 『사회와 이론』, 『동양사회사상』, *Zeitschrift fur die Geschichte des Weltsystems*, 『한국 사회』 등의 잡지에 '현대성'과 관련된 다수의 글을 게재하고 있다.

E-mail: jonghwa_shin@korea.ac.kr

이승연은 경북대학교 윤리과를 졸업하고 일본 오사카시립대학에서 박사학위를 받았다. 주요관심분야는 중국사상, 한국사상, 특히 예학이며 주요논문으로는 「종법과 공사론」, 「남계 박세채의 예학에 관한 시론」 등이 있다.

E-mail: ls322@hanmail.net

이현지는 계명대학교에서 사회학박사를 받고 중국 사회과학원에서 박사 후 연수를 하였다. 이후 경북대학교에서 교육부 학술연구교수로 활동하다가 현재 계명대학교 교양과정부에 재직하고 있다. 저서는 『성, 가족, 문화: 다르게 읽기』가 있고, 공저로 『몸과 몸짓 문화의 리얼리티』, 『지식의 사회 문화의 시대』, 『문화, 미디어로 소통하기』, 『문화와 인간』 등이 있으며, 대표적인 논문으로는 「남녀 속의 유교」, 「유교적 가족관계관, 현대 가족위기의 대안인가」, 「음양론의 여성학적 함의」 등이 있다.
E-mail: leehj@kmu.ac.kr

최석만은 고려대학교 사회학과를 졸업하고, 미국 펜실베니아 주립대학에서 사회학 박사학위를 받았으며, 현재 전남대학교 사회학과 교수이다. 주요관심분야는 동양사상, 정치사회학, 사회변동 등이며, 주요 논문으로는 「사회윤리로서 합리주의와 유교의 비교」, 「유교와 공동체윤리」, "Comtemporary Sociological Interpretation of Oriental Thoughts: Reflection on Confucian Social Order" 등이 있다.
E-mail: smchoe@chonnam.ac.kr

홍승표는 고려대학교 사회학과를 졸업하고, 미국 아이오아 주립대학교에서 사회학 박사학위를 받았으며, 현재 계명대학교 사회학과 부교수로 재직하고 있다. 주요 관심분야는 동양 사상을 바탕으로 새로운 사회학이론, 사회문제론, 사회발전론을 구성하는 것이다. 저서로는 『깨달음의 사회학』과 『동양사상과 탈현대』 등이 있으며, 주요 논문으로는 「현대 사회학의 인간관 비판과 유가 인간관의 사회학적 함의」, 「동아시아 사회사상과 새로운 사회관의 모색」 등이 있다.
E-mail: sphong@kmu.ac.kr

홍원식은 고려대 철학과를 졸업하고, 같은 대학원에서 석, 박사 학위(동양철학 전공)를 받았다. 지금 계명대 철학과 교수로 재직하고 있으며, 동양사상 학술전문 잡지인 『오늘의 동양사상』(반년간)의 편집주간을 맡고 있다. 주자학을 공부한 뒤 한·중·일 삼국의 철학 비교와 동아시아 근대철학에 대해서 주로 관심을 가지고 있다. 박사학위 논문은 「정주학의 거경궁리설 연구」이며, 대표적인 저작으로 『한국 근대의 철학』, 『중국의 종교와 사상』(공저) 등이 있다.
E-mail: wsh683@kmu.ac.kr

한국학연구총서 15
동양사상과 탈현대의 여가
인쇄 | 2006년 2월 20일
발행 | 2006년 2월 25일
저 자 | 홍승표 외
펴낸이 | 이진우
펴낸곳 | 계명대학교출판부
704-701 대구시 달서구 신당동 1000번지
전화 053-580-6233 팩스 053-583-5213
등록 | 1970. 9. 1. (신고번호 제347-1998-1호)

ISBN 89-7585-356-X 93150

값 13,000원